伊朗史话

History of Iran

冀开运　邢文海 ◎ 著

中国书籍出版社
China Book Press

图书在版编目（CIP）数据

伊朗史话 / 冀开运, 邢文海著. -- 北京：中国书籍出版社, 2020.1
ISBN 978-7-5068-7802-9

Ⅰ.①伊… Ⅱ.①冀… ②邢… Ⅲ.①伊朗–历史
Ⅳ.①K373

中国版本图书馆CIP数据核字(2020)第008228号

伊朗史话

冀开运　邢文海　著

策划编辑	王志刚
责任编辑	钱　浩　王志刚
责任印制	孙马飞　马　芝
版式设计	添翼图文
出版发行	中国书籍出版社
地　　址	北京市丰台区三路居路 97 号（邮编：100073）
电　　话	（010）52257143（总编室）（010）52257153（发行部）
电子邮箱	chinabp@vip.sina.com
经　　销	全国新华书店
印　　刷	北京温林源印刷有限公司
开　　本	700毫米×1000 毫米　1/16
字　　数	380千字
印　　张	20
版　　次	2020年 7 月第 1 版　2020年 7 月第 1 次印刷
书　　号	ISBN 978-7-5068-7802-9
定　　价	58.00 元

版权所有　翻印必究

前　言

　　伊朗，位于亚洲西部，地处伊朗高原，东部与印度次大陆、中亚以及中国相邻；其西部与美索不达米亚和地中海世界相接；其北部与俄罗斯接壤；其南部是阿拉伯半岛和波斯湾。伊朗疆域辽阔，国土面积达164.5万平方公里。伊朗是历史悠久的中东文明古国，是世界文明的摇篮之一，也是东西方文明交往的重要枢纽。伊朗人力资源丰富，人口结构呈年轻化趋势，2017年全国人口突破了8000万，其中四分之三集中在城市地区，发展潜力巨大。纵观历史，伊朗历经了多个文明的衰落与勃兴、统一昌盛与分崩离析，既具有文明古国发展演变所留下的历史文化积淀，也展现出民族复兴的蓬勃生机；既有与中东国家同呼吸共命运的历史与现实联系，也具有特色鲜明、兼容东西的特征。最为重要的是，伊朗地处世界能源供应的核心地带，土地上蕴含着丰富的待开发油气资源，带动了这个国家工业的蓬勃发展。

　　中国学者应当坚持科学研究与田野调查相结合，全方位深入地了解伊朗，尤其是应当做好对象国以及相关国家法律制度研究，以史为鉴，汲取以往的经验教训。多深入伊朗社会各个阶层，评估伊朗的宏观、中观、微观形势，给出客观立体的多维的结论，为中国企业和公民走出去提供相应的参考。基于2015、2017年西南大学团队在伊朗的田野考察，笔者认为：

　　首先，鲁哈尼政府是温和、强势的政府。鲁哈尼总统对伊朗体制驾轻就熟，声称坚决拥护领袖，随时给领袖写信，汇报工作，同时选拔和重用一批杰出专家型官员出任部长，其中外交部长扎里夫接受过完整的西方教育，外交经验丰富，深谋远虑。鲁哈尼内阁团结一致，排除议会保守派和激进派的干扰，积极响应民众的呼声，缓慢艰难地推进国内改革。对外交往方面，尽管美国退出了伊核协议，伊朗政府当前还在寻求与世界主要大国继续履行协议，为解除对伊朗的制裁提供了一线生机。鲁哈尼总统在第二任期面临着严峻的国内外局势，他的内阁依然积极奔走，为解决伊朗经济问题营造良好的外部环境。

第二，美国对伊朗的长期制裁只是让伊朗社会难受和痛苦，让伊朗经济运行困难重重，举步维艰。伊朗经济困难的根本原因在于体制与机制，在于内因，制裁仅仅是外因。伊朗国内年轻人就业困难，物价飞涨，下层人民生活艰辛，对外资金流动受阻，外来投资受限，大家对政府怨声载道。2017年年末，伊朗爆发了数日的抗议游行，就是这些民怨的集中爆发。尽管如此，伊朗社会目前最大的共识是，坚决不去革命，拥护温和的改革路线。历史经验告诉伊朗人民，改革的社会成本是最小的，而革命对社会的破坏性太大。伊朗年轻人普遍接受了良好的教育，对未来有过高的期望值。但即使未来外部制裁全面取消，外部环境好转，伊朗经济未必会像一些伊朗人所设想的那样峰回路转，起死回生，突飞猛进，凯歌高奏。

第三，历经39年的民主实验和实践，伊朗在宗教民主制度的运行上积累了成熟的经验，民众的民主意识和民主能力逐步提升，民主程序进一步完善，政治素质不断进步。但负责监督领袖和选举领袖的专家会议成员年事已高，精力不济，抱病开会，老朽无力也是事实，未来产生的领袖也许更弱势，也有人认为会产生领袖委员会，也许不会产生领袖。但大家基本认为，伊朗政局虽然在未来还有很多的不确定性，但相当长的时间里仍会基本稳定。

第四，伊朗社会比以前更加开放和包容。一位多次来过中国精通英语的伊朗女士说，伊朗官员办事效率低下，普通人也疏懒成性。中国进步很快，伊朗进步缓慢。她本人不做礼拜，因为真主在心中，用不着用外在形式张扬表现。她开车大胆，思维敏捷，思路开阔，待人热情大方，彬彬有礼。显示了一个伊朗白领丽人的修养和大气，彰显了伊朗保守社会覆盖下的开放与包容，也是伊朗改革开放的潜在动力，是伊朗与世界沟通交流的暗渠。

宗教深深渗透伊朗社会生活的任何方面，但世俗化日益明显。只是服饰更加多彩。有保守的黑色罩袍，只露出脸蛋。更多的是多色的风衣和头巾，黄色、蓝色、红色，五彩缤纷。衣服已经显露出身体的曲线美和苗条美。年轻女性出门更是讲究眉毛弯弯，樱桃口红，脸颊白皙，发型也更时髦，一群姑娘走过更是花香袭人。公园的空隙安装了各种各样的健身器材，儿童欢快地锻炼，老人安详地闲坐。伊朗依然那样从容不迫，那样自信豁达。

第五，伊朗人对客人、消费者和商人态度泾渭分明，对自己的客人慷慨大方，对前来赚钱的商人和消费者斤斤计较。一些在伊朗的华人总是抱怨伊朗人唯利是图、锱铢必较，同时也承认伊朗人对客人文明礼貌。因为自信，所以宽容；因为宽容，所以友善。伊朗的自然景观是美景，伊朗人民的文化修养和待人接物更是美景，他们对待前来赚钱的商人斤斤计较，对前来友好走动的客人热情大方。这就是伊朗人精明与修养的对立统一，正是伊朗的多维性。

第六，伊朗是一个法制严密完备的国家，也是盛行潜规则的关系社会。伊朗是一个政教合一的领袖领导下的三权分立的法制国家，议会和宪法监护委员会是互相牵制的立法机关，司法总监统领司法机关，社会上存在大量的律师事务所，伊朗人办事都有强烈的法律意识，随时会请律师起草相关的法律文书，凡事都有书面的法律依据，任何改革措施都有法律先行。同时伊朗存在深厚的家族官僚政治和经济，既得利益集团牢牢控制着社会资源，形成盘根错节的关系网，下层社会向上流动阻力重重，普通民众强烈呼吁实现社会公平。换言之，伊朗在地理和文化上处于东西方之间，同时兼备东西方特征，既具有西方社会的契约精神，也具有东方社会的人情网络和专制基因，但更大程度上属于东方文明圈中伊斯兰文明，属于伊斯兰文明圈中独具特色的波斯文明，与土耳其、巴基斯坦、印度尼西亚、沙特、埃及和伊拉克并列伊斯兰文明7大强国和大国之一。相对于邻国而言，伊朗是硬实力和软实力都很强大的国家。

总的来说，当代伊朗是处于全球化和信息化时代的人口、经济、文化大国，是历史与现实中的地区大国与文明中心，是秉持文化自觉与文化自信的丝路古国，是恪守传统迈向现代化的思想帝国。

伊朗历史是一部绵延数千年的民族兴衰史和文明交往史，记录了这块土地上的人自古以来不懈奋斗生存、将文明传播发扬的历史，正如将每一个绳结都融入波斯地毯般的大格局中一样是前后相承、不能割断的。伊朗古称"波斯"或"安息"，波斯是由古希腊人对伊朗阿契美尼德王朝的统治民族的称谓演变而来，安息语出《史记》和《汉书》，据推测是中国汉代使者在出使西域时，依据当时其王朝建立者阿萨息斯的音译而来。"伊朗"与"波斯"是一对既有区别又有联系的概念，但就词源、语言、历史、文化等而言，两者有不同的内涵与严格的区别；同时，在一定的范围内和某些场合下，两者的内涵又基本相同，甚至可以互相代替。"伊朗"这一称谓具有悠久的历史和丰富多变的内涵。一般而言，"伊朗"的范畴大于"波斯"。伊朗历朝历代习惯上以王朝建立者的家族名讳作为名号，本书将尽量采用约定俗成的命名方式来梳理伊朗的历史脉络。

本书将吸纳和提炼国内外学术界对伊朗历史研究的最新成果，结合作者的研究心得，以史话的体例，运用通俗易懂、形象准确的语言讲述伊朗五千多年的文明史，突出伊朗历史上产生重大影响的人物和事件，重点强调伊朗历史内部的演变轨迹和伊朗与外界文明的交往特征，特别突出在"一带一路"背景下解读伊朗文明与中华文明的互动规律。

目 录

前　言 /1

第一章　伊朗：雅利安人的新家园 /1
- 第一节　埃兰文明 ……………………………………………… 2
- 第二节　米底王国 ……………………………………………… 5

第二章　波斯帝国的光辉：阿契美尼德王朝 /9
- 第一节　波斯的崛起 …………………………………………… 10
- 第二节　居鲁士大帝 …………………………………………… 14
- 第三节　政变疑云 ……………………………………………… 19
- 第四节　大流士一世改革 ……………………………………… 25

第三章　希波战争 /33
- 第一节　远征希腊 ……………………………………………… 34
- 第二节　薛西斯一世亲征 ……………………………………… 39
- 第三节　战争的落幕与帝国的衰亡 …………………………… 46
- 第四节　希腊化时代 …………………………………………… 50

第四章　丝绸之路上的新帝国：安息王朝 /55
- 第一节　安息王朝的崛起 ……………………………………… 56
- 第二节　罗马与安息的战与和 ………………………………… 59

▶ 第三节 安息衰亡与萨珊兴起 ············· 64

第五章 波斯新帝国：萨珊王朝 /69

▶ 第一节 萨珊早期的统治与对外扩张 ············· 70
▶ 第二节 盛世之下 ············· 73
▶ 第三节 马兹达克运动与国王改革 ············· 77
▶ 第四节 萨珊的对外扩张与衰落 ············· 83
▶ 第五节 萨珊时期的经济与文化 ············· 88

第六章 萨法维革命 /97

▶ 第一节 萨法维王朝的建立 ············· 98
▶ 第二节 萨法维王朝的兴衰 ············· 104
▶ 第三节 波斯的拿破仑：纳迪尔沙 ············· 111

第七章 屈辱下的觉醒 /115

▶ 第一节 恺加王朝的统治与危机 ············· 116
▶ 第二节 恺加王朝的西化改革 ············· 120
▶ 第三节 近代伊朗与欧洲列强的交往 ············· 124
▶ 第四节 近代伊朗的边疆危机 ············· 129

第八章 立宪革命的风潮 /135

▶ 第一节 伊朗立宪革命 ············· 136
▶ 第二节 革命的燎原之火 ············· 139
▶ 第三节 第一次世界大战与伊朗社会 ············· 149
▶ 第四节 社会主义的尝试 ············· 154

目 录

第九章 现代化的推手——礼萨·汗 /161
- 第一节 礼萨·汗的崛起 …………………………… 162
- 第二节 礼萨·汗的现代化改革 …………………… 165
- 第三节 礼萨·汗时期伊朗的对外政策 …………… 173

第十章 冷战夹缝中的强国之梦 /179
- 第一节 夹缝之下的生存 …………………………… 180
- 第二节 盟军撤军风波 ……………………………… 185
- 第三节 战后初期的政治变局与经济发展 ………… 190
- 第四节 虎头蛇尾的国有化运动 …………………… 196
- 第五节 国王与人民的革命 ………………………… 205
- 第六节 开拓进取的黄金十年 ……………………… 215

第十一章 创造奇迹的伊斯兰革命 /231
- 第一节 滚滚而来的革命浪潮 ……………………… 232
- 第二节 霍梅尼建政 ………………………………… 238
- 第三节 革命的果实——新宪法出炉 ……………… 244

第十二章 两败俱伤的消耗战：两伊战争 /249
- 第一节 两伊边界的历史争端 ……………………… 250
- 第二节 各取所需的妥协：《阿尔及尔协议》……… 255
- 第三节 两伊战争的导火索 ………………………… 262
- 第四节 八年厮杀长期伤痛 ………………………… 267

第十三章 变革中的伊朗 /277
- 第一节 拉夫桑贾尼的稳健与改革 ………………… 278

- 第二节　哈塔米的民主实验 …………………………………… 286
- 第三节　平民总统内贾德的民粹疾风 …………………………… 290
- 第四节　鲁哈尼的突围与改革 …………………………………… 294

主要参考书目 / 306

后　记 / 309

第一章 伊朗：雅利安人的新家园

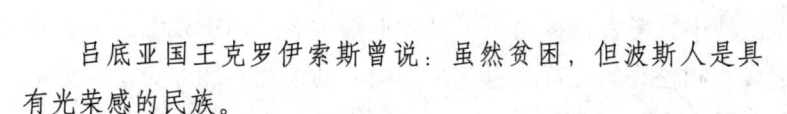

吕底亚国王克罗伊索斯曾说：虽然贫困，但波斯人是具有光荣感的民族。

伊朗历史始于一个问题：伊朗人是谁的后代，他们从何而来？

第一节 埃兰文明

早在公元前10千纪，在北方的印欧游牧部落到来以前，就已经有其他人种的原始部落民在伊朗这片土地生活。在公元前6500年左右，扎格罗斯山脉周围附近就已经出现了许多农业定居点。从扎格罗斯地区的农业定居点遗址中，考古挖掘出土了世界上最古老的酒罐残骸之一，其中含有葡萄残渣和松香的痕迹，也就是说当时的葡萄酒和今天松香味希腊葡萄酒的味道相类似，反映了当时农业生产的稳定和制酒业的发展程度。在此之后，伊朗各地也都出现了大型的居民点。伊朗高原地区的部落民可能与两河流域的先民有较为密切的联系，并且文明间的交往可能会较为频繁。[①]然而从公元前4千纪后期开始，由于自然条件发生变化等原因，这些地区的原始农业和手工业开始衰微，人口也逐渐减少，并向人口承载力更高的平原、河谷地区迁徙，伊朗高原的原始文明进程也就此中断。

公元前2700年左右，伊朗胡泽斯坦地区形成埃兰国家。埃兰之名的形成，众说纷纭。有一种说法是由埃兰的某个城邦的名称演化而来。现如今之所以称之为"埃兰"则是源自于古希伯来语的音译。虽然埃兰国家边界没有定论，但埃兰文明的影响极为广阔与深远。埃兰人创造的文明不仅影响了苏美尔、亚述和古巴比伦等两河流域文明，而且其文化元素为伊朗历代王朝所承袭，并传播到了地区之外。

埃兰是由城邦联盟组成的国家，早期的政治体制体现出了较强的地方分治的特点，国家的统治则体现出了权力的多元性。最高统治者为国王，其下由其他城邦统治者担任副王的角色，分别称为萨卡纳库、伊萨

[①] 王兴运：《古代伊朗文明探源》，商务印书馆2008年版，第101页。

库。在某些历史时期，萨卡纳库是埃兰的最高统治者，并且萨卡纳库和国王是由一人兼任的。之后，最高统治者有了新的称号，但埃兰的政治制度较之前没有本质上的区别。在埃兰历史上，双头或者三头政治行之多年。由于这三者之间存在或多或少的亲缘关系，因此逐渐就组成了统一的埃兰国家。埃兰早期的王位继承具有母系继承制的传统，晚期依照父系来继承王位的制度逐渐确立，但母系继承制的传统仍然依稀存在。随着新的王位继承制度形成，三头政治也逐渐被国王一人统治所取代。统治者为了维系王室血统的纯正、加强统治的合法性，王族中存在着血缘婚和收继婚制度。近亲繁殖的后果是可想而知的。随着利益的复杂化，血缘婚姻关系、裙带关系并不能巩固王朝的统一。新埃兰时期，王位继承制度变革产生了极为不利的政治影响。由于三头政治被逐渐废弃，父死子继、兄终弟及的王位继承制导致丧失继承权的贵族离心离德、各自为政，王位继承的内耗导致了城邦之间的分裂，削弱了国家实力，埃兰深处内忧外患之中。

公元前10世纪以后，亚述率先将铁应用于军事领域，建立起了横跨西亚北非的帝国，其势力范围逐渐深入到了伊朗腹地。而之前依附于埃兰的雅利安酋邦此时也逐渐强大，开始成为这一古老文明的心腹之患。随着米底以及波斯的兴起，新兴的雅利安文化成为伊朗高原的文化主流，埃兰王国在分崩离析中走向了衰落。亚述的扩张使埃兰政权风雨飘摇。在与亚述的长年交战中，米底诸部落逐渐团结强大，进入了王国时代；而埃兰则在与亚述的交战中居于下风，必须与其他国家结盟以求自保。埃兰的传统疆域逐渐被波斯人所蚕食占据。这一地区是波斯人的第二故乡，之后被称为波斯地区。[①]亚述长期将埃兰作为战略对手，双方实力都受到削弱，米底和新巴比伦趁机崛起。公元前646年，埃兰被亚述征服，首都苏萨城的财富被悉数掠走。随后，埃兰又短暂地历经了新巴比伦王国和米底王国的统治。公元前538年，波斯帝国最终彻底将这一地区并入版图。[②]埃兰人接受了伊朗文化，这一地区被称作胡泽。故都苏萨则

---

① 李铁匠：《伊朗古代历史与文化》，江西人民出版社1993年版，第44页。
② 王兴运：《古代伊朗文明探源》，商务印书馆2008年版，第314页。

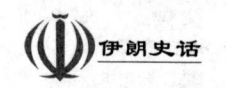

是波斯帝国的重要行政中心,存续千年,影响深远。

根据人类学家的考证,伊朗目前游牧民族人口大约有150万,最大的游牧民族巴赫蒂亚尔人正是埃兰人的后裔。虽然长期与波斯人通婚、信仰伊斯兰教,但该民族仍存在部落的社会结构,部分人仍然保留着部落的生活方式和习俗。巴赫蒂亚尔人主要分布在胡泽斯坦地区和恰哈尔马哈勒—巴蒂亚里地区的平原和山区地带。在恰哈尔马哈勒—巴蒂亚里省主要有两支,一支为北部的游牧民,另一支则为南部的定居者。在该地区生活的牧民夏季驱赶羊群到伊斯法罕山区放牧生息,冬季则前往胡泽斯坦谷地躲避严酷的寒冬。巴赫蒂亚尔人热爱音乐,尤其是具有本民族特色的音乐。部族里会有人从事音乐表演的工作,被称为"图舒玛勒"。他们在从事农牧业生产劳作之余,还会参加婚丧庆典活动的音乐表演来获得额外的收入。巴赫蒂亚尔人的婚礼是极为隆重的,图舒玛勒演唱着民族歌曲,参加婚礼的亲友要盛装出席并且载歌载舞来向新人表达祝福之意。从中我们也许可以窥见数千年前埃兰人的某些文化符号的传承。

埃兰文明是伊朗历史发展脉络中的重要阶段。这一文明的火种在伊朗高原上燃烧了长达两千年,不仅为人类文明做出了一定的贡献,也对伊朗文化的发展产生了深远的影响。因为史料局限,关于埃兰的历史仍是相对模糊的,基于现有史料并不能完整地阐述这个伟大文明的兴衰。但不容否认,埃兰文明是伊朗文化的重要源头,伊朗文明由此绽放出了第一缕曙光。

第二节 米底王国

一、雅利安人的由来

伊朗历史始于一个问题：伊朗人是谁的后代，他们从何而来？

这个问题的标准答案是，伊朗人是雅利安人的后代。

公元前4000年代，印欧语系部落发祥于西起中欧、东到中亚北部的欧亚大草原，还有说法认为包括中欧东部辽阔的森林地带和多瑙河流域。他们大多数是游牧部落，少数是定居的农耕部落。公元前3000年代，印欧人进入青铜时代，其部落共同体逐渐发生分化。约公元前3000年代末，由于人口增加和气候干旱的压力，印欧人开始向四面八方迁徙。公元前2000年前，一支印欧人从黑海和里海以北经过长时间迁移来到了伊朗高原，被称为雅利安人。雅利安人意为"高贵之人"，其本义为"农夫"，后引申为"贵族"。雅利安人的迁徙具有时间长、范围广、影响大、分批、以和平方式为主的特点。从此，伊朗成为雅利安人的新家园。雅利安人也被称为伊朗人。

从历史文献看，尽管有外来的征服者和外来移民迁移到此，甚至存在种族大屠杀，但伊朗人的基因中的遗传信息仍然维持着相对稳定性。这有可能说明伊朗人或者伊朗高原外来征服者在人数上相对于先前在此定居的人而言居于少数，但在伊朗高原先前定居的人接纳了伊朗语，并与伊朗人进行了通婚。可能从那时起直到现在，伊朗人统治着众多非伊朗语系的民族，而众多的民族共同组成了统一的国家。今天，伊朗国内的各民族甚至主体民族波斯人都是伊朗高原原有的本土居民与外来征服者相互融合而形成的。因此，"伊朗人"这个概念更多的是一种语言和文化概念，而不应该是一种种族概念，也不仅仅指的是当今伊朗高原或者伊朗国界之内居住的人才属于伊朗人。

二、米底王国的建立

雅利安部落进入伊朗高原是一个持续数百年的历程，在持续迁徙的过程中，雅利安人相继建立了一些酋邦，这些酋邦依附于当地的国家。公元前1000年左右，包括波斯人、米底人在内的雅利安人经历了第二次迁徙潮，出没于肥沃新月地区和扎格罗斯地区。外来的游牧部落在某些地区人口逐渐居于多数，当地原住居民也逐渐地接受了外来的语言和文化。从基因遗传学的研究角度来看，伊朗高原居民的基因维持着相对稳定，这有可能说明伊朗人在人数上相对于先前在伊朗高原的原住民而言处于相对少数，对于基因的影响性较小，但先前定居的民族普遍地接受了伊朗文化，使之成为主流。从公元前10世纪起，亚述开始对伊朗西北部进行征伐，并向当地征收贡赋。沉重的压迫和剥削促使各个部族团结对外，壮大并积蓄反抗的实力。亚述认为，米底在诸多伊朗部族之中是最为强大的，因此称米底为"强大的米底人"，当然这一切都是建立在英勇反抗亚述入侵的勇敢和团结的基础之上的。米底王国正是在此背景下孕育而来的。

公元前692年，巴比伦爆发了反抗亚述统治的起义。虽然起义没有推翻亚述的统治，但是撼动了亚述帝国在该地区的统治秩序，而且也加速了米底王国的诞生。大约在公元前678年，米底王国建立，这是雅利安人建立的第一个国家。米底王国的缔造者名叫迪奥赛斯，米底各部族也由此逐渐统一，从酋邦向国家转变和过度。王国建立后，米底修筑了哈马丹城。根据希罗多德的记载，哈马丹城极为繁盛豪奢。公元前675年，迪奥赛斯去世，他的儿子弗拉欧尔特斯称王，米底击败了波斯，并开始向伊朗高原南部和两河流域地区扩张。在与亚述的交战中，西徐亚人趁机向米底发起了进攻，并且统治了该地区28年之久。公元前625年，弗拉尔特斯去世后，库阿克萨里斯继位称王。库阿克萨里斯在位期间，借鉴并仿效亚述军队的作战优势，推动米底的军事改革，组建了灵活机动作战的骑兵部队，增强了军队的专业性和战斗力。历经数十年的征战，将米底的国力逐渐推向了顶峰。

三、米底的灭亡

公元前630年前后，亚述陷入了内乱，包括巴比伦在内的被统治地区趁势谋求独立。库阿克萨里斯抓住时机，于前624年击败西徐亚人恢复了米底旧地的统治，随后统一了米底。公元前616年，亚述刚把巴比伦军队从都城赶走不久，米底军队就接踵而至。公元614年，库阿克萨里斯率领米底军队包围了亚述都城尼尼微，随后攻下了阿舒尔，并进行了复仇式的屠城。不久，巴比伦与米底在此结盟。公元前612年，两国军队包围并攻克了尼尼微，亚述国王战死。米底"不仅夺走了该城和神庙大量的战利品，并且把这座古城变成了一座瓦砾堆"。米底和巴比伦瓜分了亚述统治的残余地区。两国此后经历一段蜜月期，巴比伦国王那波帕拉沙尔之子尼布甲尼撒迎娶了库阿克萨里斯的阿米提达公主。米底公主来到巴比伦之后，尼布甲尼撒特意为她修筑了举世闻名的空中花园。随着米底的不断强大，巴比伦开始心怀戒惧，加强了防范。米底征服兼并了诸多王国，甚至将势力范围延伸到了高加索地区。疆域逐渐扩张的同时，统治基础却十分脆弱。帝国境内包括波斯在内诸部落虽然都表示臣服，但是其独立倾向日渐增强。

公元前590年，米底与西亚强国吕底亚发生了战争。由于双方军事实力相近，两国军队在哈里斯河附近僵持了五年，最终约定以此为界，并且以王室联姻巩固两国的关系。公元前584年，库阿克萨里斯去世，其子阿斯提阿戈斯即位。即位不久，新国王就出兵埃兰。但埃兰此前已臣服于巴比伦，这一行动宣告了米底与巴比伦之间的联盟关系的破裂。由于对外战争不断，国内矛盾重重，阿斯提阿戈斯即位后开始颁行改革新政。改革触及了贵族的权力和既得利益，公元前553年，波斯国王居鲁士二世趁机联合米底贵族，推翻了其外祖父阿斯提阿戈斯的统治。公元前550年，波斯阿契美尼德王朝正式取代米底王国，成为伊朗新的统治者。这段历史记录在了巴比伦国王那波尼德时期的铭文中，并且在《巴比编年史》中也有所记载。①

记载那波尼德修复辛神庙的铭文提到：

到第三年②，众神使他③卑微的奴仆安尚王居鲁士崛起，并带领一支军队击败了乌曼·曼达④的大军。他活捉了乌曼·曼达王伊什图梅古⑤，把他俘虏回国。

《巴比伦编年史》中记载：

第六年⑥，伊什图梅古调集军队迎击侵略者——安尚王居鲁士，但是伊什图梅古的军队背叛了他，连他本人也做了俘虏，这些人将他献给了居鲁士。居鲁士攻下了首都阿加姆丹纳⑦，并且把阿加姆丹纳攫夺而来的黄金、白银等财宝作为战利品运回了安尚。

这些史料与希罗多德的记载是契合的。米底王朝在被波斯征服之后，形式上仍然存在。旧都哈马丹本是米底兴起之地，此后成了波斯帝国的首都之一。米底帝国的疆域和制度文化也为波斯人所承袭。

米底国祚虽短，但其发挥了承上启下的历史作用。从建国到亡国的一百多年时间里，国家基本上都处于征战的状态，长期的战争交往加速了伊朗各民族之间的融合，并且传播了雅利安人的语言和文化，成为当时伊朗文化的核心。米底王朝时期，琐罗亚斯德教（也可称为祆教，两者含义虽有差异，但基本可以等同）的影响力就已如日中天。米底文化在雅利安文化精髓的基础上有了进一步的发展，无论是语言、文字、艺术和建筑，还是法律、观念、宗教等，在之后的阿契美尼德王朝时期都得以延续。

---

① 李铁匠：《伊朗古代历史与文化》，江西人民出版社1993年版，第32页。
② 指的是巴比伦国王那波尼德在位第三年，即公元前553年。
③ 指的是米底国王阿斯提阿戈斯。
④ 即米底。
⑤ 此处指的是阿斯提阿戈斯。
⑥ 指那波尼德在位第六年，即公元前550年。
⑦ 即米底王国首都哈马丹。

第二章 波斯帝国的光辉：阿契美尼德王朝

波斯人于公元前8世纪迁入法尔斯地区。相传公元前700年左右，阿契美尼斯建立了波斯王国。居鲁士二世继位称王以后，波斯统一了伊朗高原，建立起横跨欧亚非三洲的帝国。其疆域从埃及横跨至印度河流域，北至希腊、高加索地区，南抵波斯湾沿岸。波斯湾成为波斯帝国的内湖。为了统治如此辽阔的版图，波斯统治者建立起一套政治军事管理体制，使各行省连为一体。帝国国力强盛之时，万邦来朝，为此波斯在波斯波利斯建立起了辉煌宏伟的宫殿，至今仍震撼人心。在伊朗人看来，这是一段值得他们铭记与骄傲的历史。波斯帝国将游牧文明与农耕文明的智慧有机融合在了一起，为后世帝国的崛起与有效治理提供了有益的借鉴。

第一节　波斯的崛起

一、居鲁士的身世之谜

波斯人与米底人都是雅利安人的后代。波斯人从公元前1000年第二次迁徙浪潮开始，自伊朗北部向南寻找家园，并最终在伊朗西南部的安善地区定居。迁往安善地区之后，波斯人同当地居民杂居，臣属于埃兰王国。埃兰王国的衰落使波斯趁势崛起。公元前700年左右，波斯人阿契美尼斯攻占了埃兰第二大城安善，这是第一位有史可考的波斯人首领。古波斯帝国正是以他的名字作为王朝的称号。自阿契美尼斯之子泰斯佩斯始，波斯统治者自称"安尚王"，以埃兰东部的河谷地区为根据地，波斯波利斯和设拉子等地就位于这里。此地位于波斯湾东北一侧的高海拔盆地之内，被波斯人称作"Parsa"，希腊人称为"Persis"，也就是法尔斯地区。公元前646年，亚述征服了埃兰，都城苏萨被洗劫一空。波斯国王居鲁士一世将长子阿鲁库送往亚述，表示臣服。居鲁士一世之子冈比西斯一世即位以后，波斯选择臣服于米底，并且利用亚述的衰落之际侵吞了埃兰王国。为了拉拢波斯，米底国王阿斯提阿戈斯将女儿芒达妮公主嫁给了波斯国王冈比西斯一世。公元前575年，冈比西斯一世与米底公主芒达妮两人的儿子诞生，他就是居鲁士二世，世称居鲁士大帝。

关于居鲁士大帝的童年，希罗多德听到过四个传说，他选择了一个最可靠的版本予以记载。据说，米底国王阿斯提阿戈斯在一个夜晚做了一个非常诡异的梦。他梦到了自己的女儿芒达妮的肚子里喷涌出滔滔洪水，将整个亚细亚淹没。梦醒，他找来宫廷祭司解梦。祭司告诉他，这个梦预示着他的女儿将会危及他的统治。从此以后，国王便对公主芒达妮心怀戒惧。等到公主成年之后，国王没有将她许配给米底贵族，而是把她远嫁到波斯，与冈比西斯一世结婚。不久以后，国王又做了一个诡异的梦，这次他梦到芒达妮的肚子里长出了一根葡萄藤，葡萄藤茂盛到覆盖了整个亚细亚。国王再次召唤宫廷祭司解梦，祭司预言说，国王即将出世的外孙将会取代他成为新的国王。为了杜绝后患，阿斯提阿戈斯下令处死芒达妮所生的孩子。接到国王命令的亲信哈尔帕戈斯一方面惧于芒达妮公主的权势，不敢亲手杀死婴儿，一方面又不敢违背国王的旨意，于是指使奴隶将尚在襁褓中的居鲁士丢到荒山之中喂狼。而奴隶的妻子刚好产下了一个早夭的婴儿，于是好心的两人便把自己的骨肉冒充居鲁士交给了哈尔帕戈斯，而将居鲁士作为自己的孩子抚养。十多年后，一次偶然事件让国王得知了真相。国王强忍怒火，暗地里将背叛自己的哈尔帕戈斯的独子碎尸万段，并做成饭菜来招待哈尔帕戈斯。国王再次召见祭司，询问他应如何处置居鲁士，祭司宣称居鲁士已不再对国王构成威胁，可以放还波斯。居鲁士因此得以虎口脱险。

向希罗多德讲述这个故事的正是哈尔帕戈斯的后人，其真实性自然不言而喻。从史料的角度来看，希罗多德之所以要记载这个故事，可能是希望向世人传递这个讯息：米底之所以会亡国，原因在于末代统治者阿斯提阿戈斯的残暴无度，以至于后来众叛亲离。而这个传奇的故事则更像是哈尔帕戈斯后人的辩解。

二、波斯的扩张

公元前559年，年轻的居鲁士登上了王位。不久之后，他就统一了波斯。在位期间，他指挥来自小亚的能工巧匠建设新都城帕萨尔加德。时至今日，当年的辉煌建筑多数已不复存在，但还保存着一些建筑的遗迹。2004年，联合国教科文组织将帕萨尔加德古城列入了世界文化遗产名录。

居鲁士继位后，米底与巴比伦之间的联盟关系已经破裂，双方互相敌视，战争一触即发。然而，米底内外矛盾重重，阿斯提阿戈斯的统治风雨飘摇。公元前553年，居鲁士二世率军起义，矛头直指米底。战争持续了三年。起初波斯军队不敌米底大军，但随着战争旷日持久的僵持，米底内部出现了分化。公元前550年，阿斯提阿戈斯正打算调集军队迎击居鲁士二世的波斯军队之时，军队发动了政变，扣押了阿斯提阿戈斯并将他献给了居鲁士二世。居鲁士趁势占领了米底首都哈马丹，军队把都城洗劫一空，并将掠夺的财宝运回波斯。在征服米底后，居鲁士二世为了报答米底贵族的协助，允许贵族继续享有特权，并且在形式上保留了米底王国，但由其任命的总督来掌控实权，并将哈马丹设为波斯的都城之一。至此，阿契美尼德王朝正式取代了米底王朝，成了伊朗高原新的统治者，史称古波斯帝国。

在战争结束后不久，波斯出兵吞并了埃兰古国，将旧都苏萨设为帝国首都。此后数年，米底领地悉数被波斯所兼并。居鲁士二世征服的步伐却远未止步于此。在取代米底成为伊朗高原霸主之后，当时的西亚还存在着两大强国——吕底亚和巴比伦比亚。居鲁士短时间内崛起引来了周边大国的忌惮。

居鲁士占领米底之后，吕底亚国王克罗伊索斯积极备战，派人到神庙献祭，询问神的启示。德尔斐所给出的预言是如果克罗伊索斯与波斯交战，他将会消灭一个大帝国。庙方还建议国王，要在希腊人中找到最强的一方结盟。此外，神庙祭司还给了他这几句谶语：

如果一头骡子成为米底王，
那你这个两腿瘦弱的吕底亚人，
要沿着遍布砾石的赫尔姆斯河逃亡了，
快，快跑吧，
别羞怯于做一个胆小鬼。①

根据希罗多德的记载，国王得知神谕后的反应是"欣喜若狂"，因为他认为骡子不可能成为米底国王，吕底亚的统治千秋万代、牢不可破。于是，克罗伊索斯决定与波斯一战。他派人前往希腊，与斯巴达结盟。斯巴达人感到获得了一份殊荣，欣然接受。万事俱备，克罗伊索斯准备率军攻打波斯。行前，吕底亚智者桑达尼斯觐见国王，认为这场战争不会让吕底亚获得实质利益，战败则会损失巨大。然而此时，国王心

---

① 于卫青：《波斯帝国》，中国国际广播出版社2014年版，第40页。

中攻城略地的野心不及替米底国王——妻舅阿斯提阿戈斯复仇的意志来得强烈。

整顿好军队后，国王亲率大军攻入了波斯的卡帕多西亚地区。居鲁士闻讯而至，两军在普提利亚展开了激烈的交锋，这场战役并未分出胜负。克罗伊索斯发现吕底亚无论是在人数还是在战斗力上均处于下风，只能等待友邦的支援。于是他班师回朝，向埃及、巴比伦王国以及希腊城邦求援。但是此时，波斯军队正浩浩荡荡地朝着吕底亚的首都进发，这完全出乎国王的预料。面临强敌，国王只好紧急动员迎战波斯。公元前547年10月，两军在吕底亚首都萨迪斯附近的平原地区决战。居鲁士采取巧妙的作战方式，一举击溃了吕底亚强大的骑兵部队。12月，波斯大军兵围吕底亚首都萨迪斯长达14天，居鲁士采用部下的建议，利用萨迪斯城靠近特莫洛斯山的地势，派军从山上潜入城中，打开了城门。克罗伊索斯被波斯士兵生擒。被活捉以后，克罗伊索斯受到了居鲁士的优待。当他目睹波斯军队洗劫首都，便询问居鲁士："陛下，那些忙忙碌碌的人在干什么呢？"居鲁士回答说："他们在掠夺你的都城并取走你的财富。"克罗伊索斯说："陛下，这不是我的财富，他们正在掠夺您的财富啊！"居鲁士听完若有所悟，下令军队停止洗劫萨迪斯城。

征服吕底亚以后，居鲁士将此地设置为萨迪斯行省和达斯基利亚行省。不久，吕底亚爆发了起义。居鲁士派军镇压，并颁布法令：严禁吕底亚人佩戴和持有任何武器。改革措施对于平民在服饰和生活方式上予以严格限制，但给予当地人一定的特权。公元前546年，波斯占领萨迪斯城之后，萨迪斯成为波斯帝国重要的边防要塞和商业中心，百姓安居乐业，实现了长治久安。波斯将领哈尔帕戈斯继续留守萨迪斯行省并且征服了小亚细亚的希腊城邦。双方约定，城邦居民接受波斯的统治，愿意承担相应的贡赋，享有一定的自治权。

第二节 居鲁士大帝

一、居鲁士的历史贡献

当一位英雄人物走上历史舞台之时,他不仅让这个国家傲立于世界,而且让这个民族为之骄傲数以千年。这个人便是居鲁士大帝。

根据目前的史料,我们对于其功勋和德行的了解都相对有限。但很少有征服者能够被历代史家给予如此高的褒扬与赞美。古希腊历史学家希罗多德所著的《历史》中有关于居鲁士的记载,包含了很多民间故事和神话传说的成分,并且兼具东方和古希腊神话的色彩。[①]但为世人了解居鲁士传奇的一生提供了珍贵史料。《历史》一书中,希罗多德称赞居鲁士是"慈祥的父亲";历史学家色诺芬在《居鲁士教育》中也不吝对居鲁士大加称赞。如果波斯军队所到之处都化为焦土,波斯帝国的统治也不可能绵延数百年。正是居鲁士因地制宜、刚柔相济的统治政策,才使波斯得以确立帝国秩序,统御四方。在他和后继者的统治之下,波斯几乎把古代近东地区的所有国家都囊括在内,并且把波斯的势力范围扩展到了伊朗高原以外的广大地区,打破了中东地区不同民族乃至东西方文明之间交往的地域闭塞。彭树智先生认为,人类的交往从接触开始,继则观察、了解、对话达到理解。政治版图的跨地域扩张为推动人类交往创造了环境与条件。居鲁士为人类文明间的交往做出了积极而深远的历史贡献。

在征服吕底亚后,居鲁士并没有急于拿下巴比伦尼亚,而是把目标朝向了伊朗的东部。公元前545—前539年,波斯大军横扫了中亚地区和印度河流域,波斯帝国的东部边界也得以奠定。此次远征把伊朗边界进一步向北拓展到了中亚河间地区。为了防御域外游牧民族的侵扰,居鲁

[①] 李铁匠:《伊朗古代历史与文化》,江西人民出版社1993年版,第61页。

士下令在边界上修筑七座居鲁士城,形成了一道互为掎角的防御边城。筑牢东部边界也为征服巴比伦尼亚创造了条件。而此时危若累卵的巴比伦王国却陷入了严重的政治分裂危机之中。

二、攻占巴比伦

公元前562年,一代枭雄尼布甲尼撒二世去世,巴比伦内部各派陷入了权力斗争之中。迦勒底人和阿拉米人为了部落利益而互相攻讦,祭司集团为了保护既得利益而干预国王废立。公元前556年,阿拉米人那波尼德夺取了王位。那波尼德在称王以后主要依靠阿拉米部落的支持。由于阿拉米人的部落崇拜并不是巴比伦当地的马尔杜克神,其宗教改革自然遭到了祭司们的强烈反对。国王不仅没有妥协,还把其他城邦的神祇安置在了巴比伦城企图架空祭祀集团。得罪了大祭司们的国王那波尼德,在征服完阿拉伯半岛中部的绿洲地区以后就滞留不归,将国家的日常政务交于其子处理。大敌当前,那波尼德却与本地部族离心离德,统治的根基早已动摇。

公元前539年,波斯军队向古巴比伦王国发起了进攻。军队渡过了湍急的金德斯河,不久就抵达了都城巴比伦。在尼布甲尼撒二世在位时期,都城经过了大规模的修缮和建设,城墙非常坚固,城外不仅有宽阔的护城河,城内也有重兵驻守,并且粮草充裕,可以长时间固守。然而,在波斯军队与守军交战的过程中,城内爆发了起义。历经了几轮交战,巴比伦周边的城市相继陷落,最终巴比伦不战而降,波斯军队顺利进入了这座古老而坚固的文化名城。国王那波尼德在逃跑的路上被生擒。

居鲁士进入巴比伦后,宣布自己为巴比伦王,自称是马尔杜克神赐予了他神圣的力量。全城为之沸腾。迎接他的是铺满绿枝的迎宾大道,全城洋溢着和平的喜悦。巴比伦城内的大祭司们也不吝溢美之词,一面痛斥那波尼德的懦弱昏庸,一面对居鲁士大表忠心。当时祭司编纂的铭文中称:

是慈悲的神对被奴役的苏美尔阿卡德人怜悯,

亲自挑选了符合神的心意的安尚王居鲁士，
并任命他为世界之王，
让他的军队兵不血刃进入巴比伦，
挽救这里的人民于水火。
神把不敬畏他的那波尼德交给了居鲁士，
巴比伦、苏美尔、阿卡德所有的人民都匍匐在居鲁士的眼前，
亲吻他的脚。
他们由衷赞美，
颂扬居鲁士的圣明。①

祭司集团之所以会如此讨好居鲁士，在于他宽广的胸襟。在征服巴比伦以后，居鲁士尊重当地的风土人情，恢复了巴比伦的宗教传统，并且利用本地宗教来巩固波斯在当地的统治，赢得人心。如果仅仅是安抚好祭司，还远远不够。居鲁士还做了一件足够让犹太人感恩数千年的德政，那就是释放被囚禁的犹太人返回耶路撒冷，并且出资帮助犹太人重建圣殿和家园。至今，《圣经·以斯拉记》里还保留了当时居鲁士遣返的诏书。诏令中提到：

居鲁士王元年，居鲁士王下诏重建耶路撒冷圣殿作为献祭之处。圣殿要高27米，宽27米。墙体要用三层石料，再用一层木料建成。所有经费都将出自于王库。尼布甲尼撒王从耶路撒冷掠往巴比伦的金银器皿，要悉数归还耶路撒冷圣殿原处。

犹太人因此赞颂居鲁士为"弥赛亚"，是犹太民族的救世主。居鲁士的遣返政策纠正了此前亚述和巴比伦等王国屠杀、奴役、强制移民的残暴政策，缓解了帝国内部的民族矛盾，赢得了弱小民族的支持。

公元前538年，居鲁士下令篆刻圆柱铭文，铭文中他以合法统治者而非征服者的形象示人，并且展现了他傲视群雄、气吞四海的英雄气概。

---

① 李铁匠：《古代伊朗史料选辑》，商务印书馆1992年版，第28页。

铭文中写道:

> 我,居鲁士,是世界之王,伟大的君主,正义之王,是巴比伦王、苏美尔和阿卡德王,也是天下四方所拥戴的王。
>
> 阿契美尼德是世袭罔替、王权永续的帝国主宰,我是伟大的安尚王泰斯佩斯的后代,是伟大的安尚王居鲁士一世之孙,是伟大的安尚王冈比西斯一世之子。
>
> 当我怀着友谊进入巴比伦城之后,在万众欢呼与欣喜之下安睡于高贵的居所。伟大的马尔杜克神让我无比地热爱巴比伦城。
>
> 当我每天都关注他的祭祀大典之时,伟大的马尔杜克神使巴比伦人民高贵的心都与我相依。我乐意倾听巴比伦及其神圣中心的需要。对于巴比伦城的人民,他们被那波尼德强加的沉重枷锁已被解除,这些奴役不是神的旨意,也与神的慈悲不符。我替他们重建了家园,消除了恐惧与忧虑。
>
> 这一切虔诚的善行为伟大的马尔杜克神所喜悦。他仁慈地赐予我、崇拜他的居鲁士王,我儿冈比西斯和我的军队以恩典,而我则在他面前颂扬他的崇高神性。
>
> 从上海到下海[①],四海之内的王,无论是居于庙堂,还是住在帐篷,天下所有的王都向我缴纳丰厚的贡金,都曾在巴比伦亲吻我的脚。我把集中于此的神像都送回了诸神所居之地,使他们永远安居于归宿。我把所有拘禁于此的人民送回他们原本居住的地方。愿回到原处的诸神,每日在祭典时分,为我祈求长生,以此赞美我的功德。[②]

经此一役,居鲁士顺利在巴比伦建立起了新的统治秩序,地中海沿岸城邦也俯首称臣表达了效忠,腓尼基人的投靠使波斯拥有了海军。公元535年,居鲁士二世将巴比伦尼亚以及叙利亚、巴勒斯坦、腓尼基地区合并为巴比伦尼亚行省,任命波斯人为行省总督。在波斯总督的管理之

---

①指的是从地中海到波斯湾。
②李铁匠:《古代伊朗史料选辑》,商务印书馆1992年版,第30页。

下，当地人继续负责日常的管理工作。巴比伦形式上保留了王国，国王由波斯最高统治者或王子担任。巴比伦城成了波斯帝国的冬都。在历经政权的更迭之后，居鲁士免除了当地居民部分的赋税徭役，行政官僚和祭司集团保全了官位和既得利益，传统的回归最大程度上保留了这座城市的繁荣与经济生活的平稳运行，也让巴比伦人较为平和地接受了他的统治。

三、居鲁士之死

大约公元前530年8月，居鲁士去世。关于居鲁士的死因，流传着多种说法。根据希罗多德收集整理的史料，居鲁士不幸地死于与马萨格泰人的交战，没能把他的赫赫战功延续到生命的尽头。在取得巴比伦的胜利之后，居鲁士并没有停下脚步，而是把目光再次聚焦到了东方。他率军远征中亚腹地，与彪悍的草原部落马萨格泰人短兵相接。马萨格泰人的习俗极为原始，弱肉强食，食人肉、对偶婚。战事初期，波斯军队相继告捷，马萨格泰人深感耻辱，倾尽全力与波斯决战，战况极为惨烈。最终，马萨格泰人以极为惨痛的代价战胜了波斯。波斯大军几乎全军覆没，居鲁士也在这场战争中重伤不治。马萨格泰女王托米丽司对居鲁士恨之入骨，她下令将居鲁士的头颅斩下，浸泡于盛满鲜血的革囊之中。现代军事专家研究指出，这场血腥的战争更有可能是一场马萨格泰人精心策划的伏击战。托米丽司在马萨格泰初战告负以后佯装畏战退却，引诱波斯军队轻敌冒进，利用广阔无垠的战略纵深为军队伏击创造机会。居鲁士率领部分军队被引诱到了隘口地带，在此埋伏已久的军队倾巢而出，将波斯远征军歼灭，并且杀死了居鲁士。居鲁士去世以后，遗体被安葬在帕萨尔加德，王陵经过了多次修葺，一直保存至今。

在波斯对外扩张过程中，居鲁士大帝对于被征服地区平民的基本生存权利、迁徙、宗教信仰自由的保障和尊重值得肯定。也许得益于他早年接受过良好的教育，相较于其他的征服者，他更为人道，至少更像一个人。他的征服和统治策略也为后世的亚历山大大帝所效仿。2003年12

月,荣获诺贝尔奖的希尔琳·艾芭迪①在瑞典奥斯陆诺贝尔和平奖颁奖典礼的演讲中说:"我是一个伊朗人,是居鲁士大帝的后裔。2500年前,他在权力的巅峰上向世人宣告说,民之所欲是他统治的根基,他不会强迫任何人改变宗教信仰,保障每一个人的自由。《居鲁士大宪章》在国际人权史上写下了浓墨重彩的一笔,值得后人进行深入研究。"②

居鲁士大帝用其一生,征服了西亚,在欧亚大陆上建立起了一个超越民族、语言、宗教的中央集权制的波斯帝国,成为彪炳史册的历史人物,他的功勋与思想是伊朗民族认同和共同历史记忆的一部分。

居鲁士去世后,他的长子冈比西斯二世继位。为了复仇,冈比西斯在居鲁士被杀后派军与中亚游牧部落交战了数年之久。史料对此记载极少。虽然远征中亚失利,但并不妨碍波斯继续向外扩张。

第三节 政变疑云

一、冈比西斯继位

居鲁士和皇后卡桑达恩共养育了四个子女,二男两女。长子冈比西斯二世,次子巴尔迪亚,长女阿托莎,次女阿尔杜斯托尼亚。伟大的王无法培养出和他一样伟大的接班人,唯有尽他所能给他的儿子以严父之爱和王之权力。居鲁士生前任命冈比西斯为巴比伦王,显然早已为其子的继位做好了权力铺垫。

冈比西斯二世的继位略显仓促。雄才大略的居鲁士大帝短时间内建立起的波斯帝国还没有来得及巩固,统治基础依然不稳,内部矛盾没有

---

①伊朗律师、法官、演讲家、作家和人权活动家。因其在为难民、妇女和儿童争取权利等方面做出卓越贡献,获得2003年度诺贝尔和平奖,成为自1901年诺贝尔奖创立以来第一位获此奖项的穆斯林妇女。
②于卫青:《波斯帝国》,中国国际广播出版社2014年版,第53—54页。

得到有效的解决。由于居鲁士的威望和得当的征服扩张政策，早先波斯部落联盟里的氏族显贵、被征服地区的地方上层人士都得到了一定的利益和安抚。但从长远而言，这样的统治缺乏制度性的安排和完善，其兴衰都完全系于居鲁士的声望与权势。在当时诡谲的政治氛围之下，王位的巩固建立在帝国内部的制度性矛盾得以解决的基础之上，否则新王必须在短时间内成为同居鲁士一般的王者，强大到政敌难以战胜，不敢有觊觎之心。

当居鲁士的死讯传遍波斯帝国后，其继承人冈比西斯二世的四围便面临着潜伏的威胁和挑战。冈比西斯二世的才智与性格存在着些许缺陷，从下面的事例就可见一斑。公元前538年，居鲁士大帝册封冈比西斯王子为巴比伦王。波斯治下的巴比伦王国为此在新年举办了隆重的登基大典。神的允诺是王权合法性得以承认的前提。按照巴比伦的旧制，国王登基要衣着朴素，手持金环，这样方能显示对神的敬畏和谦卑。然而，根据《巴比伦编年史》的记载，冈比西斯在登基之时，身着华丽的埃兰服饰，并佩戴了箭袋，手持着长矛进入神庙[①]。或许是由于宗教信仰不同的缘故，导致了冈比西斯对这场宗教庆典抱持着傲慢和不合作的态度，在典礼上身着埃兰华服、持戴箭矛登基或许也是刻意强调其高贵的血统和至高无上的权势。但是，此举在神庙祭司看来，冈比西斯的着装没有尊重当地的宗教传统，是对神的不敬。因此，祭司拒绝了新国王伴随纳布神（马尔杜克神之子）左右。祭司在授予他纳布神的权标之后，帮冈比西斯卸下了佩戴的武器。经过一番波折，冈比西斯才得以在神的面前祈祷。在纳布神结束了节日游行回到神庙之后，冈比西斯向诸神献上了祭品。这场略显尴尬的庆典才得以宣告结束。从这段历史的记载，我们不难发现，冈比西斯二世的性格中存在着刚愎、执拗的一面。在他登上王位以后也格外明显。这导致了冈比西斯在远征埃及的关键时刻，恰逢一场蓄谋已久、突如其来的政变，让他陷入了众叛亲离的政治危机之中。

---

① 李铁匠：《伊朗古代历史与文化》，江西人民出版社1993年版，第74页。

二、远征埃及

继位之初，冈比西斯就处决了一批在朝的王公贵族，并以贪渎的罪名活剥了贵族萨姆尼阿斯，将他的皮置于宫殿之上，用以震慑反对他的贵族。受埃兰内婚制的影响，波斯人并没有禁止近亲通婚。为了巩固自己的王位，冈比西斯二世先后娶了他的姊妹阿托莎和阿尔杜斯托尼亚。经过数年的筹划准备以后，冈比西斯决定率军远征埃及。这次远征，他带着阿尔杜斯托利亚随行，而把阿托莎留在了宫廷之中。要知道，大军远征一般都要数年之久，这无疑是一种冷落和抛弃。根据波斯祖制，国王亲征前会宣布王位的代理者或是继承人。据说在远征之前，冈比西斯二世把弟弟巴尔迪亚从外地调回，担任宫廷监督，坐镇后方。

公元前525年，波斯大军在远征途中得到了腓尼基人、希腊人和贝都因人的协助。同150年前的亚述王以撒哈顿远征一样，冈比西斯二世和贝都因人达成了结盟协议，波斯远征军得到了贝都因部落足够的水源供应，得以穿过西奈半岛的沙漠地区，并到达了埃及边境城市培琉喜阿姆郊外。在尼罗河三角洲驻防的希腊雇佣军指挥选择投靠波斯，并向波斯提供了机密情报。冈比西斯秘密会见了不满法老统治的埃及祭司代表。碰巧的是，在波斯行进之际，埃及法老阿莫西斯突然晏驾。在培琉喜阿姆，两军进行了一番激烈的交战，埃及全军溃败，新法老普撒美尼托斯逃回了首都后不久，埃及军队不战而降。波斯大军进入埃及首都孟斐斯之后，生擒了法老普撒美尼托斯。到了公元前525年仲夏时节，波斯已经基本控制了埃及全境，冈比西斯二世正式成为上、下埃及的法老，并建立了埃及第27王朝。遵循居鲁士大帝所倡导的和解与宽容政策，冈比西斯二世至少一开始还是表现出尊重埃及宗教传统的姿态，亲自参加了埃及的宗教庆典，并向神明献祭。与此同时，他积极安抚和笼络当地的名门望族。但在此之后，祭司们和神庙的收入就被削减，导致了祭司阶层转而开始反对他的统治。冈比西斯二世的征服震撼了周边地区，利比亚和希腊城邦纷纷向他敬献了礼品以表尊崇。随后，他率军沿尼罗河南下，进军努比亚地区。波斯大军挺进到了埃塞俄比亚，并与当地人进行了交战。由于战线太长，后方补给不足，军中粮食匮乏，波斯军队遭遇到了挫败。

埃及人闻讯后，以为冈比西斯二世很难生还，前法老撒美尼托斯趁机图谋东山再起，因此积极筹划政变起义。公元前524年，冈比西斯二世返回埃及并镇压了叛乱，将撒美尼托斯以及其他参与叛乱的将领一律处死。然而，平叛期间波斯军队可能洗劫了当地参与叛乱的神庙，引起了祭司们的愤恨和不满。在此后流传的口述史当中所记载的文字提到，冈比西斯二世是一个癫狂成性的暴君，不仅肆意侮辱法老阿莫西斯的遗体，并且杀死了神牛阿皮斯。这些说法并不可尽信。

大军远征失利的消息传回了波斯。公元前522年3月，巴尔迪亚在后方发动了政变，宣布废黜冈比西斯二世，帝国各地都响应并且支持政变，大势底定。冈比西斯二世急忙率军返回波斯，企图夺回王位。然而，冈比西斯二世在返回波斯的中途离奇死亡，在位仅七年。这场政变至今众说纷纭，深藏着谎言与阴谋，有待于在进一步发掘现有史料的基础上，通过新史料的佐证来加以厘清。

按照《贝希斯敦铭文》的记载：

居鲁士大帝之子，名叫冈比西斯，他是我们的亲属，曾经的波斯之王。冈比西斯有一个兄弟，名叫巴尔迪亚，两人同父同母。但冈比西斯杀死了巴尔迪亚。此后，人民并不知晓巴尔迪亚已被杀害，冈比西斯则率军远征埃及。他到了埃及以后，人民心怀异志。国内无论是波斯、米底还是其他地方，谣言四起。……此时，出现了一个名叫高墨达的穆护。他于维亚赫纳月14日在阿拉卡德里什山的皮希亚乌瓦达发动起义。他欺骗人民，声称自己是巴尔迪亚，居鲁士之子、冈比西斯之弟。于是，所有的人民，包括波斯、米底以及其他地区都弃冈比西斯而去，倒向了高墨达一边。他因此于加尔马帕达月9日将整个帝国据为己有。①

---

① 李铁匠：《古代伊朗史料选辑》，商务印书馆1992年版，第36—37页。

当时，远征军中的主力精锐，名叫波斯不死军团。这支军队是由波斯宫廷禁卫军中的重装精锐组建而成，初始规模约在3800人左右，成军以后人数约有1万人。由冈比西斯二世的亲信马哈库拜将军担任统帅。马哈库拜在与埃塞俄比亚人交战过程中阵亡，由大流士继任统帅。国内爆发政变以后，远征军开始返回波斯。大军行进到达厄克巴丹时，"巴尔迪亚"派人到军中传令，分化瓦解与笼络争取两手并用。

三、大流士夺权

政变后，"巴尔迪亚"推行了一系列改革措施，意在借助各省的力量打破波斯、米底等地贵族所垄断的权力格局，以此巩固自己的统治。从《贝希斯敦铭文》中的内容可以推断出，"巴尔迪亚"上台伊始，就下令免除全国赋税、兵役三年，并夺走了部分贵族手中的牧场、牲畜、奴婢和房屋等，这使部分民众得以从中获益，而贵族阶层的利益则受到了威胁和损害。公元前522年9月，"巴尔迪亚"在尼塞亚的行宫消夏，大流士联合六个贵族勾结宫内妃嫔和太监发动了宫廷政变，在即将举行宗教节日庆典之际杀死了"巴尔迪亚"，大流士借势登上了波斯帝国的王位。这七个贵族之所以敢冒天下之大不韪入宫行刺，可能是获得了贵族甚至是王室的暗中支持。包括希罗多德在内的历史学家都很清楚，这一行动至关重要的目的是维护波斯贵族的统治地位和利益，因此这七人所采取的行动更像是一场由部分波斯贵族所发动的蓄谋已久的政变而已，冈比西斯二世和巴尔迪亚很可能是这场政变的牺牲品。[①]无论死去的这个人是否是真正的巴尔迪亚，他的死讯引发了全国境内大规模的起义反抗。大流士一世血腥镇压了埃兰、米底、巴比伦等地的起义。随后，他推行了一系列维护帝国长治久安、加强中央集权的全方位改革，使濒临瓦解的波斯帝国得以重获新生。

登上王位之初，大流士一世的统治是极为脆弱的。波斯、埃兰、米底、巴比伦相继爆发了起义，波斯起义对于大流士统治的威胁是致命

[①] 李铁匠：《伊朗古代历史与文化》，江西人民出版社1993年版，第82页。

的。起义者打着巴尔迪亚的旗号得到了首都帕萨加驻军的支持，波斯多地甚至连巴比伦宫廷的波斯守军也都参加了起义。不仅波斯本土发生了叛乱，一些地方总督也趁被征服地区争相独立之际发动政争。由此可见，大流士一世夺权之初遭到了波斯贵族和平民、被征服民族的反对，只有一部分军队还忠于大流士一世，波斯帝国陷入了分裂的危机之中。经过一年多的时间，大流士一世完成了对于叛乱地区的再征服。镇压是血腥的，超过10万人死于这场大起义。各地的起义，既是波斯王权与贵族之间权与利的争夺，也是征服者与被征服者之间蓄积矛盾的爆发。

阿契美尼德王朝经历了这一场风云诡谲的政治地震后，大流士作为贵族公推的王位继承者登上了宝座。为了建构自己统治的合法性，大流士一世宣称自己是阿契美尼德家族的后裔，与开创者阿契美尼斯具有血缘关系。他效仿冈比西斯二世，娶了居鲁士大帝的女儿阿托莎和阿尔杜斯托尼亚为妻，并与阿托莎生下了日后帝国的统治者——薛西斯一世。

四、贝希斯敦铭文

公元前520年，大流士在平定巴比伦叛乱回程的途中，命人在克尔曼沙阿省的贝希斯敦旁的悬崖上刻下了《贝希斯敦铭文》（Behistun Inscription）。铭文用古波斯、古埃兰、阿卡德语巴比伦方言三种文字刻录，记述了大流士一世如何在政变中获得王位并且镇压各地起义的大致经过。铭文把他脚踩高墨达、目视祆教神灵的伟岸形象，连同起义被俘虏的叛军首领垂头丧气、俯首称臣的神情一并雕刻在了正文上方。

铭文中提到：

我——大流士，伟大的王，众王之王，波斯之王，诸省之王，维什塔斯帕之子，阿尔沙马之孙，阿契美尼斯的后裔。

大流士国王说：我父是维什塔斯帕，维什塔斯帕之父是阿尔沙马，阿尔沙马之父是阿里阿兰那，阿里阿兰那之父是奇什庇什，奇什庇什之父是阿契美尼斯，因此我们称为阿契美尼德王族的后裔。自古以来我们就享有荣誉，自古以来我们的氏族就是王族。在我之前，我们的氏族中有八个〔人〕是国王。我是第九个王。我们九个〔人〕相继地为王。按阿胡拉·马兹达的意旨，我是国王。阿胡拉·马兹达授权我统御王国。

下列诸省：波斯、埃兰、巴比伦、亚述、阿拉伯、埃及、沿海〔诸省〕、吕底亚、爱奥尼亚、米底、阿尔明尼亚、卡帕多细亚、帕提亚、德拉吉安那、阿列亚、花剌子模、巴克特里亚、索格底亚那、干达拉、斯基泰、沙塔吉提亚、阿拉霍吉亚、马卡，共二十三省，归属于我，按阿胡拉·马兹达的意旨，我成为他们的国王。①

《贝希斯敦铭文》是大流士宣示王权合法性的精心诠释。根据上面的记载，大流士下令制作了同版副本在整个帝国境内散发，布告天下。这个版本的铭文是大流士一世对于政变和起义的解释，并且这种说法也影响了希罗多德等人的记载。由于刻录铭文的悬崖位于交通要冲，高耸陡峭，难以攀登，因此得以长期保存并为世人所知。但由于年代久远，伴随着朝代兴衰更替，《贝希斯敦铭文》逐渐湮没无闻。直到1835年，英国青年考古学家H.C.罗林森发现并且冒着生命危险逐片拓下了铭文的内容。《贝希斯敦铭文》的意义远不止于了解千年之前那场诡谲的政变，铭文的解读对于解读消逝千年的古文字具有重要的历史贡献。在罗林森等人的不懈努力之下，多种楔形文字相继破译成功，不论是古波斯语、古埃兰语的石刻，还是阿卡德语、苏美尔语的泥版文献均得以解读和研究。伊朗学研究因此获得了历史性的突破和发展。

第四节　大流士一世改革

一、大流士掌权

大规模的起义叛乱使波斯帝国的都城变成了废墟焦土。公元前520

---

① 李铁匠：《古代伊朗史料选辑》，商务印书馆1992年版，第50—51页。

年，大流士一世下令在波斯另择要地建立气势恢宏的王宫。后世将此地称为波斯波利斯，意为"波斯之城"。①波斯波利斯位于群山之间，居高临下，富丽堂皇，气势恢宏。宫殿雕刻着威严的国王与万国来朝的景象，正殿坐落于一方宽阔的岩石平台之上，前方宽广的平地在当时是检校军队的广场。整个工程前后耗时数十年才得以完工。置身其中，仿佛听到了数千年前波斯宫廷的晨钟暮鼓之声。此地也成了伊朗古代辉煌与强大的历史见证。这座庞大的宫殿群的具体用途到目前为止还不完全了解。由于波斯在当时设置了多个首都，也许波斯波利斯是作为安排各省或者外邦贡使朝贡和举办重大典礼仪式的宫殿群而存在。笔者在2017年探访此地时就发现，波斯波利斯宫殿群的雕刻有多处都有象征季节更替的符号以及展示对国王的忠诚与敬意的雕刻。依据前人的研究成果可以推断，波斯波利斯并不是永久性、主要的帝国首都。真正的首都可能是埃兰旧都苏萨。居鲁士大帝曾与米底王室有着密切的血缘关系，米底贵族在波斯统治阶层中享有诸多特权，宛如统治者的左右手。埃兰贵族的地位也同样如此，当时古埃兰语是帝国的官方语言之一。

公元前517年，大流士派兵进军印度，设置了印度行省。波斯的势力深入到了印度河流域，这次征服为帝国带回了可观的黄金。几乎与此同时，大流士一世开始着手推行改革。其后，波斯大军沿黑海进入欧洲。历经居鲁士大帝到大流士一世数十年的征服和扩张，波斯从一个部落王国一跃成为横跨欧亚非三洲的大帝国。波斯帝国疆域辽阔，将小亚细亚、埃及、巴比伦、腓尼基、叙利亚等古代近东文明都囊括在内。要加强对各地的统治，必须要对旧制度进行大刀阔斧的改革。公元前521—前520年的大起义用血的教训告诫了大流士一世：改革势在必行。

二、全方位的改革

波斯帝国初期，多数行省是由当地贵族担任总督，他们手握军权和

---

① [美] 米夏埃尔·比尔冈著，李铁匠译：《古代波斯诸帝国》，商务印书馆2014年版，第42页。

行政权。地方权力过度集中就容易滋生叛乱，进而威胁中央的统治。为了防止地方权力过大，限制总督的权力，大流士一世实行军政分离政策，设立王室办公厅来处理中央一级的行政事务。在地方上，行省的办公厅负责处理日常事务；增设军区长官主管地方行省的军事，直接听命于国王。与此同时，中央派任监察人员和王室秘书到各个行省，监察员在行省各地打探相关的军政情报，定期向国王大流士一世汇报，充当"国王的耳目"。监察员的职责一是负责监督行省总督在内的各级官员，二是确保各地赋税的足额上缴，三是监视行省可能出现叛乱的迹象并上报中央。改革后，波斯人牢牢掌控了从中央到地方的行政和军事要职。甚至在偏远行省之下的省，也是由波斯人充当行政长官。

军事上，大流士一世将全国划分为五个大军区。到后来一度增加到七个，之后又减为四个大军区。大军区的军事长官负责辖区军务，战时辖区内的成年男性都要应征参军。军队包括了禁卫军、常备军、地方军和万人不死军团等。军种分为步军、骑兵、战车兵、象军、海军。战时，波斯军队往往采取骑兵和步骑多兵种协同作战，一举击溃对手。万人不死军团是波斯人的精锐，分为10个千人团，第一团是由波斯贵族组成的国王卫队，其余9团则是由伊朗各部落代表组成。[①]常备军主要是由波斯人和米底人组成，驻守在战略要地附近，长官由波斯人担任。这些军队在战时是拱卫帝国的支柱，在平时则负责守卫战略要冲。地方军队由不同民族的士兵组成，主要负责地方治安和屯垦戍边。军队的核心是波斯人。在当时，波斯人口总数不到帝国的十分之一。因此，在军队中波斯人主要充当高级指挥官的角色。

帝国疆域辽阔，要强化统治力必须建立四通八达的交通体系。波斯帝国的统治者征召善于航海的腓尼基人和埃及人组建了海军，开辟了从波斯湾到红海的航道，开展海上贸易。伊朗人据此形成了初步的海洋国土意识，将波斯湾视为内湖，开始重视波斯湾的战略价值。大流士一世曾派人调查波斯湾沿岸的情况，并在帝国境内修筑驿道、开凿连接红海和尼罗河的大运河、探寻海路，水陆交通的便利使波斯同印度、希腊、

[①] 李铁匠：《伊朗古代历史与文化》，江西人民出版社1993年版，第98页。

埃及之间的贸易比较繁荣，并在帝国西部设立了许多商业城市。大流士一世在位期间修筑了通往各地的驿道，在重要的隘口和渡口驻军，沿路设立驿站以便于传递军事情报。虽然这些工程的建造主要是出于军事目的，但是红海至尼罗河的运河的凿通使波斯从海上航行直达埃及尼罗河流域，为帝国境内的商业往来提供了便利。许多道路在此之前就已经存在，但在大流士一世时期，这些道路得以修筑完善，从而形成了安全无阻、四通八达的交通网络，是通联帝国各地的筋脉。其中从巴比伦出发，途径中亚，通往中国、印度的驿道，此后成为丝绸之路的主干，为人类文明间的交往贡献良多。大流士一世对此十分自豪，在埃及大运河贯通后，他下令刻录铭文纪念这一工程的竣工。铭文中记载：

伟大的阿胡拉·马兹达，他创造了天与地，创造了人类的文明与幸福。他立大流士为王，将这个强盛伟大的国家交于大流士国王。

我，大流士，是伟大的王，众王之王，各省人民之王。维什塔斯帕之子，阿契美尼斯的后裔。

我是波斯人，从波斯而来征服了埃及。我下令修建了这条从埃及尼罗河贯通到波斯湾的运河。这条运河在我的御令下修建完成。往来船只经由此运河便可由埃及到达波斯，一如我之所愿。[1]

无赋税，便无国家。在居鲁士大帝和冈比西斯二世在位期间，各地没有固定的赋税，而是以贡物和兵役代之；"巴尔迪亚"一上台就宣告豁免三年赋税和兵役。为了规范赋税制度，大流士一世将帝国划分为20个行省，重新丈量耕地面积，依据农牧业种类和产量来确定各地所应缴纳的税收。这20个行省地区各自规定了具体的税负标准，将税种划分为货币税、实物税、杂税等。波斯人作为统治民族免于缴纳货币税，地处偏远的部落王国沿用旧制，只纳贡不交税。

建立完备的税制必须要有配套的度量衡和货币单位。大流士在位时期，波斯境内制定了度量衡标准器并推行了统一的度量衡标准。当然，

---

[1] 李铁匠：《古代伊朗史料选辑》，商务印书馆1992年版，第54页。

推行新的度量衡标准需要一个较长的替代过程。到了大流士一世末期，可以在文献中发现，国王所颁行的度量衡标准已经得到了普及。大流士颁行了统一的货币单位，规定全国统一使用三种货币。国王有权铸造金币"大流克"，每枚重8.4克；地方允许铸造银币"舍克勒"，每枚重5.6克；1枚大流克等价于20枚舍克勒，但大流克主要用于赏赐，不能流通使用。银币主要流通于小亚细亚地区，用于支付军饷；在波斯、巴比伦和埃及主要使用银锭，由于成色不一，收缴进入国库时还需要按照标准进行鉴别提纯和价值折合，成色不足的需要补足差额。

法律是帝国维持统治有力工具，也是统治意志贯彻的体现。颁行法律必须在尊重被征服地区的风俗、习惯法、宗教与维护统治之间取得平衡。在此之前，埃及和两河流域都有完备的法律和制度，《汉谟拉比法典》是西亚地区王国立法的典范，具有重要的镜鉴意义。因此，从埃及和两河流域的成文法典中汲取经验、为我所用是较为稳妥的改革举措。公元前516年，大流士一世下令，命埃及行省总督选派人员到首都苏萨王宫，收集和编写相关法典。这项工作历时二十余年，制定了以《汉谟拉比法典》为蓝本的新法典。法律突出了王权至上，国王的意志即为法律。而在被征服地区，基本沿用之前的法律，但最高司法权仍归属于波斯统治者。这在犹太教的宗教经典和巴比伦地区的司法审判文书当中得到了佐证。

就文字而言，波斯人在巴比伦人楔形文字的基础上形成了古波斯楔形文字，并进一步把楔形文字符号简化为36个字母，包含3个元音和33个辅音，后来又增加了几个表意符号。[①]波斯人在当时主要使用楔形文字进行书写和交流。古波斯楔形文字相较于阿卡德语和埃兰语的楔形文字而言比较简单，但是这一文字不易书写和使用，主要出现在官方文书和铭文石刻上。因此，古波斯文字实际上是一种不彻底的字母文字。现存最早的古波斯文字是公元前7世纪的阿里阿拉姆涅斯金版铭文，最长的铭文则是记录大流士一世赫赫战功的《贝希斯敦铭文》。[②]古波斯文字的使用

[①] 李铁匠：《伊朗古代历史与文化》，江西人民出版社1993年版，第102页。
[②] ［美］A.T.奥姆斯特德著，李铁匠、顾国梅译：《波斯帝国史》，上海三联书店2010年版，第185—194页。

范围相对有限，仅在宫廷中用于发布国王的诏令和记载国家大事。公元前330年，随着波斯帝国的灭亡，古波斯文也随之被弃用，以至于在此之后，逐渐消亡至无人可以辨识。古波斯语的楔形文字只在伊朗西部有所发现，在埃及、伊朗中部和东部都没有发现楔形文字的遗迹。而东部伊朗语言，如阿维斯陀语，其元音音素十分丰富，与梵语、吐火罗语甚至汉藏语系语言的元音相近。东、西伊朗语族语言的这一差别一直使古典语言学家们感到困惑。在东部流行的阿维斯陀语是书写琐罗亚斯德教古经《阿维斯陀》（也称《东方圣书》或《波斯古经》）的语言，近似印度梵语，这说明伊朗与古代印度在文化上的渊源关系。

在当时，文字和语言并没有统一，而是埃兰语、阿卡德语、希腊语、古希伯来语、埃及语等多种语言和楔形文字、半字母文字、字母文字并行使用，主要作为帝国中央和各行省办公厅的官方语言。因此，各个行省都需要精通多种语言文字的官吏，负责将王室办公厅发布的政令和外省文书翻译成本地语言。大流士一世时期，源于腓尼基字母的阿拉米语逐渐流行。为了便于各地交流互通，官方文书也逐渐广泛地使用阿拉米语进行书写。长此以往，易于书写辨识的阿拉米语也就成为通用语言文字，尤其是商业和交际用语。这对之后西亚地区语言文字的演进产生了深远的影响。

三、改革的影响

公元前486年，大流士一世病逝，其子薛西斯一世继位为王。大流士一世改革是一场波斯化的改革运动。这场改革让伊朗文明从政治、经济制度以及语言文字诸方面在多元文化的基础之上建构出了自我的身份认同。在改革的过程中，大流士一世汲取了前人的经验教训，延续了居鲁士大帝的宗教宽容政策，打破了民族、文化、制度的藩篱，强化了地区间的交往，为长期战乱、纷争不断的西亚北非地区建立了安定的统治秩序，将波斯帝国的疆域和国力推向了巅峰。但帝国所统治的民族众多，经济、文化差异显著。改革并不能从根本上弭平这些差异，因而仍然需要笼络各地上层人物，因地制宜地利用这些人来推行统治。在大流士一世逝世以后，一些改革措施便人亡政息，行省总督逐渐成为终身制，权力越来越不受制约。从根本上来讲，波斯帝国依旧是军政联合体。大流士一世在其权力与能力所及的范围内，得以将危机重重的波斯帝国再次中兴。[①]他成功巩固了王权在帝国秩序中的地位，实现了帝国境内的长治久安，促进了不同文明之间的碰撞与融合，对后世统治者具有镜鉴之义。正因为如此，大流士无愧为一代卓越有为的帝王。

公元前6世纪到前4世纪，阿契美尼德王朝的兴盛使伊朗人成为当时世界性的主导力量。从某种意义上而言，波斯统治下的秩序意味着埃及、两河流域和印度三大文明实现了统一。帝国境内各种宗教、生产技术和政治理念的相互交流，推进了文明之间的交往与自觉，使地区进入到了波斯统治下的新阶段。伊朗本土的琐罗亚斯德教与希伯来的一神教以及两河流域、埃及的地方宗教在这种环境下开始了互相接触，在互动中不断发展，丰富了自身的宗教内涵，在各自宗教的发展史上留下了光辉的历史印记。在历史上，这种宗教宽容的时代是极为罕见的。

阿契美尼德王朝时期，其对于宗教宽容与对人权的尊重达到了前所未有的历史高度，居鲁士的政策也为后来的波斯历代国王所延续。这种文化的宽容态度意义深远，深刻影响了伊朗人的思想和生活方式，直至今日仍然能感受到波斯帝国的历史给这个国家带来的荣耀。

[①] 李铁匠：《伊朗古代历史与文化》，江西人民出版社1993年版，第107页。

第三章 希波战争

阿契美尼德王朝时期波斯与希腊之间爆发了旷日持久的战争,历史学家经常赋予希波战争许多神圣的历史意义。希腊人阻止了波斯的远征,并在公元前330年战胜了波斯军队,将希腊文明传播到两河流域和伊朗高原,东西方文明的交往也由此进入新的历史时期。

第一节 远征希腊

一、希波战争的起源

波斯与希腊的交锋始于居鲁士大帝征服小亚地区。在击败吕底亚以后,波斯占据了爱奥尼亚地区。在当时,大流士一世与爱奥尼亚人关系良好,波斯宫廷中有一批来自希腊的策士、工匠和战士。希腊人看待波斯却呈现出两极化,一部分人极为推崇波斯,另一部分人则视之为自身独立与自由的威胁。[①]

公元前520年,甫登大位的波斯国王大流士一世发动了对西徐亚人的征服战争。战争爆发的起因或许是因为部分行省的总督反对大流士的统治,而西徐亚人为造反派总督提供了帮助。这些西徐亚人头戴尖顶盔,活跃于欧亚草原的广阔地带。大流士平定地方叛乱后,经过一番准备,便向中亚的西徐亚人发动了进攻。军队乘船顺利渡过了里海,据说杀死了西徐亚部落首领。公元前513年,大流士派军越过博斯普鲁斯海峡,追击在欧洲多瑙河一带的西徐亚人,趁势征服了色雷斯、马其顿等巴尔干半岛的部分地区,大流士一世命令一部分军队驻守于此,其余则返回了亚洲。[②]大流士一世远征西徐亚人并没有达到战略目标,但是取得了若干收获:首先,波斯大军扼住了博斯普鲁斯海峡地区,增强了对黑海的海上运输通道的控制力;其次,征服了希腊半岛以北的色雷斯等地区,叩开了希腊的边陲之门。一旦与希腊爆发战争,波斯就可以通过色雷斯和马其顿的码头来完成补给,缩短波斯远征军的补给线。波斯帝国的势力

[①] [古希腊] 希罗多德著,徐松岩注:《历史》,上海三联书店2008年版,第178页。

[②] [美] 米夏埃尔·比尔冈著,李铁匠译:《古代波斯诸帝国》,商务印书馆2014年版,第45页。

范围已经蔓延到了地中海周边,对希腊诸城邦而言构成了生死攸关的战略威胁。这可能是希腊城邦决意与波斯抗争的根源之一。

二、小亚起义的爆发

公元前500年,小亚纳克索斯岛发生了政变,岛上贵族的寡头政治被民主派推翻。流亡的贵族为了夺回权力,向米利都僭主阿里斯塔格拉斯求援,承诺愿意负担出兵的军费。这些人希望透过阿里斯塔格拉斯的劝说,促使萨迪斯行省总督、大流士的弟弟阿尔塔普列涅斯出兵相助。阿里斯塔格拉斯则希望借助波斯的军事力量从中分得一杯羹,所以尽力促成波斯出兵,并允诺筹措军费。总督阿尔塔普列涅斯经不住劝说,上报波斯宫廷以后,便集结军队远征纳克索斯岛。战争并未取得预想的成果,只得撤军收场。阿里斯塔格拉斯之前夸下的海口让他骑虎难下,在追究战败责任问题上他也难辞其咎。自觉无法向波斯宫廷和总督阿尔塔普列涅斯交待,阿里斯塔格拉斯决定发动叛乱,图谋趁局势混乱之际从中脱身。于是,他在米利都以僭主的名义召开公民大会,宣布放弃僭主地位,以自由平等为口号,号召小亚城邦的公民起义推翻僭主统治。随后,他在各邦公民大会上发表了慷慨激昂的煽动性演讲,痛斥了波斯统治下的压迫与奴役。[①]各邦纷纷发动起义,推翻了僭主统治,宣布独立。局势由此一发不可收拾,米利都起义的波澜掀起了持续半个多世纪的战争巨浪。

阿里斯塔格拉斯在煽动小亚地区叛乱的同时,又赶往希腊城邦寻找同盟。天花乱坠的游说并没有打动斯巴达国王,在被斯巴达礼送出境以后,阿里斯塔格拉斯来到了雅典。在雅典公民大会上,他又是一番慷慨陈词,把波斯以专制压迫的罪名批判了一番。尽管群情激奋,但是在一些家族的强烈反对下,雅典只同意派遣20只战船支援米利都。此后,阿里斯塔格拉斯又成功游说了埃列特里亚派出了援军。雅典之所以同意参

---

① [美] 米夏埃尔比尔冈著,李铁匠译:《古代波斯诸帝国》,商务印书馆2014年版,第44页。

战,很大程度上要归因于流亡在外的前僭主希庇阿斯。因为此人,雅典城邦与波斯互相攻讦、剑拔弩张。这种积蓄已久的敌视情绪在阿里斯塔格拉斯刺激之下一发不可收拾。从这个角度而言,战争的发动者并不是波斯。

公元前498年,希腊军队在米利都汇合以后先发制人,率军进攻波斯的商业重镇和军事要塞——萨迪斯城,总督阿尔塔普列涅斯向波斯求援,同时将兵力收缩到萨迪斯的卫城之内。希腊联军在没有遭遇抵抗的情况下进入城中,大肆洗劫之后撤退,并且放火焚城。这把大火甚至烧毁了吕底亚女神库贝倍的神庙。随后,波斯守军在吕底亚人的协助下击退了希腊人,而增援的波斯军队也迅速赶到。两军在以弗所交战,希腊军队被波斯援军彻底击溃。在战败后,雅典便急忙撤回了派出的援军。尽管如此,在大流士一世看来,雅典的干涉是对他的王权的一次挑战。新一轮的战争也在所难免。阿里斯塔格拉斯见大势已去,便率残余部队乘船前往色雷斯,最后被色雷斯人所消灭。

与希腊军队交战之后,波斯大军开始逐个征服反叛的爱奥尼亚城邦。公元前497年,波斯集结了腓尼基、埃及、塞浦路斯军队开始进攻爱奥尼亚最繁荣的城邦、也是叛军的大本营——米利都。波斯海军集结了600艘战船击败了米利都353艘三列桨舰海军,海陆并进围攻米利都。经过一年多的围困,公元前495年,米利都陷落,城邦男性公民绝大多数战死,最终城破人亡。城中的男性被屠戮,剩下的几千名妇女幼童被强制移民,城中的神庙也被报复性地劫掠焚毁。[①]米利都城市虽然并未被完全摧毁,但是在经此一战后元气大伤。随后,此前反叛的城邦相继被再次征服。爱奥尼亚地区持续了六年的城邦起义至此告一段落。

为了挽回人心,波斯推出了一系列安抚政策,例如允许建立地方性的民主政治,实行宽松的治理政策。这些举措得到了当地人的欢迎。但米利都的陷落,对雅典人造成了重大的心理冲击。希腊剧作家弗吕尼霍斯根据这一事件创作了悲剧《米利都的陷落》,悲剧在雅典上演以后引起了巨大的社会轰动。悲恸的剧情让闻者无不动容,全体观众一边看

---

① 于卫青:《波斯帝国》,中国国际广播出版社2014年版,第136页。

剧，一边掩面而泣，雅典人对波斯的"强权"与"野蛮"也因此更为敌视和痛恨。因为该剧过于悲情，剧作者还因此被雅典当局处以罚金，并且被禁止重演。①

大流士一世很清楚，爱奥尼亚城邦之所以会发生叛乱，根源在希腊。爱奥尼亚人与希腊城邦联系过密，再次征服这一地区并不能从根本上确保波斯边境的安定，日后势必会死灰复燃，重新滋生政治分离与反叛。希腊蓄意煽动帝国境内叛乱、干涉波斯内政，并且威胁到了波斯在海上的安全利益。这也是波斯接下来长达半个世纪持续对希腊半岛用兵的重要原因所在。为了彻底解决小亚地区的动荡，大流士一世决定派军征服希腊城邦。

三、马拉松战役

公元前492年，波斯组建了海陆两军，发动了对希腊本土的第一次远征。但由于海军对当地水文环境和气候条件并不熟悉，大军在海上遭遇了强大的风浪，300多艘战船所运载的辎重和士兵损失殆尽。陆军则在行军途中遭遇了色雷斯人的袭击，击退敌人的过程中主帅身负重伤，部队也因损失惨重而无法继续前进，只得回撤。

公元前490年，波斯再次集结了海陆两军数万人，征集了多达600艘战船远征希腊，避开了遭遇风暴的海域和色雷斯地区，横渡爱琴海，从水路攻入希腊本土。波斯用船只载着马匹和辎重，浩浩荡荡地直扑希腊而来。大军首先抵达纳克索斯岛，将岛上的居民一一捕获。这些居民沦为战争奴隶被运回波斯贩卖，远征军放火烧毁了这座城邦。大军途经提洛岛，但由于该岛是希腊宗教圣地而得以幸免。随后，波斯军队进攻埃列特里亚，当时埃列特里亚人分为三派，一派主张坚决抵抗，一派主张投降求和，一派则主张弃城避难。埃列特里亚人奔赴雅典求援，雅典派出了四千援兵，但是这些援军对抵抗波斯而言无异于杯水车薪，援军在城破之前就匆匆撤回了雅典。经过六天的殊死抵抗后，城邦反对派与波斯里应外合让军队趁机入城。作为支援米利都的惩罚，许多公民被强制

---

① 于卫青：《波斯帝国》，中国国际广播出版社2014年版，第147页。

迁移,入侵的波斯人劫掠并焚烧了城邦。

在前僭主希庇阿斯的带领下,波斯先头部队在阿提卡郊外登陆,大军并没有立刻进攻,而是原地驻扎,等待雅典人的反应。雅典得知波斯大军压境后,旋即派遣善于长跑的菲迪皮茨前往斯巴达求援。但斯巴达人坚持要等到月圆之后才肯发兵支援。临近雅典的小邦普拉提亚倾全力支援了大约1000名重装援兵。雅典人只能背城一战。雅典十位将军率领11000多名重装骑兵前往马拉松平原,与大约20000人的波斯大军对峙交锋。雅典采取两翼埋伏、正面佯攻的战术。在交战之初,波斯中军击败了对手中军,但是两翼迅速被雅典击溃,中军旋即陷入包围。雅典人的勇敢抵抗迫使波斯军队不断后退,最终被逼到了海边,双方在追击中再次激战,波斯伤亡惨重,大败而归。当斯巴达援军抵达战场时,只见银色的月光下尸横遍野。战争胜利后,雅典指挥官派菲迪皮茨跑回雅典传信,告诉雅典公民这一胜利的喜讯。菲迪皮茨不顾伤痛,一路奔跑到雅典中心广场,高呼:"欢乐吧,雅典人,我们胜利了!"说完便倒地而死。菲迪皮茨传信至雅典的长跑距离为42.193公里,这一历史事件就成了现代马拉松长跑运动的起源。[①]雅典军队在获胜以后,赶在波斯后续援军反攻之前就返回了城邦。波斯军队只得撤退。

这场战役雅典以少胜多,以192人牺牲的代价歼灭了波斯6400人左右。虽然与其他战役相比,波斯的损失并不是太大,但是对于雅典而言,这是一场可以载入史册的重大胜利,其象征意义是不言而喻的。[②]在希腊人看来,波斯人和大多数非希腊人一样,都是野蛮的民族,是无知的、落后的一群人。尽管希腊人不得不承认波斯是一个辽阔、强大、富有的帝国,但是这个帝国却是按照一套残暴的制度运行着的,其中充斥着炫耀、庸俗与颓废。希腊人的嫉妒与愤恨心理并非完全是后人杜撰。有趣的是,一些古希腊哲学家站在波斯的一边,甚至是波斯人的同盟者。但古希腊人的价值判断影响了后世的史观,尤其是一些西方史学家的观点。在某些人的眼中,这象征着自由民主战胜了专制的残暴征服,

---

[①] 于卫青:《波斯帝国》,中国国际广播出版社2014年版,第154页。
[②] 李铁匠:《伊朗古代历史与文化》,江西人民出版社1993年版,第112页。

雅典俨然是希腊诸城邦自由与民主的捍卫者。从某种意义上而言，希腊一些城邦在此之后也成为名副其实的霸权主义者，也是不折不扣的殖民主义者。因此，这些略带偏狭的史观值得进一步商榷。

希腊与波斯的不同之处在于，希腊并不是一个统一的国家，而是由关系错综复杂的城邦所组成的，其影响力主要在海上而不是陆地。希腊人所建立起的殖民地主要是在地中海沿岸与黑海海岸。不同于波斯对被征服地区实行间接统治，希腊主要是以殖民的方式实行统治。波斯与希腊之间的敌意并非一日之寒，从一些希腊出土的古代器皿上就可以窥见一二。与其说敌意表面上是波斯与希腊之间存在差异所致，不如说这是因为希波两国的对外统治本质上如出一辙。平心而论，最初，波斯控制着如米利都、福西亚这些重要的小亚城市以及位于博斯普鲁斯海峡欧洲一侧的色雷斯和马其顿地区。在波斯辖下的希腊化地区，其文化成就要比希腊本土更为耀眼。在波斯帝国苏萨、哈马丹、波斯波利斯等都城中，希腊人也发挥了举足轻重的影响力，甚至在埃及、巴比伦、巴克特里亚等地区，希腊人的地位也不容小觑。

就这样，波斯第二次远征希腊再次以失败告终。大流士一世得知此事以后，下令举全国之力筹备新一轮的远征。整个"亚细亚"因此而忙乱不已。

第二节　薛西斯一世亲征

一、薛西斯继位

远征的失败动摇了波斯在被征服地区的统治基础。接连的战争动员激化了征服者与被征服者之间的矛盾。公元前486年，正当帝国为第三次远征做动员准备的时候，埃及爆发了起义。而时年56岁的国王大流士一世在此时驾崩，王位由他与阿托西亚所生的长子薛西斯继承。继位的过程可能发生了王位争夺，从薛西斯一世所立的铭文中可以看出端倪：

伟大的阿胡拉·马兹达,他创造了天与地,他创造了人类,赐予人类幸福。他立薛西斯为王,为唯一之王,唯一的号令者。

我,薛西斯,是为伟大的君主,众王之王,各省人民之王,以及这广阔大地之王。

薛西斯王说:我的父亲,大流士;大流士之父是维什塔斯帕,维什塔斯帕之父是阿尔沙马。当阿胡拉·马兹达立我父大流士为大地之王时,维什塔斯帕和阿尔沙马两人都还健在。大流士王在位期间,建立了诸多丰功伟绩。

薛西斯王说:大流士还有其他子嗣,在阿胡拉·马兹达的庇佑之下,我父大流士在其身后立我为继承者。当我父大流士驾崩以后,在阿胡拉·马兹达的庇佑下,我继承父位,登基称王。自我登基以来,建立了诸多功绩。凡我父所建之物,我均加以保护,并增添了其他建筑。凡我所建之一切与我父所建之一切,全仰赖阿胡拉·马兹达之庇佑下完成。

薛西斯王说:愿阿胡拉·马兹达保佑我,保佑我的王国与我父所建之一切,愿阿胡拉·马兹达保佑这一切![1]

历史关于薛西斯一世的记载主要是围绕着远征希腊而展开的。之所以要征服希腊,名义上是要惩罚雅典以及其他城邦煽动和支持爱奥尼亚地区的叛乱,但对薛西斯一世而言,却是一项必须完成的政治任务。因为这是大流士一世的遗志,也是他继承权力后的必然选择。薛西斯一世认为,如果波斯不征服希腊,希腊早晚会进攻波斯。要么姑息希腊意图染指的"嚣张气焰",重蹈萨迪斯城被毁灭的命运,要么就主动去征服希腊,没有第三种选择。

二、国王亲征

希腊问题不可能无限期地搁置。波斯上层急于要让希腊人为其反抗行为付出代价。此次远征,波斯采用了第一次远征的路线,大军在萨迪

---

[1] 李铁匠:《古代伊朗史料选辑》,商务印书馆1992年版,第55页。

斯城集结以后，穿过达达尼尔海峡进入巴尔干，途径色雷斯和马其顿，进入希腊半岛。战争的前期准备规模是极为庞大的。沿着色雷斯海岸地区建立起了巨大的仓库，用于储存粮草。而且波斯在阿陀斯地峡耗时三年开凿出了长约2公里的运河，在斯特律蒙河上架起了大桥。前期工程最为浩大的是，波斯命令埃及人和腓尼基人在达达尼尔海峡修筑了两座索桥，但不幸被大风吹断。工人们又将几百艘船舶用两条巨大的缆绳连接在一起，在船上铺上木板、装上栏杆，做成了浮桥供大军和牲畜通过。这说明当时的制绳技术已经达到了较高的水准。根据希罗多德的记述可以推测出，这两根长约一英里、粗约一英尺的缆绳，每根可能重达90吨。也正是如此，薛西斯一世自诩可以指挥波斯大军"在海上行军、陆上行船"。在此之后，这句话变成了一句形容狂妄的谚语，而他本人也就成了"狂妄自大"的代名词。在当时，相较于用船舶来运载规模如此庞大的军队以及牲畜辎重，通过搭建桥梁来打通作战的运输补给线是较为稳妥实用、符合实际的作战手段。

薛西斯一世在大军集结之时，派人到希腊索要"水和土"，也就是寻找愿意不战而降、臣服于波斯的潜在盟友。雅典和斯巴达被排除在了受降的范围之外。除了极少数城邦，其他城邦都奉上了"水和土"。一些城邦愿意与波斯结盟，支持波斯与雅典和斯巴达作战，而另外一些城邦则选择观望战事的发展。古希腊人信奉神谕，因此神庙的影响力很大。这其中最为重要、影响力较大的就是希腊特尔斐的阿波罗神谕。德尔斐神庙这次公开支持波斯，借阿波罗神谕反复向希腊人劝告：与其焦土抵抗不如臣服于波斯。雅典向特尔斐神庙请示神谕时，祭司给出的神谕提到：

不幸的人们啊，为什么你们还在坐在这里？快逃离你们的家，逃离你们那陀形城市里高耸入云的卫城，跑到大地的尽头去吧。无论是身躯还是头颅，都不能安然无恙，下面的脚和手，以及这中间的一切都无济于事，都要被毁灭掉。因为火和凶猛的战神飞快地驾着叙利亚的战车，要把这座城市毁掉。他们要毁灭的不仅仅是你们，还有许许多多的城邦。他还要把神的许多神殿交付火焰吞噬；它们立在那里，听得流汗，

· 41 ·

由于害怕而颤栗不安,从它们的屋顶有黑色的血流下来,预示着他们不可避免的凶事,因此我要你们离开神殿,拿出勇气来制服你们的不幸遭遇吧!①

关于这场战争,波斯究竟动员了多少部队开赴前线,在当时这可能是军事机密。针对这个问题,后世存在着多种说法和推测。确切的史料数据并未留存下来,希罗多德虽然没有得到官方的资料,但他估计人数至少有528万多人,1000艘战船。但这一数字显然突破了当时补给能力的上限。根据塞莫皮莱(希腊东部的岩石平原,当时此地是重要的山口关隘,也称温泉关)的战争纪念碑上记载,大约有300万人。而其他古典作家记载的人数在70万—85万人之间。一些现代军事专家估算人数在5万—10万人之间,征用的船舶在400—500艘。这一推测是以当时淡水等战略物资的补给能力为上限所作出的估算。当然,在当时如果国王亲自参加一次重大的远征时,这意味着要倾全国之力,远征军人数不会太少。根据《剑桥伊朗史》中的引述,莫里斯将军在1919—1920年重新沿着这一行军路线作田野考察,并结合英国海军部手册中所收集的数据统计资料,估算出这一人数上限在20万人以内,牲畜则大约在70000匹以内。②高于这一数字的话,显然就超越了当时物资补给能力的极限。

公元前480年,波斯第三次远征希腊的战争开始了。这次,薛西斯一世御驾亲征,率领军队渡海登陆,大军将曲折的森林小径开辟成笔直的行军道路,用了大约45天的时间穿越了这片森林,抵达了马其顿。色雷斯人这次毕恭毕敬地聚集在新开辟的道路两旁迎接波斯人的到来。大军行进到撒罗尼迦湾以后驻防修整,只派了三分之一的军队继续前进开路。

希腊人并没有坐以待毙。在马拉松战役获胜以后,雅典城邦中特米斯托克利通过党派政治斗争、贿选击败了对手,担任了雅典的执政官、将军等职。他一方面能力过人,一方面不择手段,因此历史上对他的评价毁誉参半。他认识到海军建设的重要性,推动雅典将资金投入到国有

---

① 于卫青:《波斯帝国》,中国国际广播出版社2014年版,第165页。
② 《剑桥伊朗史》第2卷,剑桥大学出版社1975年版,第196页。

银矿的开采与生产,并将产出的收益用于扩建海军,营造战舰。到战争开始前,雅典已经拥有200艘坚固的新式战舰。与其他雅典人不同,特米斯托克利早就看出波斯人的入侵是不可避免的,必须未雨绸缪。他通过研究和思考后认为,如果战争能够对希腊有利的话,必须尽可能地利用希腊的地理环境和敌人的弱点。

三、温泉关战役

战争前,除了刚刚与斯巴达爆发冲突的阿尔哥斯以外,大部分位于大陆的城邦都参与了以斯巴达为首的反波斯联盟。波斯军队进入欧洲以后,联盟召集各邦代表在科林斯召开了会议,共同商讨作战。会议上,特米斯托克利指出,只有与波斯斗争到底才是唯一出路,他成功说服了伯罗奔尼撒诸邦,并肩战斗来应对波斯的入侵。联盟最终共征集到380艘战舰投入作战,相对于腓尼基人和东方海军轻量化、灵活性强的特点而言,这些战舰的船体更重、更为坚固。特米斯托克利亲自率领10000名雅典重装部队守卫希腊东北部位于奥林匹斯山和奥萨山之间的坦佩谷,会议决定派出100艘雅典战舰和100艘伯罗奔尼撒战舰驶往优卑亚驻防。为抵御波斯从北希腊向伯罗奔尼撒方向的步步进逼,28岁的斯巴达国王列奥尼达率领300名斯巴达重装战士在内,大约7000余名将士先行前往塞莫皮莱(温泉关)这一关隘驻守。[①]

而此时,薛西斯一世率领的波斯大军一路从北希腊行进到了塞莫皮莱。这里是地形狭窄的山谷,山谷前方就是大海,这种地形造成双方交战的场地极为有限,有利于守军防守而不利于波斯军队展开进攻。相持四天,希腊守军既没有逃走也没有挑衅,薛西斯一世只好下令进攻。连续进攻两天,久攻不克,几乎变成了"狼与乌龟"的游戏,波斯不仅占不到人数上的便宜,反而由于装备和战术上的劣势付出了一定的代价。最后,在当地向导的指引下,军队连夜沿小路包抄守军的后方。当发现波斯人从后方迂回进攻后,希腊守军知道大势已去,大多数希腊人选择

---

① 《剑桥伊朗史》第2卷,剑桥大学出版社1975年版,第201页。

撤退，列奥尼达和300名斯巴达战士选择留下，而700名铁司佩亚人则受命殿后，世仇底比斯400名士兵被作为人质强行扣留。700名铁司佩亚人后来大部分选择投降，而后被波斯下令处死，400名底比斯人则投靠了波斯。斯巴达人抱着必死的信念抵抗波斯军队，战斗持续到斯巴达人留完最后一滴血。激战了三个昼夜，波斯终于攻下塞莫皮莱这一重要关隘，进入了中希腊。

温泉关之战在西方影响巨大。希腊人为了纪念阵亡的英雄，在当年的战场遗址修建了列奥尼达的纪念雕像，并树立纪念石碑。由古希腊诗人西蒙尼戴斯撰写墓志铭。其中纪念斯巴达人的碑文写道：

异乡人啊，
你若到斯巴达，
请转告那里的公民：
我们阵亡此地，
至死尤恪守誓言。①

四、绝处逢生

为了抵抗波斯，希腊城邦暂时搁置彼此之间的矛盾，携手组建了希腊联军。但是在内部，新仇旧恨让联军矛盾尖锐、冲突不断。温泉关战役中，斯巴达人在最后选择牺牲的同时，将之前的宿敌底比斯人扣为人质。而海军方面，为了争夺舰队的作战指挥权，雅典同其他各邦也产生了分歧。斯巴达放言宁可不参加，也不愿受雅典人的驱遣。而在雅典内部，民主派与贵族寡头迫于形势选择了暂时合作。大敌当前，为大局考虑，雅典被迫选择了妥协。温泉关被波斯攻克后，波斯海军同希腊海军在阿尔特米西昂进行了海战。海战两方势均力敌。波斯在人数和海军规模上占有优势，但指挥体系相对落后，军令传达不畅造成各自为战，

---

①英文原文为："Go tell the Spartans, stranger passing by, that here obedient to their laws we lie."

再加上军队构成复杂、存在语言沟通障碍，因此很难贯彻统一的作战方针。因此，双方互有胜负，损失都较为惨重。海战结束后，希腊海军向南撤退到了萨拉米湾。然而，雅典的特米斯托克利依然沉着应对局势变化。他认为，波斯军中还有亲希腊的爱奥尼亚人，这是分化瓦解波斯大军的好时机。此举即使不能让爱奥尼亚人反叛倒戈，也可以诱使波斯人对爱奥尼亚人产生戒心。于是，他在撤退的过程中派人在波斯军队的必经之处旁，将策反的文告刻在了附近的岩石上。其中提到：

爱奥尼亚人啊，你们在对你们父辈与祖辈的祖国作战，并把希腊人变成奴隶。这是不义之举。如果做得到，你最好加入我们这边来，如果做不到，请你们不要参加战争，并且请卡里亚人也像你们一样做。如果这两点都做不到，我们依然请求你们作战的那天，不要把全力都使出来，请注意，你们是我们的子孙，而我们与波斯人的争端，起初正因你们而起。①

在温泉关被攻陷以后，中希腊门户大开。波斯则继续向南进攻，相继征服并毁灭了沿途抵抗的城邦。海军与陆军同步向雅典方向推进。战争进行到此，波斯基本控制了阿提卡以北的大部分地区，不久就抵进了雅典，其余城邦似乎变成了波斯征服者的待宰羔羊。在生死存亡之际，特米斯托克利借阿波罗神谕说服了大部分雅典人有序撤退，将非战斗人员撤出了雅典，战斗人员则加入海军作战。就这样，波斯在未遭遇大规模抵抗的情况下就攻占了雅典，报复性地焚毁了城市的神庙以及雅典卫城。波斯海军继续南下，远征似乎正朝着胜利的方向迈进。

---

① 于卫青：《波斯帝国》，中国国际广播出版社2014年版，第188页。

第三节 战争的落幕与帝国的衰亡

一、萨拉米湾海战

公元前480年9月,希腊海军与波斯海军在萨拉米湾展开战略决战。在海战开始前,希腊联军还就是否在萨拉米斯驻守产生了争执。一些城邦将领在得知波斯攻陷雅典以后就直接将海军撤走,而大部分城邦代表则主张撤退到科林斯地峡驻守防卫,首要的是确保伯罗奔尼撒的安全,因为在萨拉米斯一旦战败就会被波斯围困,无路可逃。雅典人对此极为不满,他们认为雅典的海军是希腊联军中海军的主力,大部分公民从雅典撤出,撤守科林斯地峡无异于要完全弃守中部地区,这就辜负了雅典公民的牺牲与信任。然而,还没等联军协商一致,波斯海军就出现了。波斯人封锁了海湾,即将包围驻防在海湾的希腊联军。在特米斯托克利等人的坚持劝说和指挥下,希腊舰队利用萨拉米斯有利的地形部署与波斯的海战,迎来了决定命运的战略性决战。

战争开始于清晨。希腊战船从萨拉米湾东部佯装撤退,将波斯船只引诱到了海峡窄口,突然掉转船头直撞敌船。希腊战船最有力的武器就是船头下面的青铜撞角,利用战船坚固的撞角再加上划桨的强劲速度,直接撞沉了紧追在前的波斯战船。面对希腊人突如其来的攻势,波斯战船措手不及,挤做一团。希腊海军则利用战舰的优势,绕着波斯战船游击作战,避免被敌军勾住,然后找准时机再用撞角撞船。虽然波斯海军规模庞大,但是在狭窄的海湾混乱无序,舰队没来得及摆开进攻队形就被反攻,完全变成了待宰的羔羊。一些爱奥尼亚等被征服地区的士兵战斗力和士气都较为低落,波斯在海战上整体居于劣势。经过一天的战斗,波斯海军被迫撤出了萨拉米湾。[①]薛西斯一世在岸边眼睁睁地看着自己率领

[①] 于卫青:《波斯帝国》,中国国际广播出版社2014年版,第192页。

的海军被迎头痛击，再看着对岸欢呼雀跃的希腊人，心情可想而知。

著名军事学家、海权论的奠基者马汉曾指出："交通线支配着战争。"海洋的控制权对于战争极为重要。强大的波斯军队离开本土远距离作战，这对补给能力提出了较高的要求。在陆上补给能力有限的情况下，水上补给线至关重要，而海上战役的胜负往往决定着战争的结果。希腊人本身擅长海上作战，在背水一战的局面下战斗意志极强，再加上指挥得当，运用作战性能较好的三层桨座战船以及熟练驾驭战舰的作战技术，希腊联军能够战胜波斯帝国并取得这场战役的胜利并不意外。

此役，波斯虽然遭受挫败，但是无论海军还是陆军都还占有优势。薛西斯一世却决定撤军。他将部分军队留在希腊继续作战，其他军队则随自己返回了亚洲。在此之后，希腊联军转守为攻，驱逐了波斯占领军，收复了希腊半岛，并控制了爱琴海沿岸地区。特米斯托克利在战役取胜以后，却被城邦冠以"威胁城邦民主"的帽子利用陶片放逐法的形式流放，勒令十年以内不准返回雅典。随后，有人甚至发现了他私通波斯的证据，迫使他逃亡到了波斯。

二、波斯帝国的衰落

公元前449年，波斯与雅典中止了旷日持久的缠斗，签定了和平协议：雅典承认波斯在小亚地区的统治，不再干涉波斯的地方事务；波斯则承诺退出爱琴海地区，承认希腊城邦与小亚地区城邦的自由与独立。之后不久，雅典与斯巴达开始争夺希腊的霸权，波斯旋即成为双方争相拉拢的对象，波斯则利用希腊内战达到了削弱与制衡希腊世界的战略目的。

三次远征希腊的失利，并没有直接让波斯因此而走向分崩离析。在希波战争期间以及战后，波斯帝国的统治秩序是稳定的。但是薛西斯一世去世后，波斯宫廷的权力斗争极为尖锐。老国王去世与新国王继位往往伴随着阴谋与杀戮，并且贯穿了阿契美尼德王朝始终。帝国上层政治纷争不断，人民的不满与行省总督的权力膨胀使地方的分离倾向更加明显。各地叛乱逐渐常态化。波斯军队的战斗力也不复往日，虚有其表。

波斯帝国中后期，伊朗人的作战方式发生了显著变化，削弱了波斯对内镇压和对外征伐的军事实力。最明显的变化就是帝国军队的人员构成与作战军种的转变。在薛西斯一世发动远征希腊之前，波斯军队的核心是米底人和波斯人，并且都是徒步作战为主。但到了帝国末期，大流士三世的军队中有数以万计的希腊雇佣兵，作战兵种主要以骑兵为主。波斯重装步兵方阵在人数上已经大为减少。[1]这一变革的直接影响就是帝国军费开支上升。各行省军事贵族虽然手握大笔的军费，但却主要是用于招募外来的雇佣军。这就从根本上扭转了波斯传统的作战方式，造成了波斯军队战斗力和士气的相对下降。居鲁士在征服巴比伦之时，就曾警告说：如果波斯人习惯于生活在富饶的平原地区将会日渐堕落，以至于软弱无能，无力保卫自己的帝国。这一番直白的警告就像是预言一般一语成谶。

在公元前386年，波斯与希腊达成了《大王和约》，将小亚地区所有城邦重新纳入到波斯帝国的版图之中，其他的希腊城邦则享有自治权。条约签订后不久，埃及与小亚地区多个行省的总督联合发动反抗波斯宫廷的大起义，波斯帝国出现了分崩离析的征兆。大流士三世时期，帝国境内的税负过于沉重，国内人民起义不断。伊朗人并没有如居鲁士大帝所预言的那样，在富裕与惬意中堕落消亡，而是在贫困无力中痛苦不堪。

三、马其顿的崛起

公元前4世纪，马其顿在希腊北部崛起，在推翻波斯的统治后，建立了横跨欧亚非三洲的大帝国。有人推测，他们并不是真正意义上的希腊人，而与色雷斯人更为相近；也有人认为一部分马其顿人应该是受希腊文化影响的巴尔干人的后裔。马其顿虽然与希腊在文化上相近，但直到公元前5世纪，马其顿和其他非希腊城邦一样，都被排除在奥利匹克运动会之外。在当时的波斯人的眼中，马其顿人其实就是"戴着帽子的希腊

---

[1]《剑桥伊朗史》第2卷，剑桥大学出版社1975年版，第235页。

人"。①而希罗多德似乎也接受马其顿人具有希腊血统这一说法。②马其顿民族极富战斗力，具有很强的集体荣誉感。但是，马其顿内部民族构成复杂，历史上存在着复杂的恩怨纠葛，很难统治和驾驭。

腓力二世生于公元前380年，公元前359年成为马其顿王国的国王。继位后不久，他就开始向外扩张征服。腓力二世一生为人称道的，除培养出了一位杰出的儿子以外，最为成功的就是训练出了新式的马其顿步兵方阵，使军队战斗力得以显著提升。公元前338年，腓力二世击败了雅典和底比斯，在希腊北部和色雷斯地区确立了霸主地位，随后建立了科林斯同盟，终结了希腊城邦以城为壑、割据征伐的局面。希腊内部实现了和平，重新开始一致对外。当时斯巴达并没有参与科林斯同盟。腓力二世派人要求斯巴达投降，声称如果他亲自到斯巴达的话，会毁掉这里的村庄田园，杀光斯巴达人，直至摧毁整个城邦。然而，斯巴达仅仅回复：这只是如果而已。最终，无论是腓力二世还是其子亚历山大三世，都选择了放斯巴达一马，或许是因为温泉关战役中斯巴达人誓死抵抗到底的精神所致。

入侵波斯一直是腓力二世的夙愿，他为此也做了较为充分的准备。利用希腊人遭受波斯入侵的历史耻辱来寻找入侵波斯的正当性，此举不仅迎合了希腊世界的话语体系，也以此为借口巩固了马其顿在希腊世界中的地位。公元前336年，腓力二世以同盟首领的名义知会波斯国王大流士三世，要求波斯允许小亚地区的城邦独立。

正当马其顿要与波斯针锋相对之时，腓力二世突然被刺杀。他的死因存在着多种推测。有人认为亚历山大和他的母亲奥林匹亚斯可能参与其中，但也有人认为可能是波斯人在背后主使。年轻的亚历山大三世继承了腓力二世的权力。他迅速镇压了底比斯的叛乱，维护了马其顿在希腊世界的声望。公元前334年，马其顿军队进入小亚地区，击败了达达尼尔海峡附近的波斯帝国军队。所向披靡的马其顿步兵征服爱奥尼亚地区的城邦后，一举攻陷了军事重镇萨迪斯城，随后大军继续东征。公元前

---

① ［美］米夏埃尔比尔冈著，李铁匠译：《古代波斯诸帝国》，商务印书馆2014年版，第62页。
② ［古希腊］希罗多德著，徐松岩注：《历史》，上海三联书店2008年版，第466页。

333年，马其顿军队与波斯军队主力在今土耳其与叙利亚边界的伊苏斯地区展开历史性决战。亚历山大与大流士三世都亲率军队参与了这场战争。波斯集结了中部和西部行省的兵力，总兵力达到十万人以上，是马其顿军队的数倍。双方都竭尽全力，但在马其顿方阵长矛的攻势之下，波斯军队一败涂地。大流士三世的儿子和一些亲信相继阵亡，而大流士三世则在开战后不久便落荒而逃。伊苏斯战役是亚历山大远征的重要战役，也正是因为这场重大胜利坚定了亚历山大彻底征服波斯、建立世界性帝国的雄心。战役过后，马其顿军队向南进军，沿着地中海沿岸攻占了多座沿海城市。随后，大军穿过西奈半岛征服了埃及，亚历山大下令在尼罗河三角洲建立了亚历山大城。

希波战争并不是推倒波斯统治的肇因。但深受希腊文化影响、朝气蓬勃的亚历山大一如当年居鲁士大帝般的雄才大略，是亚历山大帝国的缔造者、希腊文化的传播者，同样也是波斯帝国阿契美尼德王朝的掘墓人。辉煌的波斯帝国随着亚历山大帝国的崛起被匆匆地扫进了历史的尘埃之中，这段生动而灿烂的历史也逐渐被世人所淡忘。

第四节 希腊化时代

一、亚历山大的统治

亚历山大在征服埃及后重返亚洲，开始他的新征程。公元前331年，亚历山大率军在高加米拉再次击败大流士三世拼凑出来的军队。大流士三世被迫流亡，最后被波斯行省的总督所害。马其顿军队陆续征服了波斯多座重要的城市，劫掠了大约7000多吨白银。[1]报复波斯焚毁雅典神庙是亚历山大联合希腊共同远征的主要借口。为了合乎马其顿东征波斯的正当性，亚历山大下令焚毁了波斯波利斯的王室宫殿群，屠杀了一大批袄教穆

---

[1]于卫青：《波斯帝国》，中国国际广播出版社2014年版，第259页。

护。毁灭是一种蓄意而为的政治动作，意在划时代地向世人宣告阿契美尼德王朝的终结和新朝代的建立。虽然波斯波利斯的宫殿化为了废墟，但亚历山大沿用了波斯帝国的统治秩序与宫廷礼仪，继续启用前朝旧臣，对于主动投诚的波斯人许以高官厚禄加以拉拢。这表明亚历山大依然沿袭了波斯传统，他的统治呈现出保守性。从这个角度而言，他的征服并非要革命性地将西方文明传入伊朗，而是沿袭东方的统治制度来维持统治。

一般意义上来讲，历史上对于亚历山大及其生平的记载，主要依据西方作家的二手文献。这其中对亚历山大的功绩大多是以敬畏的态度来加以阐述，意在将他塑造成西方世界的战神，而记载他如何治理帝国东方疆土的文献则少之又少。袄教文献中对他的记载则较为负面，因为马其顿军队在波斯波利斯等地杀了很多穆护，并且扑灭了很多袄教神庙中的圣火。这些记载反映了马其顿士兵在劫掠神庙金银时偶发的杀戮和破坏。可以看出，袄教祭司阶层对于阿契美尼德王朝具有支柱性的作用和影响。也正因为如此，他们既是抵御与反抗马其顿的中心力量和主要后台，也顺理成章地做了帝国覆灭的陪葬者。毋庸置疑的是，亚历山大的军事才华与马其顿方阵强悍的攻击力是取得战争胜利的重要原因。东西方历史上以少胜多的战役不胜枚举，原因是敌方军队规模庞大，在作战过程中反而是负担。在当时的时空背景之下，军事战场信息的迟滞和交流的闭塞性，往往造成将帅无法及时掌控全局。这就需要前线作战士兵具备良好的心理素质和作战素养，前线具体指挥的将领具备高超的管理和驾驭能力。否则，就会出现前线士兵由于从众效应而引发大规模的溃败。因此，在当时两军作战的人数纵然是影响战争走向的重要因素，而影响作战的心理因素和技战术同样不容忽视。希波战争和亚历山大东征证明了波斯轻装步兵是无法同重型的、训练有素的步兵方阵相抗衡的。只有武装更加灵活机动的骑兵才能抵御其攻势，通过进攻集结的重装步兵方阵来制造混乱，而后才能用穿甲弓箭来攻击敌军的脆弱点。

征服波斯波利斯后，亚历山大开始效仿居鲁士大帝，由一个入侵的征服者向具有合法性的统治者转型。为了巩固统治，亚历山大实行了诸多政策。一方面他继承了波斯的政治体制，并对阿契美尼德王朝积弊已久的行省制度进行改革，任命马其顿人担任重要地区的行省总督；另一方面,他下令在波斯帝国境内建造了大约十几座希腊化的亚历山大城。①这些城市大多位于战略要冲,既具有军事防御性质,也具有较大的商业功能。更为重要的是,这些城市还是希腊统治者的主要据点,通过双方长时期的交往,从而在旧波斯帝国的境内传播了希腊文化。为了让征服者的文化与被征服地区的文化实现融合,亚历山大鼓励马其顿人与当地人通婚,并在亚历山大城定居,特意为新人举办了集体婚礼。他自己亲自做表率,娶了多位波斯公主以及贵族千金,其中就包括大流士三世的女儿巴尔西尼以及欧卡斯的女儿帕里萨提达。这些政策意在缓和与当地人之间的矛盾,巩固亚历山大帝国的征服成果。但是其政策充满了理想主义,带有一定的空想性。对于亚历山大过于倾向波斯的举措,跟随他远征的马其顿人内心较为抵触,认为这样无异于主动地"蛮族化"。

公元前327年,亚历山大率部继续向东行军,最远到达了印度行省,大致位于今天的旁遮普地区。然而,士兵对于无休无止的战争心生倦怠,也对他的亲波斯政策感到不满。军心思变让亚历山大不得不选择撤军。公元前325年,远征军开始从海陆两路撤回到巴比伦地区。

二、亚历山大帝国的分裂与混战

公元前323年,在外征战十多年的亚历山大在巴比伦去世,死因很可能是长时期酗酒造成的。②在此之后,他手下的将领围绕亚历山大帝国的政治遗产进行了漫长的争夺战争,亚历山大所缔造的帝国被作为战利品而瓜分。这场战争漫长而凶残,马其顿的将领为了争夺领土互相屠戮,毫无底线与规则。在战争的过程中,亚历山大生前的机要秘书攸美尼斯曾一度将离心离德的亚洲地方诸侯重新凝聚起来,支持亚历山大的幼子

---

① 这些城市并非全部都是新建而来,一些是以之前城市为依托,在附近建造的军营或者安置希腊人定居的聚集区。关于亚历山大城数目,史学界存在不同的见解,具体请参见杨巨平《远东希腊化文明的文化遗产及其历史定位》,《历史研究》2016年第5期。

② 关于亚历山大的死因,一般认为他死于酗酒,也有人认为他是被人下毒所致。近年来,西方传染病学家也有认为亚历山大死于西尼罗河病毒感染。

亚历山大四世继承王位。然而，攸美尼斯是希腊人而不是马其顿人，行省总督和将领们认为他作为学者职衔低微，仅仅是腓力二世和亚历山大身边操笔舞墨的文胆，非常看不起他。因此，尽管攸美尼斯才智过人，仍然不能赢得军中马其顿人的信赖与服从。公元前316年，攸美尼斯被属下出卖并被安提贡纳斯杀害。而亚历山大的遗孀帕里萨提达和遗腹子在公元前310年也惨遭杀害。

根据古罗马作家库尔提乌斯在亚历山大传记中的记载，在亚历山大死后，围绕着继承人引发了严重的内部纷争。经过一番明争暗斗之后，马其顿将军们在首脑会议上分割了帝国的统治权。但是，瓜分后这些地区并未划定明确的边界。在权力与利益的驱使下，亚历山大帝国的分裂仅仅只是开始。

在互相征伐的过程中，亚历山大帝国裂解成了多个割据政权。公元前312年，亚历山大生前的近卫塞琉古在托勒密的协助下，夺取了巴比伦地区的控制权，建立了以两河流域为中心的塞琉古王朝。由于此前安提贡纳斯的统治不得人心，塞琉古得以迅速控制两河流域和伊朗高原地区。公元前301年，塞琉古率军同其他马其顿将军联合进攻安提贡纳斯。安提贡纳斯战败身亡，领土被战胜者所瓜分。赢得战争后，塞琉古将首都迁往叙利亚的安条克城，成为马其顿统治者中实力最强的继承者。在东方，塞琉古王朝继承了亚历山大的东方政策，建立希腊化的军事要塞和商业城邦，并且招揽伊朗人加入军队。然而，塞琉古的重心倾向于西方，其在东方的统治基础并不稳固。公元前293年，中亚地区爆发了起义。虽然起义被镇压，当地的贵族势力得到了安抚，但分裂之势已经显现。此后，塞琉古与托勒密进行了三次叙利亚战争，政局的混乱让塞琉古王朝根本无暇东顾。

公元前280年，塞琉古率军从亚洲一侧进军马其顿本土。然而，他却在行军途中被人暗杀，其子安条克一世继位，塞琉古王朝陷入混战与宫廷斗争之中。

三、希腊化时代

塞琉古王朝统治时期，其承袭了阿契美尼德王朝的统治制度。与其说这是广义上的希腊统治者，倒不如说这是按照波斯统治方式来统治这块土地的马其顿皇帝。即便是统治埃及的托勒密王朝也是如此。但与之前有所不同的是，塞琉古王朝的统治者并不是依靠与当地上层贵族合作来推行统治。在王朝建立后不久，塞琉古就将首都从两河流域的塞琉西亚迁往靠近地中海的叙利亚地区。因此，其主要依靠的是军队和希腊化城市以及东方传统的中心城市来推行并维持统治，带有鲜明的民族压迫色彩。

这一时期，塞琉古王朝境内又相继新建了许多希腊化城市。这些城市是希腊移民在亚洲的主要定居点和屯垦地区。希腊化的城邦在王权之下获得了一定的自治权利，希腊和马其顿移民所组成的公民团体享有自治权。这些移民数量大概在40万人以内，只占当时总人口很小的一部分。但是，城邦自治权与塞琉古王权互相支撑、互相依存，享有较大的特权同时，也是塞琉古王国在地方统治的支柱。

亚历山大东征后的一个多世纪，虽然一些身居高位的伊朗人主动接受了希腊语言以及文化，但大部分伊朗人仍然保留本民族的语言和生活方式。笔者认为，亚历山大东征后伊朗之所以没有广泛地"希腊化"，其中最重要的原因在于祆教等本土宗教信仰的根深蒂固。阿契美尼德王朝时期，伊朗包括祆教在内的宗教文化逐渐深入人心，这使民众对于希腊文化存在敌视与排斥的心理。因此，希腊文化并未完全颠覆伊朗传统的文化。但不容否认的是，希腊化对伊朗的影响较为深远。亚洲各地的希腊化城市对周边地区产生了经济以及文化的辐射效应。安息王朝建立之初，一度将希腊语作为官方语言，国王的生活方式也深受希腊文化的熏陶。希腊文化在伊朗的影响持续了数百年之久。

亚历山大英年早逝，但是他的征服将希腊文化迁播到了波斯帝国辽阔的土地上，而波斯文化也借机传入希腊世界，对希腊文化的发展同样产生了一定的影响。亚历山大东征重要的遗产就是把波斯帝国所实行的某些制度引入西方，日后也为罗马帝国所借鉴。希腊文化在伊朗地区与波斯文化互相融合，这一时期伊朗的文化呈现出了混合主义的特点。亚历山大东征创造了东西方文明交融交流、互学互鉴的历史性契机，推动东西方文明交往迈上了新台阶。但最终，他的雄心壮志还是以失败告终，留给这块土地上的人民以无尽的战争伤痛。

第四章 丝绸之路上的新帝国：安息王朝

亚历山大帝国骤然崩解，伊朗逐渐由希腊化转向了波斯化和东方化。安息统治者通过征战遏制了罗马帝国的扩张，在政治体制上结合了波斯帝制、希腊城邦政体和游牧部落的习性。安息王朝重视东西方贸易通路的畅通，致力于振兴伊朗民族文化，突出祆教文化特色，成为与大汉帝国并列的欧亚大国。

第一节 安息王朝的崛起

安息帝国，也可称之为阿萨息斯王朝或帕提亚王朝，崛起于伊朗东北部的帕提亚。"帕提亚"一词最早出现于公元前7世纪米底王朝时期的铭文中。不同时期，这个词的指代不尽相同。阿契美尼德王朝以及之前的历史时期，帕提亚人主要指很早就迁徙至此并生活在这一地区的定居者。[①]安息王朝时期，帕提亚包括了土著的帕提亚人以及来自北方游牧民族的帕勒人。当时他们都操帕提亚语，又称安息语，属于中古时期波斯语的一支。现今，西方史学界所称的帕提亚指的就是由北方游牧的帕勒人南下征服帕提亚后，以伊朗高原为中心所建立的新王朝。

丝绸之路尚未凿通之前，帕提亚地区十分贫瘠。亚历山大去世以后，他的继承者中甚至没有人愿意前往统治帕提亚，而是交给了异族同盟者加以管理。此后，马其顿将领为争夺领土展开了长期的战争。帕提亚人为了在战争中自保，先后投靠了攸美尼斯、安提贡纳斯，又接受了塞琉古的统治。斯特拉波的《地理志》中就提到：

> 帕提亚行省不大，……除了面积小之外，这里还长满了树林，多山且贫穷。正是因为如此，历代诸王途经此地时，总是带着自己的大军急急忙忙地走过去，因为当地连短期供养他们都无能为力。[②]

[①] 关于帕提亚人的起源，请参考王三三、邵兆颖《帕提亚人的斯基泰渊源——文献与考古学证据》一文。斯基泰人即西徐亚人(Scythians)，属于伊朗语族的游牧部落。马克思认为：野蛮的征服者总是被那些所征服民族的较高文明所征服，这是一条永恒的历史规律。彭树智先生在《我的文明观》一书提到，包括塞人在内游牧部落在当时生产力与分工都要低于波斯人、希腊人以及其他农耕民族居民的水平，因此虽然其在不同地区成为统治者，但不久就被当地农耕文化所同化。

[②] 李铁匠：《古代伊朗史料选辑》，商务印书馆1992年版，第164页。

第四章 丝绸之路上的新帝国：安息王朝

据说，安息王朝的建立者是帕勒部落首领阿萨息斯。帕勒人属于西徐亚人的一支，早年活跃于中亚草原地区，过着游牧的部落生活。公元前4世纪末到公元前3世纪初，帕勒人逐渐迁徙到了里海沿岸，屡次侵入伊朗的帕提亚地区。公元前247年，阿萨息斯在帕提亚的阿萨克城称王，创立了安息王朝。[①]关于他的生平，史料并未有确切的记载，但毫无疑问他是一个备受帕提亚人崇敬的国王。在他之后，历代安息君主均以阿萨息斯为名。我国史学家司马迁所著述的《史记》中以氏族之名称这个国家为安息，这也是当时伊朗人的自称。

公元前238年，帕勒人占领了帕提亚，借东部行省相继起义之机，也随之宣布了独立。随后，塞琉古二世派兵镇压了两河流域、波斯行省的叛乱，下令进攻帕提亚和巴克特里亚。在敌强我弱的情况下，阿萨息斯利用游牧部落灵活机动的进攻优势，率部主动退却、诱敌深入，击败了塞琉古二世的军队。战后，双方依据约定，阿萨息斯臣服于塞琉古帝国，而塞琉古皇帝允许他统治帕提亚等地。虽然名义上仍臣属于塞琉古，但安息获得了事实上的独立地位。塞琉古退军后，阿萨息斯趁机巩固了帕提亚的防御体系，并为此后的扩张积蓄实力。公元前211年，塞琉古帝国安条克三世再次远征帕提亚，双方订立了和约。帕提亚承认塞琉古的宗主权，但是获得了政治上统治的合法性。[②]在当时，塞琉古整体实力要远强于安息，这也是安息选择臣服的原因所在。塞琉古与罗马战争频繁，牵制了塞琉古王朝军事部署的重心，这给帕提亚提供了崛起的机遇。公元前164年，战功卓著的塞琉古四世被杀，塞琉古陷入了内战，伊朗境内的多个行省相继独立。安息趁机开始大规模向外扩张。米特里达梯一世在位时期，安息占领了伊朗高原的大部分地区，并扩张至巴比伦。尽管塞琉古军队倾力反击，企图收复美索不达米亚，但最终以惨败收场。公元前129年，塞琉古国王安条克七世在与安息国王弗拉阿特斯二世交战时战败身亡。而弗拉阿特斯二世则在与塞种人作战中阵亡。他的叔叔阿塔巴努斯二世即位后疲于应对游牧民族的侵袭，几年以后便去世

[①]李铁匠：《伊朗古代历史与文化》，江西人民出版社1993年版，第166页。
[②]李铁匠：《伊朗古代历史与文化》，江西人民出版社1993年版，第170页。

了。公元前124年，米特里达梯二世顺势继承了王位。

总体上看，希腊化世界的版图在游牧民族侵袭的浪潮中被逐渐吞噬，其在东方世界的统治被根本性地动摇了。面临威胁，这些希腊化国家被迫寻求罗马人的支援，而安息则与其他从塞琉古分裂的小国一起反抗希腊化国家的统治。安息在当时不仅面临着塞琉古以及罗马的威胁，在东部则受到了游牧部落的侵扰。月氏人在被匈奴击败后被迫西迁。迁徙过程中，月氏灭亡了希腊化的巴克特里亚王国，成为安息在东方的新威胁。这使安息向西扩张之势被迫中断。

安息与塞琉古的战争此后持续了很多年。塞琉古以及之后罗马与安息之间的长期斗争，背后重要的动因是争夺贸易商路的控制权。很多伊朗城市与村镇都建在丝绸之路的周边地区，并因丝路上的中转贸易繁荣了上千年。商路畅通对于沿线地区的兴衰至关重要。最初，希腊人和希腊化城市在沿线贸易上扮演了重要的角色，其中就包括它位于兴都库什山脉以北的巴克特里亚地区，这一地区也是安息所觊觎的。这也就解释了为什么在安息时期希腊文化依然长期保有其影响力，并且也得到了伊朗统治者的尊重。实际上，安息统治者的目的无非是想保护好这些能下金蛋的"鹅"罢了。

米特里达梯二世即位之初，安息在西部行省的统治再次面临土崩瓦解的局面。在此危局之下，他推行军事改革，增强同游牧部落作战的战斗力，并且兴建军事要塞。公元前115年，米特里达梯二世东征夺回了木鹿地区，迫使塞种人向南迁徙定居。此战结束以后，安息军队在返程途中遇到了西汉朝廷派来的使者，这是历史记载里中伊两国首次的官方接触。与此同时，安息先后征服了西部独立的行省，并且击败了亚美尼亚和塞琉古两国，恢复了对西部边界的控制权。安息在巴比伦的塞琉西亚附近营建新都泰西封。而塞琉古王朝经此一战后则陷入了内战，日趋衰亡。《地理志》中记载了泰西封的由来：

巴比伦……现在已经完全变成一片废墟了。据说它是由薛西斯毁掉的。……亚历山大曾打算修复它。但这是一件宏伟而费事的事，仅是清除成堆的垃圾就需要上万人干两个月的时间。由于亚历山大国王不久之后就病倒去世了，因此这项任务就没有完成。……塞琉古·尼卡多建立底格里斯河畔的塞琉西亚城以后，该城与巴比伦城相距不远，相距约300斯塔迪（约52.5公里）。……从此，此城就发展得比巴比伦城还大，而巴比伦大部分地方也就变成了一片荒芜之地。……一座伟大的城市，现在变成了一片大沙漠。

……

巴比伦是古代亚述的首都，而现在这里则是都城塞琉西亚，又称底格里斯河畔的塞琉西亚。附近有一个较大的城镇，名曰泰西封。帕提亚国王将此地作为其都城。这是由于他们对塞琉西亚人的体恤，担心这里的居民会遭到西徐亚人和驻军的袭扰。帕提亚人的强大让泰西封从一个小镇摇身一变成了都市。由于泰西封新城的广阔，这里相继迁入了大量的居民。国王在城中建设了很多建筑、稳定物资供应，并重视为其提供生活必需品的手工业。真的，由于当地气候温和，帕提亚国王通常会在这里过冬。夏天他们则居住于哈马丹或者赫卡地亚。因为他们尊重当地古老的荣耀。①

第二节　罗马与安息的战与和

公元前1世纪，罗马人取代了马其顿人在地中海的霸权地位。安息在西部遭遇了更为强大的对手。双方都企图控制两河流域和亚美尼亚，冲突也在所难免。公元前96年，罗马将领苏拉在幼发拉底河畔"召见"了安息的使者，其傲慢的态度让这次谈判毫无成果。在当时，罗马对安息的军事实力和作战方式还不了解，仅仅将安息视为东方蛮族的一支，以至于双方要通过战场上的较量才能了解对方。而前去会谈的使节由于没

---

①李铁匠：《古代伊朗史料选辑》，商务印书馆1992年版，第162—163页。

有回击苏拉的傲慢，回国后被米特里达梯二世下令处死。

受庞培、卢库鲁斯以及克拉苏这些雄心勃勃的罗马贵族的驱使，罗马军事征服的野心逐渐膨胀。公元前1世纪前半叶，罗马共和国逐渐控制了之前希腊人的统治区域以及地中海沿岸地区，并且进一步将边界向东推进。到公元前64年，罗马相继吞并了亚美尼亚和塞琉古王国，从而控制了地中海东岸地区。在亚美尼亚、叙利亚东南部、美索不达米亚北部，罗马与安息开始正面对决。

一、克拉苏的惨败

公元前56年，为联手反对元老院，罗马将领庞培、凯撒、克拉苏结成了秘密同盟并达成了政治协议。根据协议，在执政官任满之后，由克拉苏担任叙利亚行省总督。在当时，克拉苏年逾六旬，是罗马"前三头同盟"的一员。无论手下军队人数还是家中财富，克拉苏都胜于其他两人，他唯一的缺憾就是战功略逊于庞培和凯撒。为了能够比肩战功赫赫的凯撒，并且将波斯和巴比伦的财富据为己有，克拉苏急切希望在东方一展身手。

公元前53年，克拉苏迫不及待地发动了对安息的战争。他率领四万多名士兵进入小亚地区，亚美尼亚国王为了讨好这位身份显赫的罗马执政官，表示愿意借道给罗马从后方直接袭入安息的腹地。但克拉苏傲慢地拒绝了亚美尼亚国王的建议，而是直接从南部攻入安息，寻找敌方主力决战。罗马部队向南穿越泥泞不堪的草地和炎热荒芜的沙漠地区，行进到了美索不达米亚北部的卡莱地区。

在卡莱开阔的平原，罗马军队与安息一万名弓箭骑兵正面相遇。安息的弓箭手在装甲战车掩护下能够快速移动，每个士兵手持又长又重的长矛。这种长矛一次可以刺穿两个罗马轻装士兵。而罗马军队主要是由装甲步兵组成，他们装备着长剑和重型投掷长矛。军队中还包括一些轻型装甲骑兵以及毫无防御的高卢骑兵。安息人占据优势的武器装置和作战方式让身经百战的罗马士兵显得束手无策。在数个小时的战斗中，炎热之下又饥又渴的罗马士兵们看到安息军队用骆驼满载着箭矢补给到前方的时候，士气极为低落和沮丧。安息骑兵向罗马军团的侧翼和纵队射箭，箭头透过罗马盾牌的空隙射进了士兵未加防护的颈部和脚踝。罗马士兵拼尽全力组织了几次攻击，都未能冲垮安息骑兵的攻势。两军作战伴随着安息士兵山呼海啸式的呐喊声，罗马士兵的心理处在崩溃绝望的边缘。由于伤亡惨重，罗马人退回卡莱附近的小城中，不久就被安息将军苏雷纳率军团团围住。末路之下的克拉苏主动要求与苏雷纳直接谈判。苏雷纳提出了严苛的谈判条件，被克拉苏拒绝。罗马军队连夜突围，在山上被再次包围。克拉苏被迫前往安息军中谈判。在谈判过程中双方发生冲突，克拉苏在混战中被杀，首级被献给安息国王奥罗德斯二世。罗马军队一部分幸存者逃到了叙利亚，多达1万多名战俘被押往安息遥远的东北部行省。

苏雷纳借由此役而名声大噪。一些人认为，菲尔多西在《列王纪》中所提到的战神罗斯塔姆原型正是西方史学著作中所记载的安息将军苏雷纳，两者的生平存在着很多相似之处。苏雷纳虽然赢得了这场载入史册的战役，但是他与国王奥罗德斯二世的关系并不融洽。这位大将军带着战利品前往塞琉西亚耀武扬威，举办了盛大的庆典。国王对苏雷纳战后炫耀战功心怀警惕，深感苏雷纳将会是王位的威胁。因此，安息王室雇用刺客将苏雷纳处死，死时年仅31岁。战争结束后，安息借机将势力范围扩张到了亚美尼亚地区。

公元前40年，趁着罗马遭逢凯撒遇刺身亡而爆发内乱的时机，奥罗德斯二世之子帕科鲁联同主帅拉宾那斯率军攻入罗马的叙利亚行省，通过分化瓦解击溃了罗马的东方守军，出兵占领了巴勒斯坦以及小亚细亚的大部分地区，几乎恢复到阿契美尼德王朝时期的统治范围，将罗马赶出了亚洲。

二、安东尼的折戟

克拉苏的失败以及被羞辱至死无疑成为前车之鉴，但与安息的战争并未中止。一方面，罗马人希望一雪克拉苏兵败之耻。彻底击败安息并且赢得东方的胜利，是一些人所垂涎的政治资本。另一方面，丝绸之路的贸易利益也是重要的原因。安息控制着通往中国的贸易通道，丝绸中转贸易让他们赚得盆溢钵满。富有的罗马贵族意识到，自己平时为情人和妻女的华丽服饰所支付的金银，大都流入对手腰包里了。

克拉苏死后，稳定的三角关系骤然失衡。庞培和凯撒为了争夺权力而彻底决裂，兵戎相向。历经内战，罗马内部的竞争更为残酷和激烈。一批罗马共和派逃往了安息。公元前43年，屋大维、雷必达、安东尼组成了"后三头同盟"。这一"建设国家的三头"获得了罗马公民大会的公开承认，安东尼根据三头协议获得了东方的统治权。为了巩固联盟关系，安东尼以罗马传统的联姻方式娶了屋大维的姐姐奥克塔维娅为妻。

公元前39年，罗马在内乱平息后集中精力反击安息的入侵。安东尼派出了手中精锐前往东方救援。及时赶到的罗马军团迅速消灭了安息的主力部队。安息的帕科鲁王子和主帅拉宾那斯战死。到公元前37年，安息被罗马逼退到了幼发拉底河以东。安息宫廷也发生了政变，奥罗德斯二世被罢黜，其子弗拉阿特斯四世继承了王位。上台后，他残忍地将父亲奥罗德斯二世和自己所有的兄弟杀害，肃清了反对自己的安息贵族，一批被迫害的贵族逃往了罗马。

公元前36年，安东尼发动了对安息的进攻。大敌当前迫使安息平息了内讧。在同克丽奥佩特拉七世结婚以后，安东尼获得了埃及托勒密王朝的全力支援。安东尼率军抵达美索不达米亚北部时，罗马军队的兵力整整比克拉苏的时候多出了一倍。但安东尼遇到了和克拉苏相同的军事难题。作战时，在安息弓箭骑兵密集的箭矢攻势下，罗马军团为了避免死伤只能将方阵回缩，将盾牌合并成一道外部防御墙。中间的士兵将盾牌举过头顶，重叠在一起，形成屋顶状的顶部防御墙。虽然这是有效的防御方式，但是严重拖慢了罗马军团的进攻速度。因为军团士兵进攻时无法回击安息骑兵来自四面八方的弓箭偷袭，只能躲在盾牌组成的临时防御工事里缓慢移动。而安息骑兵则环绕着被动防御的罗马军团，伺机寻找薄弱位置发动进攻。在交战中，罗马军队并没有讨到便宜。更为致命的是，罗马在战略上也犯了错误。军队长途奔袭，后勤物资供给严重吃紧。安息军队趁机袭击了安东尼的后勤补给线，粮草和水由于被偷袭而中断。由于补给中断，罗马远征军人数上的优势非但没有成为资产，

第四章 丝绸之路上的新帝国：安息王朝

反而成了负担。此役，安东尼损失了4万多人，让他几乎失去了埃及艳后克丽奥佩特拉七世援助他的所有埃及军队。罗马再次遭遇了耻辱性的惨败。

经过此前的一番混战之后，罗马与安息双方对战争结果有了大致的心理预期，对彼此的情况也有了细致深入的了解。具体而言，双方的作战风格互有优劣，周边的地理环境也决定了双方难以通过战争一决雌雄。原因在于，安息骑兵一旦在丘陵地带被步兵埋伏袭击就会变得不堪一击，罗马控制的区域内都是地势较低的地形，安息缺乏攻打罗马城镇的军事实力和准备。罗马军团的步兵虽然作战勇猛，但是骑兵战斗力不强，在开阔的美索不达米亚平原遭遇安息军队就会劣势尽显，而且，安息部队机动性更强，要保住自己的物资供应线简直难于登天。这些因素或多或少都是长期性的军事难题，在此之后都是困扰双方作战指挥的"阿喀琉斯之踵"（Achilles'Heel）。[1]面对帕提亚骑兵和弓箭手的战术，罗马人开始将骑兵和弓箭手作为辅助兵种来补充他们的重兵和步兵军队，从而逐渐改变了传统的罗马武器和战术。

南部进攻不顺，公元前34年，安东尼决定尝试从更北端对安息发动新一波的进攻，不过成效相对有限。在率军占领亚美尼亚后，安东尼原本打算继续同安息作战，但严冬悄然而至，再加上罗马国内政治斗争形势严峻，安东尼被迫撤出了亚美尼亚。

公元前32年，安东尼与屋大维之前达成的三头分治协议到期，两人走向了决裂。安东尼在亚美尼亚的作战中挽回了一些颜面，并且堂而皇之地在埃及亚历山大城举行了凯旋仪式。随后，他宣布与屋大维的姐姐奥克塔维娅离婚。愤怒至极的屋大维不顾禁忌，公开了安东尼置于神庙的遗嘱，遗嘱中安东尼将他拥有的罗马分治领地留给了埃及艳后克丽奥佩特拉七世及其子女。此举引发了罗马朝野上下一片哗然，大众群情激愤。元老院与公民大会以埃及"侵占罗马人民财产"为由向克丽奥佩特拉七世宣战。公元前31—前30年，屋大维成功击垮了安东尼，消灭了埃及托勒密王朝，最终取得了罗马帝国的霸主地位。

---

[1]《剑桥伊朗史》第2卷，剑桥大学出版社1975年版，第252页。

罗马统治者或许已经认识到了东方问题的严峻。屋大维掌权后，罗马调整了自卡莱战役后对安息的鹰派态度，而倾向于依靠外交手腕同安息打交道。安息则在风暴过后再次陷入内部纷争，逐渐由强盛走向了衰落。公元前23年，罗马重新占领了亚美尼亚。公元前20年，安息与罗马正式订立和约，双方约定以幼发拉底河为界，长期对立的战争状态得以暂时告一段落。此后两国时有冲突，但更为困扰双方统治者的是残酷的内部权力斗争。

第三节　安息衰亡与萨珊兴起

一、安息的衰亡

《史记·大宛列传》中有关于安息曾这样记载：安息……以银为钱，钱如其王面，王死辄更钱，效王面焉。而《汉书·西域传》中则记载：安息国……亦以银为钱，文独为王面，幕为夫人面。王死辄更钱。[1]安息在当时以银作为钱币铸造的基本用料，一般钱币的正面为国王的头像，而背面一般是牧人持弓坐像或是提刻女神授权像。而《汉书》记载的安息钱币是较为反常的，钱币正面是国王头像，后面则铸成了王后头像。随着这种钱币实物的出土，印证了这段史料记载所言不虚，也为后人揭示了这段荒唐历史。

公元前20年，弗拉阿特斯四世与盖维斯·屋大维·奥古斯都订立了和约，中止了战争状态。屋大维送还安息王子，同时还将一名意大利女奴作为礼物送给了弗拉阿特斯四世，这名女奴名叫穆萨。穆萨与弗拉阿特斯四世生有一子——弗拉阿塔卡斯。公元前10年，安息国王弗拉阿特斯四世再次被政变搞下台。复位之后，他把四个儿子送到了罗马。有人说这是因为国王想保护这些孩子远离宫廷内讧的伤害，也有人说这是

---

[1] 李铁匠：《古代伊朗史料选辑》，商务印书馆1992年版，第203页。

受了穆萨的蛊惑，还有人说屡遭宫廷政变的国王不愿看到权力再受到威胁。但最终，他还是死于穆萨和弗拉阿塔卡斯之手。公元前2年，王后穆萨将其子送上了王位。公元2年，不顾伦理及群臣反对，穆萨嫁给了自己的儿子弗拉阿塔卡斯，与国王共治天下，史称"穆萨女皇"。安息朝出现了国王弗拉阿特斯五世和穆萨女皇共同统治的景象，于是就有了这种国王为正、王后为背的钱币。当时，王公贵族并不支持弗拉阿特斯五世继位，穆萨为了掌握权力嫁给儿子的举动，再加上对外用兵挫败则彻底激怒了朝野。公元4年，朝廷大臣联合安息宗室后裔暗杀了弗拉阿特斯五世，推翻了这对母子的荒唐统治。此后数年，安息再次陷入内乱。

公元11年，弗拉阿特斯四世的女婿阿尔达班二世登上王位。阿尔塔班二世只是阿萨息斯宗室的旁支，为了取得王室后裔支持，他被迫分享了权力。这种局面造成了安息地方割据的倾向进一步加剧。安息王朝时期，国王直接控制的领土只占很少一部分，大多数都是由王室后裔、藩属王公、部落首领以及地方贵胄所控制，国王在这些地区实行间接统治。一些安息国王在位时期以"万王之王"的身份统御全国，凸显国王的权势。

公元1世纪，安息历经了多次内讧后，帝国境内的半独立王朝和行省贵族对安息王室的王位继承与废黜拥有更大的话语权。这些王国和世袭领地的特权地位得以巩固，并进一步加剧了地方分离的倾向。安息王朝也逐渐有名无实，沦为了军事联合体性质的国家，国力日趋衰微。公元2世纪，罗马帝国趁安息衰落发动了多次入侵，三次攻陷帝国的首都泰西封，但最终罗马入侵都以失败而收场。与此同时，安息内部离心倾向使国家趋于分裂，财政枯竭。安息末期，国内有多达200多个独立王国。虽然安息在同罗马的多次较量中战绩不俗，但战争使内部矛盾持续累积，在天灾与流行病的肆虐下内乱丛生。公元217年，安息在与罗马进行的最后一次交战中取得了胜利，之后双方就再也无力对峙下去了。

安息与罗马之间的混战，加上内部分裂、国力衰微，给了波斯人重新崛起的机会。这一时期，萨珊家族的势力逐渐在波斯法尔斯省兴起，而这里同样是阿契美尼德王朝的发祥地。公元前3世纪初，波斯贵族帕佩克攻占了波斯王国的首都伊斯塔赫尔后自立为王，逐步控制了波斯地区，摆脱了安息的宗主权。他死后，其子阿达希尔在王位角逐中胜出，在继位加冕之后将大多数兄弟杀戮。阿达希尔即位后，出兵征服了波斯周边地区，势力扩展到波斯湾沿岸。在戈尔地区，阿达希尔另筑新城，修建了宫殿和袄教神庙，将此城命名为阿达希尔·呼莱[①]。阿达希尔的扩张与僭越，引起了安息王朝统治者的警惕。

公元224年，安息国王阿尔达班五世亲率大军征讨波斯。8月28日，历经两场血战之后，两军在霍尔木兹甘平原进行了决战，[②]波斯击败了安息的主力军队，阿尔达班五世也在此战中受伤身亡。公元226年，阿达希尔率军攻下了安息首都泰西封，在此他正式加冕为"万王之王"，建立了萨珊王朝。安息国王战死后，其子阿塔瓦斯德斯继续在两河流域抵抗萨珊的入侵，维持着流亡政权。根据考古出土的文物显示，这一政权发行钱币的时间一直持续到了公元228年。最终，阿塔瓦斯德斯战败，被押解到泰西封处死。安息王朝四百多年的统治宣告终结。

二、安息时期的社会经济

从阿契美尼德时期到萨珊之间，伊朗社会经济呈现出缓慢转变的局面。具体体现在，从微观层面而言，国王统治的触手并不会触及百姓的日常生活。普通的伊朗人在和平时期，依靠自己辛勤的劳动可以勉强度日。从中观层面来看，亚历山大东征后所建立的希腊化城市仍然保留了下来，这些城市在安息时期伊朗社会经济与文化发展产生了极为重要的影响。宏观层面上，安息历代诸王依然遵循伊朗的传统，袄教文化得以在伊朗继续传播。受希腊传统的影响，妇女在王室中的地位较高，这些女性开始出现在官方文书之中。

安息时期，伊朗社会经济发展迅速，城市数量急剧增加。安息的城市中包括希腊化时期所建设的城市，这些希腊化城市的自治权相较于塞

[①] 意为：阿达希尔的荣光。
[②] 关于双方的决战地，也有一说是在米底奥尔米兹达甘平原。

琉古时期受到了限制。由于大批东方居民逐渐渗透到公民团体中，所以马其顿希腊居民特权也日渐丧失。安息时期，希腊城市的管理权发生了转变。国王任命将军行使行政权，市议会以及公民大会的自治权力受到了排斥，城邦的治理严格限制在王权之下。当然，在政治经济地位重要的希腊化城市，国王迫于现实需要，一定程度上容忍城市自治，以此换取城市交纳丰厚的税金。这些城市在东西方贸易中扮演重要的角色，拥有铸造货币的权力。而这些城市在从事国际贸易时也需要王权的支持。因此，双方存在互相支持的合作关系，在合作中维持着权力的微妙平衡。但总体而言，由于丝绸之路凿通后，沿线新兴城市开始崛起，再加上受安息与罗马旷日持久的战争影响，这些希腊化城市在安息时期呈现出相对衰落的趋势，城市自治的权力也逐渐丧失。

安息王朝统治的数百年间，中央权力较弱，很多地区基本处于半独立的状态。国王在内政外交军事上倚重王室成员以及地方贵族。安息的贵族权力较大，甚至有权废黜国王。这也是安息王朝统治的数百年间政局动荡的根源之一。安息的大贵族、大奴隶主、大祭司掌握了社会生产的主要资源，对于地方政治拥有较强的话语权。而地主阶层既是安息军事力量的核心，也是地方社会的上层阶级。在遇到战争时，国王往往需要求助于地方的上层人士，由他们出面来招募军队。

安息王朝是伊朗逐渐从奴隶制向封建制转型的历史时期，主要的社会等级是自由民和奴隶。自由民是具有技术和知识的城市居民，包括工匠、商人、医生以及从事农业生产的村社农民等。由于奴隶的短缺，村社农民的社会地位也会出现变化。永佃制使一些村社村民必须耕种，否则将会付出巨额的罚金，如此一来就失去了迁徙自由，劳动成为强制性的义务。公元前1世纪，公社的农民土地允许买卖，从而发生了内部的财产分化现象。一些农民因贫困而沦为债奴，失去了土地和人身自由。农村公社也逐渐解体。安息晚期，奴隶占有制盛行的地区受到了"三世纪危机"的冲击，部分奴隶得到了解放。奴隶除了跟随主人征战、游猎以外，相当一部分奴隶还是要依附在固定的土地上从事耕种，缴纳沉重的税赋，地主更换后就继续为新的主人劳作。这一时期，安息出现了允许奴隶支配部分劳动成果的现象。为了缓和矛盾、应对危机，解决人力短缺问题，奴隶主鼓励农奴积极生产劳作，农奴获取的比例大约在十分之一到四分之一之间。奴隶们通过在固定土地上耕作，获取部分劳动果实，事实上表明此时安息社会的封建生产关系已经出现。

第五章

波斯新帝国：萨珊王朝

　　自公元前550年到公元651年，伊朗高原上辗转经历了阿契美尼德、安息、萨珊三个王朝的统治，这三代王朝都属波斯帝国的范畴，并且三朝的语言和文化都具有延续性和传承性。

　　萨珊王朝统一伊朗以后，正式确立了祆教的国教地位，伊朗政治、经济、社会形态都发生了显著变化。在继承阿契美尼德王朝的基础上，这一时期的思想文化又有了新的发展。在此期间，伊朗与拜占庭帝国和游牧民族进行了广泛而深入的交往，在海陆丝绸之路上扮演了贸易中介和文化传播者的重要角色。

第一节　萨珊早期的统治与对外扩张

3世纪初，阿达希尔灭掉了安息王朝，使伊朗从分裂、半分裂的状态重新迈向统一。新建立的萨珊王朝，高举"恢复古代民族与宗教传统"的旗帜，赢得了伊朗贵族和祆教僧侣的支持，使其完成了对伊朗高原及周边地区的征服。伊朗历史自此进入了新阶段，迈入了中世纪早期的开端。

安息王朝灭亡后，亚美尼亚仗着罗马的支持，联合斯基泰人、贵霜人一同反击新兴的萨珊，企图恢复安息的统治，但阿达希尔击退了来犯的联军。为了从根本上解决外患，阿达希尔决定主动对罗马帝国采取攻势。

230年，萨珊军队进攻罗马的东方行省。双方势均力敌、互有胜负，于232年订立了和约。随后，萨珊软硬兼施，迫使亚美尼亚臣服，并将其并入了伊朗的版图，安息王朝七大世族也被迫归顺。阿达希尔在位期间，趁罗马内部局势混沌之际，征服了两国之间的若干小国。萨珊王朝基本上奠定了版图，达到了安息时期的势力范围。

萨珊军队的作战方式与阿契美尼德王朝时期差别很大，主要变化是战车几乎被完全废弃，大象军在军队作战中具有突出的战略地位。这些巨兽在战场上可以作为移动的进攻堡垒，造成敌人队伍的恐慌和混乱，骑兵可以利用大象军行进的线路开辟出一条进攻通道。在安息模式的基础上，萨珊军队将重装骑兵的技战术进一步强化。

为了巩固萨珊王朝的统治秩序，阿达希尔任命诸子为副王派遣到各地，并且选派王室成员到地方上担任总督和重要官吏。他沿袭阿契美尼德王朝的旧制，设置了"国王的耳目"以加强对全国的控制。这些人详尽地将地方的军情与政经情势——上达，人不分尊卑长幼，事无论公私大小，地方政情尽在萨珊宫廷的掌握之中。这使地方官员对国王又敬又怕，基本达到了国王阿达希尔的意图。

对外扩张的过程中，萨珊对于地方行政机构的设置并不完全一致。阿达希尔在位时建立了8座城市，沙普尔一世时建立了15座城市。这些城市属于王室领地，是萨珊初期实行统治的基石。[1]这些城市驻守了军队，主要是为了巩固被征服地区的统治。除了这些城市以外，萨珊大约还有数十个省，这些省被称为王国，统治者被称为"王"。然而，这些称号并不允许世袭。随着中央集权后，"王"的称号逐渐减少，大多数重要的省份都是由总督进行治理。总督隶属于萨珊宫廷，主要负责军政国防，而民政则由地方官员负责管理。在王国或省级之下，主要分州、县两级。例如，当时法尔斯省分为四个州，每一州再分为若干个县。[2]州一级主管是由负责管理王室财产的州长和负责宗教事务、管理袄教财产的袄教穆护勃组成。穆护勃是州内诉讼案件的审理者，通常都在袄教神庙审理案件。而县一级的设置与州相似，管辖范围主要限于县以下层级。萨珊行政级别的划分对于之后伊朗的行政管理制度具有重要的影响。

萨珊家族出身于袄祠祭司阶层，这也是其政治资本的发轫。或许是因为这层原因，萨珊朝袄教的地位得以空前提升。早在阿达希尔的父亲帕佩克夺取地方政权时，他便将袄教的宗教影响力化身为政治权力的一部分。阿达希尔在击败安息、入主泰西封的时候，便自称"阿胡拉·马兹达的崇拜者，神圣的阿达希尔，伊朗诸王之王，神之苗裔"。在位期间，阿达希尔致力于宣扬袄教，他命人收集散落各地的经文，重新修订了袄教经典《阿维斯陀》。伊朗各地新建了许多袄祠，袄教的圣火在伊朗各地熊熊燃烧。到了执政末年的240年，阿达希尔将王位传于沙普尔一世后，退隐袄祠侍神直到去世。临终之时，他还不忘叮嘱沙普尔一世：宗教与王权，犹如孪生兄弟，彼此不可分离。王权以宗教为根基，需庇护宗教。王权若失去宗教支撑便会崩溃，宗教无王权庇护则必将消亡。正因为如此，萨珊朝将袄教确立为国教，伴随着萨珊的兴衰更迭而与之

---

[1] 孙培良：《萨珊朝伊朗》，西南师范大学出版社1995年版，第9页。
[2] 孙培良：《萨珊朝伊朗》，西南师范大学出版社1995年版，第45—46页。

荣枯。教权与王权的结合不仅是萨珊王朝早期的重要特征，也是伊朗历史进程中重要的历史轨迹。学界存在一种观点，认为萨珊王朝属于君主专制的政治体制。事实上，萨珊统治的四百多年间，多数的君主并没有如此强势的权力。不过，与前朝相比，王权有所增强。在平定地方割据势力的基础上，萨珊建立了一套中央集权的政治制度，但王权依然受到了贵族以及地方权力的制约。

沙普尔一世继位之初，便着力并吞罗马帝国的东方领土。历经数年的相互征伐，双方于公元244年订立和约。罗马赔款50万金第纳尔的同时，承诺不再支持亚美尼亚反叛。[1]此后数年，双方的边境得以安宁。国王沙普尔一世下令镇压了亚美尼亚的叛乱，征服了亚美尼亚。253年，萨珊再次进攻罗马。罗马在这九年期间更替了三个皇帝，内政动荡再加上蛮族入侵使其疲于应对。萨珊军队劫掠了两河流域以及叙利亚大部分地区。256年，双方在巴尔贝里斯决战，罗马叙利亚行省总督的6万余众被萨珊所歼灭。这场耻辱性的惨败被罗马极力掩盖，后人只能从一些铭文和文书中窥探这次战争的惨烈。此战战罢，萨珊军队趁机劫掠了叙利亚多座城市，并将俘获居民押往萨珊境内新建立的城市——维赫·安条克·沙普尔城[2]定居，这其中包括一些基督教徒。如今，该城的遗址位于苏萨与舒什塔尔地区之间的沙哈巴德村。

260年，沙普尔一世率军进攻罗马的艾德萨、卡雷地区。罗马皇帝瓦勒里安率领7万多人亲自迎战，两军在艾德萨城附近进行了决战。罗马再次遭逢惨败，连带皇帝瓦勒里安在内都成了战俘，之后被押往胡泽斯坦的舒什塔尔定居。获胜后，沙普尔一世命人刻石记功。在巨大的摩崖石刻上方，描绘着沙普尔骑着高大的战马，而罗马帝国的皇帝瓦勒里安则垂头丧气地跪在马前。此役，萨珊劫掠了罗马多座城市，并且将俘虏和居民带回了伊朗，这些人被要求在舒什塔尔附近的卡伦河上修筑大坝，大坝建成后用于引水灌溉，也作为桥梁通行之用，因此被称为"皇帝水

---

[1]孙培良：《萨珊朝伊朗》，西南师范大学出版社1995年版，第12页。
[2]该城名称的含义为"沙普尔所建胜过安条克之城"。

坝"或是"瓦勒里安桥"。①瓦勒里安被俘后一直被奴役至死。一些西方史学家夸大其词,称他被虐待侮辱,死后剥皮悬挂于祆教神庙。

沙普尔一世战胜罗马以后,控制了亚美尼亚和高加索地区。他将四个儿子以及几个兄弟封为重要地区的副王。从这一时期的铭文内容可以看出,萨珊王朝在沙普尔一世时期的疆域已经十分辽阔,北至高加索地区;东至粟特地区和印度河流域,囊括了贵霜帝国的势力范围;南至阿拉伯海,控制了波斯湾沿岸地区;西至艾德萨、卡雷地区,与罗马相对峙。

270年,沙普尔一世去世,萨珊出现了短暂的混乱。二十多年的时间里,大贵族和祆教大祭司把持了朝政,相继更迭了四位国王。而历经危机后的罗马又重新挽回颓势,于283年、297年两次攻占了萨珊首都泰西封。

尽管如此,萨珊王朝在开国将近一个世纪的时期中,经济社会发展与罗马历经"三世纪危机"中的颓势形成了鲜明的对比。此时的罗马虽然保持着强大的军事实力,但是帝国境内早已是烽火遍野,战争的疮痍漫布各地。罗马的城市与农村的居民濒于破产,各地爆发了规模浩大的奴隶起义。这造成罗马城市与商业的衰落。反观伊朗,萨珊王朝建立之后,逐渐从政治分裂走向了统一安定,社会经济也有所发展。农田水利等基础设施的完善为农业耕作创造了良好的生产条件。农业生产水平的提高为城市文明的复兴与商业贸易的繁荣奠定了良好的基础。②萨珊王朝也在这种历史背景下走向极盛时期。

第二节 盛世之下

一、沙普尔二世治下的全盛时期

贵族和祆教大祭司在沙普尔一世去世后,一直操控着王位继承人的

---

①李铁匠:《伊朗古代历史与文化》,江西人民出版社1993年版,第222页。
②李铁匠:《伊朗古代历史与文化》,江西人民出版社1993年版,第254页。

确立。309年，国王霍尔米兹德二世去世后，他的儿子中一个上台后就被谋杀，一个被刺瞎双眼后遭到囚禁，一个选择出逃罗马寻求政治庇护。贵族和大祭司们选择霍尔米兹德二世的遗腹子沙普尔二世为新国王，想利用新王年幼来操纵朝政。

沙普尔二世性格复杂。当时，阿拉伯人经常入侵萨珊边境，大行抢劫掳掠之事。沙普尔二世深入到阿拉伯内陆地区，沿路斩尽杀绝，虐待俘虏，填埋水井，断绝水源。因此，阿拉伯人口耳相传，说他是"刺穿肩胛的人"，以形容他的血腥与残忍。但沙普尔二世的性格与其说是残暴，不如说他只是一位适应了萨珊宫廷严酷政治斗争而生存下来的政治强人。360年，当萨珊军队攻破辛迦拉城时，他下令不许滥杀一人，而是将城中居民连带罗马守军强制迁徙安置到伊朗各地。这些人为伊朗各地的工程建造贡献出了技术和人力。

沙普尔二世年少聪颖，并且十分有为。他在16岁时便亲率军队讨伐阿拉伯人。军事上，他先是平定伊朗西南边境阿拉伯部落的袭扰，然后抵御了东部匈奴人的入侵，并且与之结盟；随后他击败了罗马，收复了沙普尔一世以来伊朗丧失的领土；重新稳定了萨珊的北境，再次控制了亚美尼亚。卓著的战功让他的政治地位得以巩固。在位时期，他兴建了多座城市，这些城市规模很大，反映了当时伊朗社会经济的发展水平。应该说，城市是伊朗文明的重要构成，城市的发展也是伊朗历史演变的缩影。宗教方面，沙普尔二世继承国王后不久，外部的环境发生了变化。罗马的政治与经济中心逐渐东移到了君士坦丁堡，基督教被立为罗马帝国的国教。原本，基督徒是罗马迫害的对象，大批基督徒逃往萨珊伊朗，并且在此建立了主教区。313年，君士坦丁堡将基督教定为国教。这些在伊朗生活的基督徒对萨珊的统治构成了威胁。沙普尔二世对基督徒深恶痛绝，下令对基督徒加倍征收人头税。先前重金聘用的织造作坊工匠长由于其基督教信仰成了殉道者。在驱逐正教教徒同时，萨珊王室还煽动基督教其他异端反对罗马的统治。这场宗教迫害运动一直到沙普尔二世去世才了了之。

379年，沙普尔二世去世。沙普尔二世在位70多年，巩固了萨珊王室的统治，重新修订、校对、编纂了祆教经典，这些工作在阿达希尔、沙普尔一世在位时期就已经着手。祆教的国教地位更为牢固。[1]在他执政后期，萨珊王朝进入了全盛的历史时期。

二、权力的游戏

沙普尔二世在位时期虽然手握大权，但也无法左右死后的继承人选。大贵族和祭司阶层再次根据自己的利益来选择支持的王位继承人，为了捍卫利益不惜政变和暗杀。内部派系的权力争夺导致国王因各种莫名其妙的缘故意外身亡，王位更迭频繁。沙普尔二世去世后，阿达希尔二世继承了王位。中古时期的史学家认为阿达希尔二世是沙普尔二世的弟弟。但著名伊朗史学家孙培良先生认为，阿达希尔二世不可能是高龄继位，极有可能是沙普尔二世的侄子，霍尔米兹德二世的孙子。这一点在波斯波利斯的铭文记载中可以得到印证。[2]这种违反兄终弟及、父死子继的王位继承方式反映出了特权阶层在权力分配以及王位继承问题上的斗争。阿达希尔二世在位不到四年就被废黜。383年，沙普尔二世之子沙普尔三世继承了王位。沙普尔三世在位期间，伊朗与罗马瓜分了亚美尼亚。两国围绕这一地区数百年的争夺告一段落。388年，沙普尔三世可能死于谋杀，史书记载他在狩猎外出时风暴吹垮帐篷而被压死。在他意外身亡后，其子白赫兰四世继位。在位期间，他成功抵御了匈奴入侵，但由于急政引起了贵族不满，在一次出征的途中遭遇兵变被暗箭射死。

399年，叶兹德格德一世继承了王位。即位之初，他对于贵族大臣以及祆教祭司较为宽厚，但是这些特权阶层得寸进尺，迫使他开始用强硬手段，以重典惩治那些有过错的贵族。史料对于他的记载也呈现出两极化的评价。叶兹德格德一世在位期间对于基督徒还算宽容，允许基督徒在伊朗重建教堂。410年，叶兹德格德一世下令组建了萨珊的基督教会，任命了大主教和各个教区的主教，并在这些主教面前承诺保护基督徒的信仰和基本权利。这使那些祆教穆护对于这位国王憎恨难消。

---

[1] 孙培良：《萨珊朝伊朗》，西南师范大学出版社1995年版，第48页。
[2] 孙培良：《萨珊朝伊朗》，西南师范大学出版社1995年版，第82页。

421年，伊朗爆发了基督教徒强拆袄教神庙事件。教区的主教和教士在拆毁袄教神庙以后态度蛮横，拒不修复，被押往泰西封处斩。宗教冲突一触即发。骑虎难下的叶兹德格德一世被迫放弃了先前的政策，起用仇视基督教的大贵族米赫尔·纳尔西为宰相。同年，叶兹德格德一世意外身亡。巴比伦将军、总管、军政大臣以及税务大臣等结成攻守同盟，只有首相米赫尔·纳尔西拒绝参与其中。为了防止国王后代继续执行其政策，叶兹德格德一世的长子在赶回首都继位的途中被贵族和穆护联手杀害，另立旁支胡司洛为王。叶兹德格德一世的次子白赫兰并不甘心，他在养父的协助下用奇兵袭击了泰西封，夺取了王位，称白赫兰五世。

白赫兰五世即位后重用首相米赫尔·纳尔西，基本上听之任之。他在位初期不理朝政，沉溺于酒色声乐之中。由于手握大权的贵族残酷迫害基督徒，导致萨珊与拜占庭之间的矛盾再次趋于紧张。米赫尔·纳尔西率军同拜占庭交战大败而归，被迫允许基督教徒拥有基本权利和自由。根据史书记载，白赫兰五世体恤穷人，不吝出钱救济贫民，豁免所积欠的土地税。在伊朗的民间传说中，他被视为袄教战神。公元427年，在中亚势力如日中天的嚈哒人入侵伊朗，一直攻入伊朗内陆地区才肯退兵。白赫兰五世本人率领轻骑夜袭了木鹿附近的嚈哒人，嚈哒首领被斩，家眷和掠夺的金银珠宝尽数被夺回。此后，他继续用兵，迫使嚈哒人纳贡称臣。双方约定边界后，白赫兰五世下令立标为界，犯境者杀之。他执政时期，萨珊社会经济繁荣，造币机构广布。白赫兰五世时期的布哈拉银币成为此后中亚地区流行货币的模板。直到阿拔斯王朝时期，布哈拉绿洲仍在使用白赫兰五世为半身像的银币。[1]

439年，白赫兰五世狩猎时骑马坠入深渊而亡。其子叶兹德格德二世继位。此时，萨珊面临着诸多威胁和挑战。为了抵御游牧民族的入侵、平息亚美尼亚的叛乱、抵抗拜占庭的军事威胁，萨珊频繁对外用兵。454年，萨珊在与嚈哒的作战中惨败。457年，叶兹德格德二世去世，新王继位后不久王室就发生了内讧。次子卑路斯为了夺取王位，勾结嚈哒派军杀回了伊朗。由于他的袄教信仰较为虔诚，因此得到了贵族和祭司们的

---

[1] 李铁匠：《伊朗古代历史与文化》，江西人民出版社1993年版，第256页。

支持。459年，新王战败后被斩杀，卑路斯得以登上王位。频繁的内乱使萨珊王朝迅速由全盛走向了衰落。

第三节　马兹达克运动与国王改革

一、马兹达克运动的兴起与失败

459年，卑路斯夺取了王位，当上国王后不久伊朗就发生了大旱灾和饥荒。在位期间，他多次发动对嚈哒的战争，接连惨败，割地赔款并承诺永不再犯界。但到了484年，卑路斯背信再次发动进攻。为了表示其并未违背约定，相传他还下令将白赫兰五世当年所立的界标用大象50头、士兵300人拖到了嚈哒，而他和部队则跟随着前进。这次嚈哒诱敌深入，萨珊大军在毫无防备的情况下冲进了嚈哒事先准备好的壕沟里全军覆没。卑路斯本人也在壕沟里身亡。这场失败是萨珊开国以来前所未有的，随行的眷属、大臣和穆护都成了俘虏。萨珊也因此沦为了嚈哒的属国。嚈哒经此一战也迅速强大了起来。萨珊王朝在饱饮惨败之痛后由盛转衰。

卑路斯战死后，最有权势的卡林家族和米赫尔家族推举卑路斯的弟弟巴拉什即位。巴拉什在位时得罪了祆教穆护，并且没钱支付军饷，也得不到军队的支持。因此，他在位仅四年就被大贵族废黜王位，挖去了双眼。两大家族经过商议后，把当年卑路斯送给嚈哒做人质的儿子卡瓦德立为新国王，以此来讨好嚈哒。卡瓦德上台后，利用两大家族的矛盾，在米赫尔家族的协助下处死了卡林家族的首领。但此举也动摇了萨珊的统治基础。

天灾与人祸，导致当时社会动荡不安。社会矛盾日益激化，催生了革命力量与宗教异端。早在3世纪末，祆教中就出现了具有改革色彩的新教派。这一派别的创始人同样名叫查拉图斯特拉。受新兴摩尼教的影响，这一派主张平等共享，反对财富与女性为少数人所掌控，主张克制自己的私欲，使灵魂摆脱黑暗的束缚。相较于摩尼教教义，这一派别的主张直指当时不公不义的政教体制根源，更具革命色彩和斗争性。到了公元5世纪，这一教派进入了新的发展阶段。当时，萨珊朝社会矛盾空前激化，国力衰退，统治者将内忧外患的压力转嫁给了普通的伊朗民众。在沉重的赋税之下，民间饿殍遍野，灾荒使农民破产，被迫背井离乡。民众不堪重负的同时，却还要供养作威作福的特权阶级。

此时，一个名叫马兹达克的人开始在底层民众间宣扬新的教义。他主张恢复之前的经济传统，重新建立起农村公社，民众应该为争取平等权利反对祆教穆护在内的特权阶级。

马兹达克认为，欲望、仇恨、嫉妒、贪婪、愤怒这五大恶魔是黑暗与不平等的根源，它们使人类离经叛道，成了人类的主宰。而不平等则会催生暴力，促使人巧取豪夺，占有原本属于其他人的金钱、妇女。他认为互帮互助是神所喜悦的善行，这是神所要求的虔诚，如果做到神将会给予报偿。要征服这五大恶魔就应该消灭人的私欲，这是深埋在灵魂深处的黑暗，要将被诱惑的灵魂杀死以拯救灵魂摆脱黑暗。马兹达克主张要从饮食和生理上禁欲并克制自我，不淫乱好色、不吃肉类、不杀生，避免灵魂与物质相黏着，以解放灵魂摆脱黑暗的束缚，从而消灭人类社会的不平等。要做到这一点，就应该把特权阶级手中的财富和妇女平均分配给穷苦的人，将财产和妇女公有化，恢复到原始的平等状态。所谓妇女公有，主要是针对萨珊社会中妇女私有现象而提出的，并非要实行共妻。当时，萨珊的大贵族肆意圈禁妇女为自己享乐，而社会上很多贫民终生不能娶妻。妇女公有主张意在从贵族手中解放这些妇女，以实现一夫一妻。马兹达克认为，多钱多妾的人就应该让予出来分给其他穷人。

马兹达克的主张在先前改革主张的基础上更进一步，直指当时伊朗社会的主要矛盾。不仅得到了当时中下层民众的拥护，也得到了国王卡瓦德和一些贵族的支持。国王希望借由马兹达克掀起的风潮打击坐拥万贯家财却视国王如傀儡的封建地主贵族。在国王的支持下，遭逢饥荒的人们自发去抢夺国库和地主家的粮食。此举惹恼了祆教穆护以及大贵族们。496年，反对卡瓦德的政治势力发动宫廷政变，废黜了国王，将卡瓦德的弟弟扎马斯普推上了王位。在讨论如何处置卡瓦德的御前会议上，一些人主张处死废王以绝后患，但是兹事体大，与会的多数人都不同意。最后经过商议，将废王卡瓦德关进专门囚禁王室犯人的监狱"永忘堡"中。犯人一旦被关进去，谁若提起犯人名字便要被处决，故名"永忘堡"。但没过多久，卡瓦德就从监狱中逃了出来，逃往敌国哌哒。哌哒王将自己的女儿，也就是卡瓦德的外甥女许配给了他。卡瓦德许诺自己复位后伊朗将向哌哒称臣纳贡。499年，卡瓦德带兵回国复位。扎马斯普主动退位，得到了其兄的赦免。至于如何处置那些发动政变的大贵族，卡瓦德心有忌惮。由于各大家族都有世袭爵位和武装集团，因此除了牵头发动政变的头目古什那什普达德被处死以外，大多得到了豁免。

重新夺回王位的卡瓦德在政治权力架构上进行了改革，削弱那些跋扈的世家大族的权力。卡瓦德的改革将宰相的部分权力分割出来，新设了百吏长一职。在大将军之下设四大行政区长官，分管辖区内的军政事务。四大军区中，东区和西区是关键，原因在于伊朗地处东西之间，东方需要防御游牧民族的侵袭，西区则需要应对欧洲地中海地区的强国。此外，新设立了一个专门保护穷人的神职机构，意在通过强化袄教祭司的道德责任，来照顾社会底层人民的利益。在马兹达克运动兴起之前，祭司的社会责任显然被既得利益者所忽视，以至于袄教穆护长期无视挣扎在第四等级的平民阶层，无法在阶级矛盾激化时起到缓冲作用。

为了支付哌哒的贡金，卡瓦德要求东罗马支付伊朗防卫关隘所需要的年金，这一要求被拜占庭皇帝果断拒绝。502年，卡瓦德在哌哒的协助下进攻拜占庭，双方达成了停战和约。和约约定，东罗马帝国支付1000磅黄金，萨珊朝则归还此前占领的领土。经此一战，萨珊王朝财政大为好转，随后双方都开始加强边境防务，修筑军事防御要塞。历经马兹达克运动和未遂的政变，世家大族的势力受到了打击，并且在改革中权势受到了抑制。袄教祭司阶层被马兹达克运动所震惊，只得俯首听命于国王。在此情况下，卡瓦德的权位也得以稳固。

但是，马兹达克运动严重冲击了社会秩序，贵族的财产和妻妾是一些流氓无产者觊觎的目标。这些打着宗教平等旗号所掀起的社会运动一定程度上打击了特权阶层，但也是社会稳定的祸源。不仅仅是祆教的神职人员，连基督教和犹太教徒都公开反对马兹达克派的所作所为。在卡瓦德看来，马兹达克派也已经失去了利用的价值。于是，国王开始有意扶持祆教，但对于镇压马兹达克派却迟迟下不了决心。因为卡瓦德年事渐高，继承人问题成了他的心病。他眼里最为迫切、最为重要的大事似乎并不仅仅是内乱和外患，还有他的政治衣钵由谁来继承的问题。在王位继承问题上，各派为了政治利益都各有支持的人选。马兹达克派希望拥立卡瓦德长子卡乌斯继位，原因在于卡乌斯是马兹达克派信仰的支持者。这是卡瓦德和其他祆教祭司以及大贵族们所不愿意看到的。如果不解决这一问题，老国王去世之后必然又是一场天翻地覆的动乱与内战。为了防止反对他的贵族和祭司趁他死后故态复萌，他决定打破惯例，生前就指定自己所偏爱的小儿子胡司洛为王位继承人。

529年，卡瓦德召集国内宗教代表召开了神学会议，意在引蛇出洞、镇压异端。在此之前，王子胡司洛与祆教穆护联手早已策划好了屠杀行动。在会议上，马兹达克派受到了祆教、基督教、犹太教代表的围攻，参会的马兹达克派代表在混乱中被埋伏好的刺客屠杀。会议结束后，马兹达克派被宣布为邪教，大批信徒被屠杀，各地教产被没收，相关的经卷也被焚毁。马兹达克派被迫转入地下活动。

纵观这场运动，不难看到社会运动与政治之间互动关系的微妙与复杂，以及社会运动在发展过程中所呈现的不同侧面。马兹达克运动对国王卡瓦德的依赖，使其在最初阶段得到国王的暗中支持，撼动了旧秩序，不仅是对原本有恃无恐的世家大族变相提出了警告，也为国王的改革扮演了清道夫的角色。马兹达克运动并没有真正实现平等互助、均富泛爱的新秩序，但是这场运动削弱了大贵族的势力，造福了部分的底层百姓。可是，一旦运动超出国王的容忍底线，也自然失去了利用价值。在王位继承问题上，马兹达克派与国王的意愿相悖，这就造成了双方合作关系的彻底破裂，也就预示着运动走向终结的宿命。

二、胡司洛一世改革

531年，82岁高龄的卡瓦德去世。他在位长达41年，历经诡谲多变的政治斗争后得以善终。临终前他立下遗诏，指定胡司洛为继承人。选定新王的大臣会议最终以遗诏作为依据，立胡司洛为国王。而长子卡乌斯则起兵夺位，不久就战败身亡。在内外局势动荡不安的环境下，胡司洛一世逐渐巩固了权力，并开启了他的改革之路。从卡瓦德复位到其子胡司洛一世，两位国王在位时期推行了一系列的重要改革，挽救了萨珊朝江河日下的颓势，重振了伊朗的国威，也将萨珊王朝推向了中兴时期。

为了掠取财富以及选定继承人，卡瓦德发动了与拜占庭长达30年的战争，双方均疲于应对。532年，胡司洛与拜占庭皇帝查士丁尼签署和约，终止了无休止的战争。两国订立的停战条约总体上是对伊朗有利的。但和约签订后不久，一些贵族开始蠢蠢欲动，策划发动推翻胡司洛的政变。这些贵族原本想推举卡瓦德次子扎姆，但是由于他瞎了一只眼睛，名不正言不顺。于是，这些人决定拥立扎姆之子小卡瓦德为王，由扎姆摄政。在得到扎姆首肯以后，他们便计划刺杀胡司洛一世。但消息在行刺前走漏了出去。胡司洛一世得知后下令处决了所有策划政变的人，并且借机处决了自己的所有兄弟，以绝后患。小卡瓦德当时年幼，由一位将军抚养。胡司洛一世下令处死之后，于心不忍的将军暗自将他送往了拜占庭。

胡司洛一世上台后，致力于重建被马兹达克运动所冲击的旧秩序。他在给四大行政区长官的信中说：最可怕的事情莫过于缺少一位好国王。一旦没有他，臣民不能安居乐业，动乱便蜂拥而起，善良之人以及他们的奴仆、财产等一切宝贵的东西都会接连受到伤害。这让我们深知，让我们整个民族都深感可怕的事情莫过于缺少一位称职的好国王。[①]根据史料记载，胡司洛一世为马兹达克运动制定了一套善后措施。第一，马兹达克运动期间被抢占的财产归还原主。但运动期间，很多家庭被斩尽杀绝，

[①] 孙培良：《萨珊朝伊朗》，西南师范大学出版社1995年版，第126页。

家族的法定继承人都被屠戮。在无继承人的情况下,其财产作为善后基金充归国库。第二,被夺占的妇女如果和夺占者是同一等级,可以依据自己意愿决定去留;如若不然则必须分离。若原本丈夫还健在就要归还给她原来的丈夫,并且夺占者要支付彩礼。如果子女的生父不能确定,就要留在其出生的家庭,享有继承权。第三,抢夺他人财产并造成他人财产损失的必须全部赔偿,依照相应罪责治罪。第四,政府负责抚养因此而致贫的贵族遗孤和遗孀。受运动戕害的遗孤将由国王负责抚养,将这些孤儿视为己出。这些少男少女在宫中接受教育,日后是国王手下忠诚的新贵。第五,修缮因运动而遭到破坏的农田水利设施,帮助业主重建家园。

在处理马兹达克运动所带来的严峻社会问题的同时,胡司洛一世着力推行财税改革和军事改革。

财税改革的核心就是实行新税制。胡司洛一世进行财税改革的初衷,是希望通过新的税制确保国库充裕,在不给民众增加额外税赋的前提下可以提前预备应对外患内乱所需的必要开支。早在卡瓦德时期,国王就下令对全国土地进行重新丈量,这项工作一直到胡司洛一世继位后才宣告完成。土地丈量的目的在于确定土地的实际状况,以此为依据制定新的税率。胡司洛一世废除了以前逐年制定土地税税额的惯例,依据多年作物的平均单位产量制定出固定税额的土地税。所有种植园和大面积播种的农作物,依据作物的种类而制定出相应的税率并且以实物的形式足额缴纳土地税。征税的作物主要是椰枣、葡萄、水稻、小麦、大麦、苜蓿、油橄榄等七大作物。小规模种植或种植除上述以外的其他作物的土地可以免于缴税。人头税主要是针对第四等级所征收的货币税。根据人头税名册中年满20岁到50岁者,依据财产多寡分四档征收人头税。土地税和人头税每年缴纳三次,有专人依据人头名册和税册进行征收和稽查。

胡司洛一世时期,军事上进行了体制变革。他正式废除了大将军官衔,任命四大将军分别管辖四大行政区的军政事务,官衔位列四品。为了摆脱对手握军队的大贵族的依赖,胡司洛一世创设了一支由国家财政供养的常备军。国家为军队中的骑士配备装备,并发放薪饷。在改革前，军队的骑兵主要由地主组成，从军所需武器和铠甲都需要自行配备，也没有薪酬津贴。但改革并没有惠及步兵。普通的步兵大多都是农民出身，在战场上处境凄惨，既要在战争中作苦力，只能靠盾牌等简陋的装备保护自己。在人员构成上，军队开始将战争中俘获的外族人引入进来，与伊朗人共同守卫边疆。此举让军队的构成更加多元，更加忠诚于国王、忠诚于国家。

从卡瓦德时期开始并在胡司洛一世时期深化的改革，整体上提升了国家实力，强化了国王对国家机器的控制。萨珊王朝也进入鼎盛的中兴时期。胡司洛一世时期，伊朗国力再度强大，人口大幅增加，经济文化进入了繁荣发展的阶段。胡司洛一世以卓越的战功和执政作为赢得了后世对他的称赞与肯定，受到了历代伊朗文人的赞颂与吹捧，一些史学家称他让伊朗变得无所畏惧，让波斯民族变得强大。

第四节 萨珊的对外扩张与衰落

一、萨珊中后期的对外扩张

532年，在与拜占庭帝国签署停战协议后，胡司洛一世致力于改革内政，增强国家实力。拜占庭帝国皇帝查士丁尼则集中力量平定西部边境，并取得了一系列的胜利。西部战事趋缓后，拜占庭在东部修筑防御工事，加强对边境地区的控制。应哥特王国国王以及亚美尼亚国王的请求，胡司洛一世决定以违反停战协议为由对拜占庭开战，两国新一轮的战事再起。

540年，胡司洛一世亲率军队攻克了安条克城，下令将城中的军民强制迁徙到泰西封附近的新城维赫安条克城。查士丁尼被迫停战求和。在协议休战后，萨珊军队在撤军途中还在围城勒索，忍无可忍的查士丁尼毅然撕毁协议，调集军队反击。此后，双方有战有和，在高加索地区展开了激烈争夺，亚美尼亚被伊朗完全吞并。但萨珊在占领拉齐卡后，伊朗军队接连失利，又被赶出了这一地区。

公元561—562年，双方派出官员在边境上进行谈判，于562年正式签订了长期的和平协定。协定明确了双方的边界和势力范围，约定了两国贸易通商的条款，建立了争议仲裁机制。伊朗承诺放弃拉齐卡地区，尊重国内基督教派的信仰自由，拜占庭则依约支付年金和赔款，该协定有效期为50年。虽然胡司洛一世并没有从拜占庭手中夺取太多的领土，但是遏制了拜占庭向东扩张的战略意图，稳定了萨珊的西部疆域，加强了对高加索地区的控制。休战之后，伊朗在高加索地区修筑了严密的防御工事以抵御游牧部落的连番入侵和袭扰，对东罗马的边境也起到了稳定作用。

在这一时期，突厥在漠北地区崛起并向中亚扩张，屡次击败哝哒。这给了萨珊一雪前耻的时机。557年左右，胡司洛一世派人与突厥可汗接触，双方联手两面夹击哝哒，哝哒腹背受敌而亡国。萨珊与突厥汗国约定以阿姆河为界平分哝哒故地，阿姆河以北的河中地区归突厥，以南的吐火罗地区归萨珊朝管辖。但两国的联盟关系没过多久就宣告破裂。粟特人长期在伊朗从事丝绸中转贸易，而突厥想借此从中分得一杯羹。这一要求威胁到了伊朗从事中间贸易的经济利益，遭到了胡司洛一世的拒绝。虽然突厥有意联合拜占庭进攻伊朗，但不久后突厥汗国就在隋朝的离间之下分裂了。

570年，伊斯兰教先知穆罕默德出生。这一年，埃塞俄比亚将领阿布拉哈入侵阿拉伯地区。由于侵略军中有大象，因此阿拉伯人将这一年称为"象年"。阿拉伯人被迫向伊朗求援。萨珊军队击退了埃塞俄比亚的侵略者，并将也门地区纳入萨珊王朝的版图之内。

虽然伊朗与拜占庭在562年达成了长期的和平协定，但是双方在地区上的霸权争夺并不会因为一纸协议而罢休。571年，亚美尼亚人再次举行起义，拜占庭皇帝查士丁尼以萨珊朝违反停战协定、践踏亚美尼亚基督教徒的信仰自由为借口，宣布废除和平协定并且出兵进行干涉，两国再次爆发战争。面对拜占庭的背信弃义，胡司洛一世不顾年迈，亲率大军迎击侵略者，一战而退敌。随后，伊朗重新控制亚美尼亚地区，平息了叛乱，并与拜占庭在叙利亚战线上反复拉锯。579年，原本双方已经有了议和的意愿，恰在此时，胡司洛一世去世，胡司洛与突厥公主法库姆所生的王子霍尔米兹德四世即位。霍尔米兹德四世上台之初，面对拜占庭方面的议和主张不为所动，决意继续战争。此后，萨珊周边环境开始出现了变化。西突厥在分裂以后开始西进，威胁到了伊朗东部边境。而与拜占庭的战争则在攻势与守势之间不断转化，战事陷入了胶着。

二、萨珊的衰落与阿拉伯人的入侵

霍尔米兹德四世为人正直，登基为王后以公正为史学家所称道。他同情弱小，体恤下层民众，为了适当提高步兵的待遇不惜得罪骑兵，削减了政府对他们的福利。对基督徒相对开明和包容，也因此得罪了祆教穆护。过于正直的个性导致霍尔米兹德四世不仅失去大贵族的支持，甚至遭到他们的忌恨。在特权等级的祭司和贵族看来，国王"只想取悦卑贱的庶民"。在这种情形下，这些贵族暗暗地等待时机。

霍尔米兹德四世末年，萨珊面临着西突厥与东罗马东西两线的进攻，国王将在东线负责军务的大将军白赫兰·乔宾调往西线与拜占庭作战。然而，战功卓著的白赫兰却接连败绩。赏罚分明的霍尔米兹德四世接获前线战报后，不仅没有安抚这位大贵族，反而下令将他撤职查办，并派人前去赐给白赫兰一些女性的裙袍以示惩戒。一向桀骜不驯的白赫兰不堪侮辱，盛怒之下选择了阵前倒戈。消息传到了首都泰西封。589年，大贵族们趁机发动政变，擒获了霍尔米兹德四世，王子胡司洛二世被贵族们推选为国王。对旧王恨之入骨的贵族们刺瞎了他的双眼，并将其处决，行凶的是胡司洛二世的两位舅父。没过多久，白赫兰便攻占了泰西封并赶走胡司洛二世自立为王。贵族胆敢直接僭越王权，这是萨珊王朝开国三百多年的首次。大贵族们并不能接受这种僭越行为，密谋再次政变但不幸失败。胡司洛二世被迫派人前往拜占庭乞援，白赫兰与胡司洛二世两方在东罗马帝国皇帝面前竞相出卖利益以求得支持。最终，胡司洛二世在屈辱地承诺割让大片领土后，联合拜占庭和亚美尼亚进攻盘踞泰西封的白赫兰。白赫兰一路败退，侥幸逃往突厥但被胡司洛二世设计杀死。

591年，胡司洛二世基本控制了局势。复位后的胡司洛二世，并没有体恤民情、休养生息，而是继续对内搜刮敛财，对外征伐不断。此时，阿拉伯部落的战斗力已不同往昔。公元604年左右，伊朗军队与阿拉伯部落在祖卡尔进行了小规模交战，以惨败收场。这场胜利使阿拉伯人振奋不已。先知穆罕默德称这是阿拉伯人第一次战胜波斯人。不过，伊朗统治者不仅没有在意这次战事的失败与阿拉伯人崛起的威胁，反而伺机侵略拜占庭。615年，萨珊王朝的军队一路兵临君士坦丁堡，另一路则在费路汗的指挥下，从叙利亚进入巴勒斯坦。费路汗煽动2.6万犹太人参与对耶路撒冷的宗教圣战。耶路撒冷被占领后不久，当地居民就发动起义反对犹太人和伊朗人的统治。伊朗军队旋即折返围城，包围耶路撒冷18天后将城攻破。伊朗军队入城后展开了三日屠杀，数千基督徒因此而丧命。随后伊朗军队焚毁了城中的基督教教堂，并将俘获的3700多名基督徒以及基督教的圣物"真十字架"送往伊朗。犹太人得以重新控制耶路撒冷。随后，萨珊大军攻入非洲大陆并且征服了埃及。此时，萨珊帝国的版图扩张已经几乎达到了阿契美尼德王朝时期的势力范围。

接连战败的拜占庭皇帝希拉克略迅速稳住了阵脚，实施了具有深远影响的军区制和军田制改革，加强了拜占庭的防御能力。胡司洛二世屡次拒绝希拉克略的求和，形势却出现了逆转。622年，拜占庭与伊朗军队决战并取得了胜利。626年开始，希拉克略率军远征伊朗，而萨珊的军队则与游牧民族联合围攻君士坦丁堡却被击退。拜占庭军队从伊朗高原以北一直攻打到了伊朗本土，胡司洛二世仓皇撤离。在掠获珍宝、报复性地烧毁祆教神庙后，希拉克略决定撤军，不再围攻萨珊首都泰西封。希拉克略在致信胡司洛二世时表示：

我一直希望能够跟上您的步伐，要求立刻停战。因为我并不希望让波斯遭受战火的摧残，我是被国王陛下所迫，不得不出此下策。现在请让我们一起放下武器，实现和平。趁战火未焚毁这一切，请将它熄灭。

长期对拜占庭的作战，劳民伤财，损人不利己。战争摧毁了两国最为富庶的省份，而为了维持战争所增加的税收让其他地区的民众陷入了贫困，萨珊国内民怨四起。战败后的胡司洛二世非但不反躬自省，反而怪罪于人。他的行径引起了军队将领们的不满。胡司洛二世身患痢疾，回到了泰西封。他原本属意二子马尔丹沙赫尔继承王位，但长子卡瓦德二世同大贵族、军队将领一起联合发动了政变。卡瓦德二世加冕以后，就把胡司洛二世投入了监狱，并宣布特赦"永忘堡"中的政治犯。为了保全自己17个弟弟的性命，卡瓦德二世下令将这些王子的手足统统砍掉，但不久以后这些王子仍然被下令处死。胡司洛二世统治了萨珊朝伊朗38年。一方面，他将萨珊的疆域扩张到了极致，取得了萨珊王朝最后的重大军事胜利；而另一方面，他追求极度奢靡的宫廷生活，而供养战争的第四等级百姓则挣扎在生存的痛苦之中。最终，战败后不但没有缓和国内矛盾，反而企图滥杀政敌而激起统治阶级内部的权力斗争，自己成了自己忠实的审判者。

602—628年，萨珊与拜占庭之间的战争耗尽了双方的人力和物力。卡瓦德二世在掌握权力后，就主动同希拉克略谈判议和。拜占庭并没有趁人之危，提出两国恢复战争前的边界，伊朗归还被占领领土，拜占庭则确保撤军的安全。双方在苦战数十年以后，重新回到了稳定的轨道上。但在屠戮完自己的竞争对手后不久，卡瓦德二世就不治身亡，死因成谜。萨珊王室之中的成年男子被屠戮殆尽。此后，萨珊国王不仅频繁更迭，更是有两位女王相继登基继位，统治了一年多的时间。短短的时间内，共有十几位国王连番继位。中央政权业已失去统治力，帝国迅速陷入了分崩离析的状态。阿拉伯人趁势崛起，充当了帝国末日之下的掘墓人。

早在亚历山大东征之前，阿拉伯人就已经为伊朗人所熟知。国王叶兹德格德三世（也被称为伊嗣俟三世）在633年继位后，并没有意识到伊斯兰教和阿拉伯人的崛起。632年，伊斯兰教先知穆罕默德去世。穆罕默德作为伊斯兰教的封印先知，他的继任者被称为哈里发，意为"代理人"或是"继承人"。此后，哈里发成为阿拉伯帝国政治和宗教领袖的头衔。穆罕默德去世后，在哈里发阿布·伯克尔的指挥下，阿拉伯军队镇压了部落的叛乱。新兴的伊斯兰教迸发出的活力足以控制整个阿拉伯半岛,一旦叛教者被压制,更紧密的团结就会在接下来的战斗中牺牲一切。在内战结束以后,阿拉伯人已经做好准备,为了伊斯兰向拜占庭和伊朗发动圣战。由于阿拉伯军队的统一行动,对萨珊的威胁日益显著。在此之后,阿拉伯军队在一代战神哈立德·伊本·瓦利德的指挥下,开始反复地进攻萨珊的南部地区,美索不达米亚和胡泽斯坦地区的财富被搜刮殆尽。636年,哈里发欧麦尔率领阿拉伯部落联军攻入伊朗。637年,双方在恰尔迪兰决战,38000余人的阿拉伯军队击溃了将近6万人的萨珊军队,疲弱不堪的萨珊王朝遭遇了耻辱性惨败。这场关键性的战役导致萨珊失去了包括首都泰西封在内的整个美索不达米亚地区。正是因为这场战役的胜利,阿拉伯帝国哈里发在将领们的劝说下决定继续对伊朗发动进攻,不给叶兹德格德三世喘息的机会。638年,末代国王叶兹德格德三世向唐朝求援,但杳无音讯。他只好四处求援,号召各地诸侯发兵御敌。642年,阿拉伯军队在纳哈万德歼灭了将近8万人,这是萨珊朝仅存的有生力量。伊朗的主力军队被歼灭以后,胡泽斯坦和法尔斯地区也相继失陷。为了躲避战乱和追杀,大批王室成员、贵族和祆教教徒逃往木鹿地区。651年,叶兹德格德三世惨死于此,时年35岁。萨珊王朝至此国灭。

第五节 萨珊时期的经济与文化

一、萨珊时期的社会经济

萨珊王朝统治时间较长,并且地域较广,各地经济发展的情况也不完全一致。萨珊朝相较于安息朝,中央政府的权力较为强大,与祆教的联系更为密切,并且从文化上凸显伊朗特色。这一时期,萨珊王朝的社会经济呈现出如下特点。

首先,社会结构缓慢转变,新的经济形态逐渐常态化。

安息时期,伊朗社会的经济形态逐渐从奴隶制经济向封建制经济过渡。萨珊时期，封建生产关系趋于明显。部分奴隶得到了解放，农村公社解体的趋势增强，社会或快或慢、或早或晚地整体朝着封建制经济转型。萨珊建立之初，奴隶制经济依然盛行。奴隶来源中既有一般的奴隶，也包括了为数众多从战争中掠获的俘虏。奴隶的用途很广，主要用于农业耕种、公共工程、手工业、杂役奴仆等，而神庙、贵族世家乃至王室也都需要大量的奴隶供其使用。但这一时期，奴隶除了"物"的属性，也有"人"的若干权利。对奴隶不能随意处死，也不能过分虐待，否则要予以赔偿。奴隶可以属于多个奴隶主，奴隶主可以享有这个奴隶劳动成果的一部分。当一个奴隶获得了三分之一或一半奴隶主的解放时，其他的奴隶主就要接受赎金予以解放。奴隶部分解放也反映了奴隶制的日趋衰落。

土地兼并、集中是萨珊王朝中后期政治危机的经济根源。统治阶级掌握了大量田产，大贵族的经济实力随着政治地位的稳固而不断提高。农民的境遇并不比奴隶好到哪里去。农民虽然法律上是自由民，但是处在社会的第四等级。他们是社会的主要劳动力，固守在土地上辛苦劳作，与农奴无异。一旦遇到天灾人祸，农民或被强迫从军参与战争，或被剥夺财产自由沦为奴隶，或是背井离乡，逃往城市谋生。

其次，社会等级森严，细分出了四个等级，并衍生出了种姓制度。

社会等级制度的形成与祆教存在着内在联系。早在阿契美尼德王朝时期，社会就存在三个等级，即祆教穆护、武士、农牧民。萨珊时期，伊朗社会的民众主要被划分为四个等级：穆护、武士、官僚、庶民。第一等级是祆教祭司阶层，其中又可以细分出多个等级，级别最高的是祆教最高祭司穆贝德。第二等级是武士，人数最多的主要是服兵役的自由民，而等级内又分为王族和一些世家大族，以及大贵族和高级官吏、自由民等。这一等级的金字塔顶端是国王、王子以及各地的王，然后就是王室成员和世族领袖。萨珊晚期的时候，最高祭司也被纳入这一等级内。自由民中又会依据经济地位细分出中小地主和自由农。第三等级为文官阶层，也包括医生、天文学者等，这是萨珊时期官僚队伍膨胀之后从武士阶层中分化而来的新兴等级。这三个等级就是萨珊时期的特权阶层，作为统治阶级享受免于缴税的特权。大部分人都是第四等级，主要是农民、工匠和商人等。①等级的划分对于人身自由也有影响。萨珊时期，王室的妇女一般被允许狩猎，接受良好的教育，甚至形象可以出现在钱币和铭文之上。但低等级的妇女通常被视为财产，个人权利受到了限制。在当时，丈夫有权将妻子短期转让给其他人，祆教将此称之为"临时婚姻"。妻子无权拒绝丈夫的转让决定，转让期间所生的后代将被认定为原配丈夫的子女。

与印度种姓制度相类似，萨珊时期伊朗人的等级为世袭继承。除了等级内金字塔顶端的领导者可以不受等级世袭的约束以外，其他都要遵循这一社会规则。这一套秩序反映了当时社会分工逐渐细化之后的社会关系。本质上，这是政权与宗教神权结合后所衍生出的一套社会制度，其意在通过等级区分来固化社会等级，从而保持社会秩序的稳定。但随着社会经济的发展，这种旧的、固化的等级界限逐渐松动，维持这一制度的社会基础也动摇了。历次的社会运动无不是底层民众谋求公平社会的呐喊、挣扎与反抗。但时至今日，伊朗社会大众仍然在呐喊。

再次，丝路经济对于国家收入影响巨大，从事东西方国际贸易是萨珊财税的重要来源。

萨珊时期的税赋较为沉重。由于祆教祭司和官员、贵族都免于缴税，所以纳税的主体就是农民和市民，主要是以实物来缴纳相关的税赋。但是仅仅依靠土地税、人头税以及杂税还不足以养活为数众多的特权阶层。因此，萨珊朝很重要的一项财政收入就是课征东西方中介贸易的关税收入。

萨珊统治者尤其重视城市工商业中从事丝绸贸易的行业发展。沙普尔二世时期，下令设立王室织造作坊。帝国境内的主要城市织造作坊都有专门的政府管理人员，有些甚至是花重金从国外引进。经过长时间的经营，丝织业成为伊朗王室重要的财税来源，足见其利润之丰厚。萨珊时期，商人通常会组成商队，将中国的生丝、丝织品，印度的宝石、香料带回伊朗加工后，集中到西北边境转卖给罗马人。罗马每年都会在边境地区开辟集市，采购东方货物。此后，波斯商人再将叙利亚地区的玻

---

① 孙培良：《萨珊朝伊朗》，西南师范大学出版社1995年版，第30—35页。

璃、毛毯、金属器皿等特产运往萨珊东部，这些商品贩卖后又辗转进入印度和中国。中央集权体制的确立客观上为这些行业的兴盛提供了安全稳定的经商环境，有利于城市工商业的发展。萨珊统治者为了鼓励伊朗商人从事海上贸易，专门为之开辟通商口岸。王朝建立初期，兴建了多座城市。政府把罗马俘虏强制迁徙至此，这些俘虏有一些是具有生产技术的城市工匠，不仅为这些城市提供了充足的劳动力人口，而且也为工商业奠定了发展基础。

二、伊朗与非伊朗之分

阿达希尔的崛起与萨珊王朝的建立带有浓厚的宗教色彩与伊朗族群意识，这同此后伊朗多次爆发宗教色彩浓厚的社会革命遥相呼应。只不过，此后伊朗被阿拉伯人入侵并且逐渐伊斯兰化，伊斯兰教取代了祆教成为伊朗文化的核心要素，使得宗教对政治发展具有更为强势的社会影响力。

从建立萨珊王朝之初，阿达希尔就下定决心，新的王朝要以新的气象来重塑统治合法性。安息朝发行硬币主要使用希腊文字。与安息不同的是，萨珊朝无论是铸造的硬币还是镌刻的碑铭主要使用波斯语言文字。发行的硬币背面印有祆教神庙图案，意在凸显萨珊王室的波斯血统以及王权与祆教之间的紧密联系，彰显伊朗族群意识和文化主体性。波斯波利斯附近有一处岩石雕刻，上有两位骑着高大战马的人物，一位是祆教天神阿胡拉·马兹达，一位是萨珊国王阿达希尔。只见阿达希尔从阿胡拉·马兹达的手中获得象征王权的光环，而在战马的铁蹄之下，分别踏着安息末代国王阿塔瓦斯德斯和黑暗之神阿赫里曼。雕刻所传达的信息再清楚不过：萨珊朝建立者阿达希尔是祆教天神阿胡拉·马兹达所选中并授予的。在神的庇佑下，阿达希尔最终战胜了安息末代国王，取得了统治的合法性。而阿达希尔认为自己之所以能够战胜阿塔瓦斯德斯，是因为光明之神阿胡拉·马兹达战胜了混沌与邪恶的化身阿赫里曼。因此，阿达希尔希望透过这些铭文碑刻传达的意义在于塑造王权的宗教神圣性和道德正当性，俨然是以光明之神的人间化身而自居。在此后，萨珊铸造的钱币上面的文字都在宣扬阿达希尔是"神之苗裔"，这是一项重要的宣示，也为后世所仿效。[①]这种模式体现在一位新兴的统治者在夺取权力、获得统治合法性的过程中，都势必要借助宗教神权的影响力，宣扬自己的胜利正是神的决定，也是在神的授意下进行统治。此后的伊朗历史，这种历史现象屡见不鲜。这一系列的举措，都意在通过将王权与教权作某种程度的结合来强化王朝统治。

从另一个方面看，这一时期的碑铭也是最早提及"伊朗"的实物材料之一。"伊朗沙赫尔"（Iranshahr）这个词也同样出现在早前的祆教经典《阿维斯陀》以及阿达希尔登上王位后铸造的硬币上。通常意义上认为，这是萨珊王朝将自己统治的领土称之为"伊朗帝国"，以此宣示自己继承了阿契美尼德王朝的法统，强调这种一脉相承的文化联系。一些古罗马的历史学家将此解读为阿达希尔企图恢复阿契美尼德王朝时期伊朗的疆域，并且将萨珊与罗马之间的战争与此联系在了一起。但在此时，显然"伊朗沙赫尔"这个词所指代的内涵并不确切，指代的地理范围并不仅仅局限于萨珊王朝的统治疆域之内。同时代的文物中所出现的"伊朗沙赫尔"一词有的时候也指操伊朗语的伊朗语族所在的地理区域，此时其所指代的是地理区域的概念。而有时"伊朗沙赫尔"的指代并不太确切，或是指伊朗族群而非领土边界，或是把两者都包含在内。

除了"伊朗"这个概念外，沙普尔一世时期的铭文之中还出现了"非伊朗"这一概念。铭文中，"非伊朗"用以指代包括叙利亚、西里西亚和高加索等地区。在萨珊朝，主要用其来表示"非伊朗的领土"或"非伊朗人"（非雅利安人）。一般意义上而言，"非伊朗"表示不说伊朗语的地区。贬义地讲，它表示"伊朗和琐罗亚斯德教的政治和宗教敌人"。也就是说，早前先出现于宗教经典以及碑铭之中的这两个词，逐渐演化成包含领土疆域内涵的政治概念，用以塑造伊朗的政治和文化认同。这时的"伊朗"所指代的不仅仅是血统，而是在族群中对于伊朗祆教文化与生活方式的认同与遵循。"伊朗"与"非伊朗"的提出，背后包含着强烈的伊朗族群与文化的认同意识。或许此时，其所指的意涵

[①] 孙培良：《萨珊朝伊朗》，西南师范大学出版社1995年版，第11页。

已不再只是以法尔斯地区为中心的文化认同，具体含义远不止于此。当然，阿达希尔不可能凭空创造出这个概念，而是基于维护萨珊王权至高无上的权威而做出的长远考虑。为了达到这一目的，萨珊国王势必需要用族群认同与文化认同来触发人民的情感共鸣，从而让民众愿意臣服。此举把萨珊统治的触角真正扎根于这块土地，融入到伊朗的政治文化传统之中。

族群意识的强化凸显了领土的神圣性，激化了边境争端的矛盾。萨珊朝伊朗与罗马之间无休止的战争看似为了领土争夺，其背后实际上是国王统治合法性的博弈。安息朝伊朗与罗马的边界长期处于势均力敌的状态。但在伊朗朝代更迭之际，罗马帝国皇帝亚历山大·西弗勒斯趁势侵占了奥施罗伊奈地区，这就威胁到了当时萨珊王朝统治的核心地带。因此，萨珊的统治者高举着伊朗复兴的大旗，主动进攻罗马。同罗马帝国的战争使萨珊成功取代安息在两河流域、亚美尼亚等地区统治的同时，也用赫赫战功巩固了其在伊朗的统治合法性。伊朗同罗马在这些地区来回拉锯争夺了数百年，双方都付出了极为高昂的代价。与其说这些地区具有重要的经贸地位或战略价值，更应当注意双方战争动机中都存在着政治利益的考量。这些地区的统治权渐渐变成了两国军事战略上的图腾，因为成为两国君主统治合法性的一部分，这也就使他们被迫参与到领土拉锯式争夺。两河流域、亚美尼亚、叙利亚地区也就不幸地成了王权博弈的竞技场。

三、由语言所带动的文化复兴

伊朗是一个地震多发的国家，游牧民族的多次征服导致这一地区战乱频发。天灾与人祸使很多古代遗存湮没在历史的尘埃中。安息朝是伊朗古代传统与精神回归的历史时期，伊朗逐渐淡化了马其顿征服所带来的希腊影响。巴列维语[①]得以恢复，丝绸之路得以贯通。安息朝的历史虽然长久，但其本土现存史料较少，东西方古代史料中有关安息的记载

---

① 在一些著作中也被译为"钵罗钵语"（Pahlavi）。

也相对有限，并且记载较为片面和零碎。因此，研究安息的历史主要依靠考古发掘的文物，尤其是铭文和钱币。背后的原因是多方面的。《史记》中记载，他们多是以"皮革"为记载工具，据史学家的推测，大概指的是羊皮纸卷。而在当时，安息并未建立完整的史官制度，很多历史事件都是依靠出土钱币等实证材料以及东西方史学家的著作记载下来的。就目前考古发掘的成果而言，几乎没有真正意义上的安息历史文献留存。更为重要的原因是，萨珊推翻安息的统治后，有意地进行了政治清除。安息朝前后统治了四百多年，而安息朝能够保存至今的铭文碑刻数量却很少。很显然，萨珊的政治宣传成功地消除了帕提亚人的历史踪迹和他们的文化传统。以至于在波斯民族史诗中，一些传说被视为历史事实。

城市的建设带动了经贸活动的发展，社会经济日渐繁荣，其文化也随之兴盛。萨珊时期，伊朗文化呈现出复兴之势。这是一千多年伊朗民族发展的顶峰，代表了波斯帝国的最高水平。在当时，罗马帝国与萨珊帝国同为古代文明的继承者。罗马继承了古希腊文明的成就，而萨珊王朝则继承了阿契美尼德王朝与安息王朝的遗产，当然这其中也包括了埃及和两河流域文明的文化传统。也就是说，萨珊时期伊朗文化的复兴是在综合继承古代近东文明成果的基础之上，将伊朗传统的文化积淀发扬光大。这一时期，丝绸之路在沟通东西方文化交流的过程中发挥了重要作用，也让伊朗文化远播东西。

语言文字与历史文化是构筑国家信仰与凝聚力的基石。相较于前朝，萨珊王朝逐渐地将巴列维语，即中古波斯语作为主要的语言，其重要性也被置于希腊语和帕提亚语之前，并在重要的文书记载上逐渐进行汰换。在此之前几个世纪，从印度河流域到地中海地区，希腊语一直是影响力巨大的强势语言。然而，这一趋势在萨珊朝时期逐渐被改变，中古波斯语是帝国主要使用的语言，也是伊朗文化复兴的先导。

在此之前，伊朗统治者并不排斥使用其他民族和地区的语言。这种环境促进了地区间的交流与贸易往来，有利于推动国家的建设和有效的地方治理。在阿契美尼德王朝时期，波斯帝国的语言就是多元化的，王室以及统治阶层主要是使用古波斯语，埃兰语在日常经济活动中发挥了重要的作用，阿拉米语是跨区域贸易活动的通用语言。亚历山大征服伊朗后，希腊语逐渐取代了阿拉米语作为帝国的通用语言。这使安息朝铸造的钱币以及碑铭上长时期都是以希腊文字为主。萨珊朝建立伊始，这种多元的语言环境并未彻底扭转。早期铭文一般也是两种或者三种文字并用，这与古波斯帝国时期的碑铭具有相似性。到了萨珊中期，碑石雕刻的铭文主要使用巴列维语。

萨珊王朝自226年建立到651年灭亡，其间用文字记载的历史资料鲜有流传下来，但保留了较为丰富的铭文碑刻和祆教历史遗迹。根据阿拉伯史学家记载，萨珊时期建立了这样的制度：国王的决策都会被完整记录，同时有专人将之写入日志，每月核对之后加盖印玺入库存档。末代国王在位时期，一部以口头传说为依据用巴列维语书写的《君主书》付梓。但很遗憾这本书并未流传太广，8世纪翻译成阿拉伯文后，原本和阿语本都已失传。《君主书》的内容是从远古至萨珊朝末的帝王故事，史实中杂糅了相当多的神话传说。萨珊朝时，伊朗人撰写史书，主要还是以祆教教义为纲，劝诫君王恪守祆教信条，摒除邪教杂念，同时也告诫民众忠于君王，遵守统治秩序，安分守己。《君主书》这本书是研究萨珊朝历史的重要史料来源，泰白利在著述《先知与诸王纪年》以及菲尔多西创作《列王纪》时都将此书作为参考。

胡司洛一世在位时期，得益于统治者的重视，伊朗文化达到了鼎盛阶段，涌现出了很多凸显出伊朗特色的艺术品和巴列维语的文艺作品。伊朗本土关于伊朗古代君主以及英雄传说等一系列文学作品大多从胡司洛一世时期开始出现，其记载所用的语言主要是中古波斯语，即巴列维语。一些外来宗教经典以及古希腊语、古叙利亚语、古印度语作品也在这一时期被翻译成巴列维语。胡司洛一世时期，与拜占庭相比，伊朗的宗教政策相对开明。多元的宗教与哲学思想互相交流与碰撞，促进了伊朗文化的繁荣与活力。这一时期，许多被拜占庭迫害的非基督徒纷纷逃往伊朗。胡司洛一世下令建立的医学院是以希腊医学为基础，在日后成为伊朗本土医学兴起的重要基地。《圣经》中的《旧约》部分被翻译为巴列维语，此后在中国新疆的吐鲁番地区发现了相关的残篇，并被收藏在了柏林的博物馆中。[①]

[①] 孙培良：《萨珊朝伊朗》，西南师范大学出版社1995年版，第226页。

第六章

萨法维革命

1501年，少年伊斯玛仪攻取大不里士后称沙赫，并将什叶派定为国教。历经8个世纪的外来统治和长期的政治分裂后，伊斯玛仪一世建立了强大且统治持久的萨法维帝国。阿巴斯一世时期，萨法维进行了广泛的改革，改变了国家旧有的政治制度，采取宗教宽容政策，积极与欧洲各国开展交往，帝国迎来了黄金时代。1598年，萨法维迁都伊斯法罕，王朝至此完成了伊朗化的过程。伊朗的再生是现代意义上伊朗多民族国家的成型阶段。

18世纪初，阿富汗部落起兵反抗，萨法维王朝灭亡。有"波斯的拿破仑"之称的纳迪尔沙汗乘势崛起。在驱逐阿富汗人之后，纳迪尔沙于1736年称沙赫，建立了阿夫沙尔王朝。通过卓越的军事行动和外交斡旋，纳迪尔沙收复了被奥斯曼帝国和沙皇俄国趁机掠夺的领土，捍卫了伊朗的国家独立和民族尊严。此后，纳迪尔沙远征阿富汗和印度，消灭了阿富汗部落的威胁，获得了印度的财富。但暴政和压迫引起了起义与反抗，阿夫沙尔帝国在强盛的表象之下迅速土崩瓦解。

第一节 萨法维王朝的建立

一、萨法维的崛起

在伊朗历史上，萨法维王朝占有极其重要的地位。"萨法维王朝是在几个世纪的外来统治和长期的政治分裂之后，在伊朗建立起的一个强大而持久的政权。"[①]不仅如此，萨法维王朝让伊朗重回世界历史的舞台，催生了现代的伊朗国家。[②]

1252年，谢赫·萨法维·丁出生于伊朗阿塞拜疆地区的阿尔达比勒（今天是伊朗阿尔达比勒省首府），他自称是第七伊玛目穆萨·卡迪姆的后裔。因此，他不仅有先知的血统，而且还是阿里的直系后裔。13世纪，谢赫·萨法维·丁在阿尔达比勒创建了萨法维教团。萨法维·丁的儿子萨德尔·丁（1334—1391）在其父墓上建以高塔、覆以穹窿，此后，阿尔达比勒成了宗教圣地，后人纷至朝拜。萨德尔·丁的儿子霍瓦贾·阿里（1392—1427）与帖木儿同时代，利用帖木儿帝国衰落的时机，招募了信奉什叶派的突厥人来增强教团的军事实力。这些突厥人及其后代是萨法维家族崛起的中坚力量。霍瓦贾·阿里是萨法维家族第一个信奉什叶派的教主，其孙祝奈德也在参与反对逊尼派的战斗中死去。祝奈德之子海达尔（1460—1488）为萨法维教团的部属设计了一种红帽。红帽上有十二条流苏，代表了什叶派所尊崇的十二伊玛目。萨法维军队因此得名"基泽尔贝什"，意为"红头军"或"红帽军"。1500年，年仅14岁的海达尔之子伊斯马仪（1486—1524）带七名随从，回到了阿尔德比勒。那些受惠于霍瓦贾·阿里的突厥部落纷纷投奔，伊斯马

[①] Peter Jackson and Laurence Lockhart.The Cambridge History of Iran.V.6 Cambridge University Press,1986 .P189—190.

[②]【美】费希尔著：《中东史》，姚梓良译，商务印书馆1979年版，第186页。

仪得到了7万骑兵后一举夺取了阿尔德比勒。

1501年，来自萨法维家族的这位15岁少年，击败了白羊王朝的军队并攻占了大不里士。在此之后，伊斯玛仪称自己为"万王之王"，史称伊斯玛仪一世。当时一位意大利的游客有幸见到了这位伊朗新国王，他形容伊斯玛仪一世长相"美丽而英俊"，红头发而且留着长胡子。虽然个子不高，但是身材结实健壮，擅长用左手拉弓骑射。伊斯玛仪一世本人也是一位多产的诗人，尽管现存的作品并不多，但无疑为波斯文学做出了贡献。

萨法维王朝统治了伊朗两个多世纪，成为阿拉伯人征服之后最强大的波斯帝国，也是当时伊斯兰世界中最强大的帝国之一。萨法维王朝鼎盛时期疆域辽阔，包括了整个伊朗、阿塞拜疆、亚美尼亚、格鲁吉亚、北高加索、美索不达米亚和阿富汗地区，以及现代叙利亚、土耳其、巴基斯坦、乌兹别克斯坦和土库曼斯坦的部分地区。萨法维王朝不仅重新强化了伊朗的文化认同，并且振兴了伊朗作为东西方经贸交流的枢纽地位，建立了有效的国家管理体制和官僚机构，推动了文化艺术的发展。

二、什叶派国教地位的确立

在萨法维王朝兴起之前，伊斯兰教逊尼派是伊朗的主流教派。但与此同时，什叶派在伊朗也形成了一股强大的宗教势力，并且拥有像库姆和马什哈德这些什叶派的宗教圣地。与伊斯兰世界其他地区一样，在当时伊朗仍是以逊尼派信仰为主，而什叶派的中心则一直是在两河流域南部的圣地附近。

萨法维王朝对于伊朗影响最为深远的莫过于什叶派认同的确立。伊斯玛仪一世将什叶派十二伊玛目派定为国教，标志着以什叶派教义为纽带、以波斯文化为基础的伊朗多民族共同体的形成。萨法维王朝的建立以及应运而生的十二伊玛目支派学说正是救世主运动的革命成果。从此以后，什叶派浸润了许多受苦受难和殉难牺牲的烈士精神。十二伊玛目学说认为，源于阿里家族的十二伊玛目传承体系，是伊斯兰教合法权威的来源。根据这一学说，十二伊玛目中最后一位伊玛目是马赫迪。他是末日救世之主，目前处于隐遁状态，在末日来临之际将会返回人间。什叶派学说不仅催生了此后众多的救世主运动，并对伊斯兰历史的演进发挥了一定作用。

1510年，伊斯玛仪一世率军攻占了伊拉克、法尔斯、克尔曼、哈马丹、呼罗珊地区，并引兵东进河中地区。自伊斯玛仪一世在大不里士登基称王后不久，这位伊朗新国王便抱有温和的救世主思想。他命令在他统治的王国内铸造的钱币上要印有什叶派的宗教口号，并且所有的清真寺诵读伊斯兰教什叶派祈祷词。这种祷告词要额外加上："我作证，阿里是真主的朋友"，以此来表明阿里是合法的先知继承者。阿里是第一任伊玛目，什叶派认为这位伊玛目的后裔才是合法的继承者。这是自11世纪来，首次在伊斯兰国家的宣礼塔上听到什叶派风格的祷告。

伊斯玛仪颁布皇家敕令，要求他的臣民公开诅咒在早期伊斯兰时代阿里之前的三任哈里发，"谁违背这个法令，谁就要人头落地"。对于逊尼派穆斯林而言，这是极端冒犯的行动，此举也加剧了萨法维同奥斯曼帝国之间的矛盾。但伊斯玛仪一世无疑是作出了重要的政治宣示。这样做不仅是为了巩固萨法维的统治，扩大统治基础，同时也淡化了统治阶级的土库曼民族属性，使萨法维王朝的统治具有正统色彩。正是由于什叶派信仰的强化，使萨法维得以避免了逊尼派的奥斯曼帝国的干涉与渗透，确保了主权独立和民族尊严。

伊斯玛仪一世极端反对逊尼派，不仅因为这位出身于土库曼家族的战士为人果敢，更在于其强烈的宗教热忱。他在位时期，热衷于资助阿拉伯的什叶派法学家，邀请这些什叶派法学家来伊朗讲学。首批法学家来自叙利亚北部，后来的法学家来自伊拉克南部和阿拉伯半岛。几乎与伊斯玛仪同时代的历史学家哈桑·鲁姆卢首次写道："当时，什叶派法律基础尚不为人知，甚至那些恪守'正道'的十二伊玛目派的教规和礼仪也没有形成。所谓什叶派，常常意味着为先知家族的复仇，而不是由什叶派法学家所阐述的一种信仰体系。"[①]

伊斯兰教什叶派被立为国教，一方面让伊朗人对自身文化的特殊性

[①] Michael Axworthy, A History of Iran, New York: Basic Books, 2016, p.195.

第六章 萨法维革命

和优越感油然而生，强化了伊朗文化和政治上的认同，建构了伊朗民族国家的雏形，进而抵御了奥斯曼帝国和西方列强的侵略和奴役。但与此同时，这加剧了伊朗和那些以逊尼派穆斯林为主体的国家之间的对立与冲突。[1]宗教道路上的分离，也使伊朗与阿拉伯世界在文化和思想上的发展渐行渐远。[2]随着什叶派国教地位的最终确立，宗教阶层对于国家政治与社会生活的影响和渗透日益深入。乌莱玛阶层地位相对上升。通过瓦克夫和宗教税捐这些相对独立于王权的经济资源，乌莱玛掌握到了可观的资产。什叶派教士家族一般拥有世袭的宗教地位，具有舆论影响力，使当权者不得不重视其利益诉求。这些乌莱玛是伊朗政治版图中的一极，频繁地干预政治活动，在伊朗近现代史上的一些历史事件中扮演了重要的角色。

宗教认同的强化影响了此后伊朗的对外战略。伊斯玛仪一世时期，伊朗就基本形成了联合西方强国对抗奥斯曼帝国的地缘战略。[3]这一时期，对美索不达米亚的持续争夺构成了奥斯曼帝国与萨法维伊朗双边关系的重要特征。两国争夺该地区的原因在于，两河流域不仅拥有充足的水源，并且从战略地位上看，这一地区是波斯湾地区的重要海陆通道。对伊朗而言，占领这一地区可以保护从巴士拉到巴格达再到哈奈根这条商路的安全，从而稳定伊朗的对外贸易通道的畅通。此外，两河流域地区的地缘重要性也在于其悠久灿烂的文明史。这里拥有数处什叶派的宗教圣地，对什叶派穆斯林而言亦有宗教层面上的神圣意涵。萨法维王朝时期，阿巴斯大帝将巴格达定为帝国的首都。自诩为什叶派教义守护与捍卫者的历代伊朗君主自然都希望可以控制和影响这一地区。[4]但是，伊朗国王的战略意图却被奥斯曼帝国一再地阻碍，两国的矛盾由此产生。

外部逊尼派国家的战略威胁客观上不断强化了什叶派在伊朗的宗教

---

[1] Richard N.Frye,The Golden Age of Persia:The Arabs in the East,London:Weidenfeld& Nicolson,1975.p.234.
[2] 程彤：《"正统"观念与伊朗什叶派》，宗教文化出版社2010年版，第199页。
[3] 王新中、冀开运：《中东国家通史·伊朗卷》，商务印书馆2002年版，第195—197页。
[4] Alessando Bausani,The persians:From the Earliest Days to the Twentieth Century,trans. By J.B.Donne, London: Elek Books,1971,pp.139—140.

地位。为了争夺这一地区以及高加索三国的宗主权，伊朗与奥斯曼帝国进行了数百年的战争。自14世纪崛起后，奥斯曼帝国的统治疆域不断扩张，势力范围延伸至两河流域地区。由于伊朗控制该地区会威胁奥斯曼帝国对阿拉伯世界的统治，因此奥斯曼帝国将两河流域视为与伊朗进行战略博弈的竞技场。意识形态与地缘政治上的对立，使两国数百年间陷入长时期的敌对和战争之中。[1]在当时，萨法维王朝夹在奥斯曼和乌兹别克两大突厥强国之间，外部威胁使其被迫两线作战。在与乌兹别克、奥斯曼的反复争夺下，萨法维虽然在东西各丧失了部分领土，但基本奠定了今天伊朗的版图，并且也确立了伊朗在地区中的重要战略地位与角色。

三、萨法维王朝建立初期的内忧与外患

伊斯玛仪一世时期，萨法维不断煽动奥斯曼境内的什叶派教徒和苏菲教徒欺辱、屠戮逊尼派教徒，并且下令摧毁各地的逊尼派清真寺和陵墓，为什叶派伊玛目建立陵园。由于奥斯曼境内什叶派穆斯林人数众多，萨法维王朝的宗教政策无疑对奥斯曼帝国构成了威胁。1514年，奥斯曼苏丹赛利姆一世率军迎击萨法维军队，双方在恰尔迪兰展开对决。由于兵力和武器装备相差悬殊，萨法维王朝的军队遭遇了惨败。由此，奥斯曼暂时稳定了帝国东部边界，并且自封为伊斯兰世界逊尼派正统的守护者。此役，让伊斯玛仪一世威信扫地。他逐渐意志消沉，整日沉溺于酒色，再也无心国是。在接下来的四十多年间，两国仍处于战争状态。1555年，双方签订了条约。尽管两国关系有所缓和，但并没有根本的改善。

1524年5月，正值壮年的伊斯玛仪一世因病去世，年仅38岁。经过王公大臣的推选，其子塔赫玛斯普一世即位。塔赫玛斯普一世继位时年纪很小，实际权力掌握在大臣和红帽军首领的手中。国王幼年时，这些土

---

[1] Will D. Swearingen, Geopolitical Origins of the Iran-Iraq War, Geographical Review, Vol. 78, No. 4 (Oct., 1988), pp. 405—416.

库曼首领为了争权夺利而同室操戈,以至于爆发了内战。1533年,塔赫玛斯普一世处决了红帽军首领后,重新夺回了军队指挥权。赫玛斯普一世基本上是一位守成的君主。其在位时期,出于国家安全的考虑,萨法维王朝不得不将首都从大不里士迁往了加兹温。这一时期,伊朗军队升级了武器装备,战斗力有了一定提升,但萨法维王朝整体上仍然处于战略守势。1576年,塔赫玛斯普一世逝世,统治阶层围绕他的继承人选产生了分歧。随之而来的是便是多年的分裂与内战。1584年,奥斯曼帝国攻陷了大不里士。1585年,王储哈姆泽·米尔扎在伊朗正与奥斯曼和谈期间被杀,言而无信的奥斯曼人攻占了阿塞拜疆。乌兹别克人趁机入侵呼罗珊。在国家面临严重内忧外患的情形下,呼罗珊总督阿拔斯·米尔扎王子毅然在马什哈德起兵,攻占首都加兹温并夺取了王位。1587年,年仅18岁的阿拔斯一世继位,成为又一位拯救伊朗于水火的英雄。

萨法维王朝建立初期面临着严峻的内忧和外患,主要体现在几个方面:第一,地方分裂割据势力强大。萨法维王朝依靠七大土库曼部落的军事力量建国。这些部落的首领在伊朗占据大量的土地,通过税收来供养私人军队,形成强大的分裂割据势力,导致王权旁落。第二,统治阶级内部矛盾重重,土库曼军事贵族同波斯人争权夺利,而土库曼人内部互相倾轧。第三,经济形势恶化,阶级矛盾激化。第四,从国际上看,伊朗周边危机四伏,国土被不断蚕食。奥斯曼帝国占领了阿塞拜疆及其首府大不里士。东面的乌兹别克人屡次进犯呼罗珊地区。1582年,乌兹别克汗占领了呼罗珊全境。葡萄牙人在南边占领了波斯湾的霍尔木兹岛和格什姆岛,控制了波斯湾地区的贸易通道。北面的沙俄在灭亡阿斯特拉罕汗国后开始对伊朗虎视眈眈。

阿拔斯一世即位后,推行了强而有力的军事改革,解除了周边的威胁,将萨法维王朝带入了强盛阶段。

第二节 萨法维王朝的兴衰

一、大航海时代中的伊朗与世界

自从14世纪中叶起,尽管面临着周围许多军事和意识形态的挑战,萨法维教团就是阿塞拜疆和东安纳托利亚地区战斗力极强的军事力量。萨法维王朝建立后,伊斯玛仪一世强加给臣民新的什叶派认同,但也由此孕育了一个伊朗的新帝国。经过伊斯玛仪及其后代残酷和坚定的努力,萨法维家族在短时间内实现了伊朗高原的大一统。伊朗结束了自帖木儿时代起,由众多王朝、众多民族、众多文化造成的分裂割据局面。萨法维王朝重建了伊朗的国家地域认同。统治者赞助与支持学者研究精致优雅的波斯文化,进一步阐明或注释传统的伊斯兰哲学。16世纪伊始,萨法维崛起与什叶派成为伊朗国教,不仅是伊朗历史的转折点,也是周边逊尼派国家的历史转折点。萨法维帝国让伊斯兰什叶派信仰扩展到了极其广阔的地理范围,从印度次大陆一直延延伸到地中海东岸。

萨法维王朝与欧洲建立了外交和商业联系,有利于伊朗早期接触欧洲现代文明。随着葡萄牙殖民者攻占伊朗的霍尔木兹岛和古姆勃隆港,欧洲各国的商人和使臣纷纷来到伊朗,他们带来了先进的技术和文化,令伊朗国王和臣民大开眼界,伊朗国王以开阔而博大的胸怀面对西方文化,勇于向西方学习。

萨法维王朝的建立在地理上和政治上并不是孤例。从地区和全球层面而言,萨法维伊朗参与并改变了世界历史的进程。近代早期,新航路的开辟和地理大发现开启了新的历史时代。它拓宽了地理空间,实现了财富积累和技术突破,也催生了新的人文思想。15世纪后半期,处于尼罗河与阿姆河之间的伊斯兰世界心脏地带形成了一个新兴的政治宗教体系,这一体系包括四个帝国:囊括安纳托利亚和巴尔干半岛、地中海东岸和北非的奥斯曼帝国;从阿塞拜疆、高加索山脉延伸到波斯湾和大呼

第六章 萨法维革命

罗珊地区的萨法维帝国；疆域从西部信德旁遮普至克什米尔，到东部孟加拉，再到南部的德干高原的莫卧尔帝国；中亚乌兹别克统治着包括撒马尔罕和布哈拉在内的伊斯兰文化中心。

这些相互征伐的帝国被称为是使用火药武器的帝国。在那个时代，这些国家越来越多地使用火枪和火药，以资征伐和控制。四大帝国的确都属于向往波斯文化的帝国。他们仿效古代波斯的统治模式组建帝国，并且仍然属于波斯语言文化的范围之内，至少在奥斯曼帝国突厥语以及莫卧儿帝国乌尔都语和印地语形成之前一直如此。

这一帝国体系与当时的欧洲共享着一些初步现代性的统治经验。四大帝国在领土上相互毗邻，统治者认同并执行伊斯兰的宗教信条，军队具有强大的战斗力，农业经济也深受新世界体系的影响，包括受到远程贸易、跨洋跨海接触、现代金融体系的影响。这些帝国的内部变化与当时世界上的革命性变化相一致。从1453年奥斯曼征服君士坦丁堡到1526年莫卧儿帝国征服北印度，当时全球出现了至少四个主要的变化。第一个变化是，东半球和西半球的地理大发现，海上商业帝国扩张，美洲的殖民化。第二个变化是，欧洲民族国家伴随着扩张主义野心而形成。第三个变化是，在中欧和南欧出现了高度的文艺复兴。第四个变化是，宗教改革和反改革成为时代主题。

穆斯林四大帝国非常类似于当时东方的中国、马来西亚和日本社会，都处于传统与现代之间的过渡时期。他们混合了旧式社会经济组织方式和历史悠久的文化价值观，同时伴随新时代的政治合法性和技术手段。在某种历史维度上看，萨法维崛起与什叶派正统化，类似于北欧和中欧的宗教改革运动。逊尼派对什叶派反应则类似于欧洲反对宗教改革的运动。随后，什叶派和逊尼派分裂类似于新教和天主教之间的分裂，而新教与天主教之间的裂痕加速了欧洲现代民族国家的形成。

这一时期，伊斯兰艺术和文学复兴起始于赫拉特，并逐渐蔓延到了撒马尔罕和大不里士。波斯文化的复兴对伊斯兰世界的重要性类似于意大利和德国的文艺复兴对欧洲文化的历史价值。军事技术的革新改变了穆斯林国家的形态。影响范围从欧洲的波斯尼亚一直延伸到孟加拉地区。新技术同样对欧洲也有类似的影响。伊斯兰世界与欧洲国家之间相互交往，但对于新技术的应用却各不相同。尽管两者可以相提并论，但穆斯林国家变化的过程并没有依照欧洲模式，也没有主动地向欧洲学习。在同一时代，虽然穆斯林世界与欧洲都面临着同样的革命性历史进程，但这些社会变化的内因却导致了不同的结果。萨法维王朝与奥斯曼帝国在政治和意识形态上对立，反过来迫使伊朗对地中海世界进行了有限或偶然的接触。但萨法维帝国和奥斯曼帝国仍是内向式地发展，没有跟上欧洲17—18世纪快速改变的时代潮流。

二、阿拔斯大帝时期的萨法维帝国

阿拔斯一世即位后，推行了一系列的改革：削减部落军，建立常备军；将大量国有土地转归国王私有；发展对外贸易；改变国家旧有政治管理体制；采取宗教宽容政策；开展同欧洲各国的外交往来，并于1598年春迁都伊斯法罕。

萨法维王朝初兴于土库曼部落，但其后却受制于土库曼部落。此时土库曼部落不仅割据一方、威胁王权，而且在军队以及政权中形成了保守落后野蛮的政治势力。阿拔斯一世认为，要统治伊朗势必要改革土库曼人的落后野蛮，要富国强兵就必须重用文明程度较高的波斯人，以伊朗化代替突厥化。伊斯法罕一直是古代伊朗文明中心之一，周围几座城市如亚兹德、卡善、设拉子也处于伊朗文明的核心地区。迁都伊斯法罕意在摆脱伊朗西北土库曼人的制约，使王权统治更为凸显出伊朗特色。萨法维王朝也因此成为伊朗人的王朝，这既是伊朗的再生，也是现代意义上伊朗民族的大发展，以至于人们忘记这个王朝的突厥本源及为西北伊朗突厥化所负的责任。[1]

伊斯法罕要成为萨法维的首都意义非同小可。阿拔斯一世亲自规划、设计、重建了该城，并监督都城的大部分工程。他重用本国的建筑师，也延揽了意大利、印度、中国的艺术家和工匠，设计建成了长510米、宽165米的"国王广场"。广场南端为"国王清真寺"，据估计这

---

[1] 徐松岩：《试论阿巴斯改革及其历史地位》，《齐鲁学刊》1992年第3期，第108页。

座建筑物用砖不少于180万块，花瓷砖不少于50万块。①广场东边是谢赫·鲁特福拉清真寺，西边是阿里卡普宫。广场北边中间为帝国巴扎的大门。为了发展首都商业和工业，阿拔斯一世下令把楚尔法的几千名亚美尼亚人迁到扎因杰—鲁德河南边。亚美尼亚人不愿离开故乡，阿拔斯一世下令断其渠道，把肥田变成荒野。亚美尼亚人被迫迁到伊斯法罕郊区，此地得名为新楚尔法。国王允许他们自建教堂，并给予无息贷款。新楚尔法很快成为繁荣的工商业中心。到阿拔斯一世去世时，新楚尔法地区的人口已近1万。

有人估计，当时伊斯法罕方圆达37平方公里以上，人口在50万—60万之间。法国人查丁估计伊斯法罕人口与伦敦一样多，而17世纪末伦敦人口为67万，所以伊斯法罕人口应在60万以上。当时，该城有162座清真寺、48所学院、273处浴室、12处公墓，商队旅馆不少于1802处。②伊斯法罕的诗人自豪地说："世界是一个词语，伊斯法罕就是它的含义。"③巴列维国王也说："伊期法罕吸引了无数艺术家和诗人，成为一座拥有60万居民，号称半个世界的巨大城市。"④

迁都伊斯法罕后，波斯人的政治势力大增，专制王权得到了加强。1598—1599年，阿拔斯一世重新征服赫拉特、马什哈德，打退了乌兹别克人的侵扰。1622年，伊朗收回了被印度莫卧儿帝国夺去的坎大哈（后被印度夺回）。1604年，伊朗夺回了阿塞拜疆、纳希契凡和埃里温。1624年，伊朗军队一度攻占了基尔库克、卡巴拉、纳贾夫和巴格达等地区。1622年，联合英国舰队打败葡萄牙人，收复了霍尔木兹岛。阿拔斯一世东征西讨，不仅收复了国土，而且初步奠定了近代伊朗的版图，使伊朗成为当时西亚的强国。

阿拔斯在位时期，是伊朗国力强盛的黄金时代。伊朗与奥斯曼帝国、莫卧儿帝国，并列为当时伊斯兰世界的三大帝国，为世人所瞩目。

---

① Laurence Lockhart.Persian Citys,London:Luzac&Company Ltd.,1960,P23.
② Laurence Lockhart.Persian Citys,London:Luzac&Company Ltd.,1960,P28.
③ Laurence Lockhart.Persian Citys,London:Luzac&Company Ltd.,1960,P18.
④ 穆罕默德·礼萨·巴列维：《对历史的回答》，第34页。

阿拔斯一世允许英、荷东印度公司建工厂、住房、公园，允许来伊斯法罕的外国商人、传教士、钟表匠等信仰自己的宗教。当时在伊朗首都的外国人有印度人、花剌子模人、布哈拉人、土耳其人、俄罗斯人、英国人、荷兰人、法国人、意大利人、日内瓦人、西班牙人、亚美尼亚人、格鲁吉亚人和犹太人。1592年，伊朗派出由50位商人组成的代表团访问俄国。1599年，又派40人的使团去欧洲各国访问，以便同欧洲各国建立外交关系，并乘机在欧洲市场推销伊朗蚕丝。

1598年，两位英国贵族安东尼·雪莉[①]和罗伯特·雪莉带领25名英国人取道威尼斯，经阿勒颇和巴格达，来到伊朗的首都加兹温。伊朗国王阿拔斯为了东击乌兹别克人，西御奥斯曼土耳其帝国，急需建立一支直接听命于国王的强大军队。于是，他重用雪莉兄弟，授权他们指导组建一支军队，这支军队招募了10000名骑兵和12000名步兵，主要由格鲁吉亚人和亚美尼亚人组成，直接听命于国王。雪莉兄弟和使团中一位火炮专家，参照欧洲军队的建制，帮助伊朗组建了一个正规的炮兵团。伊朗军队后来拥有500门铜炮和6万名步枪手。

这一时期，伊朗作为独立的主权国家平等自主地与西方国家进行交往，在交往中开阔了视野，在比较中看到了差距，在认识到落后之后，开始学习西方先进的军事技术。因此，伊朗国家的现代化是从军事领域起步、从模仿西方起步的。军队是伊朗封建王朝的统治支柱，同时也是维护国内安定和保卫国家主权的后盾。而伊朗要拥有强大的军队就需要先进的军事装备和欧洲教官编练士兵，所以必然要从欧洲进口武器弹药，或是在西方人的帮助下建立军工厂，或是请西方人为教官，按照西方的军事制度改造伊朗军队。可以说，伊朗国王最乐于在军事领域实现西方化和现代化，伊朗现代化在军事领域找到了最适合的土壤，并在这里最早生根、开花、结果，进而扩展到其他领域。

1623年，阿拔斯大帝率军收复了包括巴格达在内的两河流域大部分领土，并亲自前往朝圣。1638年，奥斯曼帝国苏丹穆拉德四世派军占领了巴格达之后，双方在1639年正式签订了《席林堡条约》。这一条约划

[①] Shirley 既是女性名又是姓氏，源于古英语，意为"灿烂的"。

定了两国边界的大致范围，基本奠定了伊朗近代西部边界的版图，使领土争端暂时告一段落。条约将巴格达、巴士拉、库尔德斯坦的部分地区划归奥斯曼帝国，而且规定双方互不干涉内政。①

《席林堡条约》虽然给两国带来了百余年的和平与稳定，但是条约措辞不清、概念不明，依然潜藏着若干遗留问题。②首先，条约对领土边界的界定十分含混和粗略。这份条约依据边境部落的归属而进行划界，而部落跨境季节性迁徙和流动在中东部落社会生活中是常态化的行为，这些游牧部落归属不明，为日后的边界冲突埋下伏笔。其次，关于阿拉伯河流域的边界划分，协议没有明确地加以界定。模糊的约定给了两国各自表述的空间。在伊朗看来，阿拉伯河是天然的边界，以此作为两国边境线。而奥斯曼人则认为，阿拉伯河两岸的阿拉伯部落应当作为一个整体归奥斯曼帝国管辖；因此，包含胡泽斯坦地区在内的阿拉伯河流域都应是奥斯曼帝国所有。但总的来说，条约的签署使两国边界大致抵定，1658年奥斯曼帝国将两河流域划入本国版图，而伊朗国王阿拔斯二世漠然置之。③奥斯曼先后在这一地区设置了巴格达省、摩苏尔省、巴士拉省，两国关系并没有因此受到影响。《席林堡条约》对维持两国关系的正常化和地区和平而言意义深远、贡献巨大。

三、萨法维王朝的衰亡

1628年年末，阿拔斯一世因病去世。他在位时期，伊朗国力达到了鼎盛，但是很多制度性问题依然存在，并且由于他的改革而产生了新的问题。首先，改革侧重于军事领域，土地政策与税收政策都是依据军事需要而制定的，这就增加了国家财政负担。土地政策事实上瓦解了军事采邑制度，从而削弱了国家的防御力量。其次，阿拔斯一世对子女的教育和接班人的培养极为失败。由于阿拔斯一世担心大权旁落，于是他效

---

① 阿布杜尔礼萨·胡尚格·马赫德维：《伊朗外交四百五十年》，第92—94页。
② J.C.Hurewitz,The Middle East and North Africa in World Politics:A Documentary Record,Vol.I:1534-1914. New Haven:Yale University Press,1975,pp.25—28.
③ 阿布杜尔礼萨·胡尚格·马赫德维：《伊朗外交四百五十年》，第97页。

法奥斯曼王室的做法，将王子们基本圈禁起来，过着与世隔绝的生活。其后继位的国王大多才智平平，甚至昏庸无能。而他们的下场也极为凄惨：长子被下令处死，次子先于国王而亡故，三子和四子则因被怀疑谋反而被挖去了双眼，最终是由孙辈继承王位。第三，宫廷内臣干预政治的现象有增无减。第四，宗教势力的膨胀也逐渐危及王权，一些国王甚至成了对乌莱玛言听计从的傀儡。

值得注意的是，在苏莱曼一世（1658—1694）统治末期时，萨法维王朝看似强大，实则早已江河日下。萨法维宫廷的建筑雕刻依旧华丽，但曾以宽容和远见卓识而著称的伊朗知识界此时却是万马齐喑，被一群心胸狭隘、眼界狭小、充斥着宗教的头脑所主导。

萨法维强盛时期，统治着阿富汗的广大地区。1706年，萨法维宫廷接获情报称，阿富汗吉尔扎伊部落首领正在与莫卧儿王朝勾结，阴谋反叛。萨法维派格鲁吉亚王公担任总督并率领2万军队前去镇压。新任总督在此强制推行什叶派信仰，对逊尼派的普什图人进行迫害，并且以阴谋反叛的罪名逮捕处死了很多反抗的逊尼派穆斯林。其中，原坎大哈督军、吉尔扎伊部落首领米尔·维斯被捕以后押往首都伊斯法罕。

当时萨法维国王侯赛因为人和善、生性风流，整日沉溺于酒色。侯赛因统治时期，鲜有被他亲自下令处死之人。米尔·维斯在面见萨法维国王侯赛因之后被无罪释放。在被羁押期间，米尔·维斯对萨法维的外强中干可谓历历在目，对其军情也有了大致的了解和掌握。1709年，在前往麦加朝圣归来后，米尔·维斯趁机刺死了萨法维王朝的坎大哈总督，并且屠杀了伊朗驻守的军队。1711年，前往平叛的伊朗军队被阿富汗部落军所击败。1715年，米尔·维斯去世。1719年，萨法维军队再次遭遇了耻辱性的惨败，阿富汗部落接连以少胜多，深受鼓舞，对于萨法维已经有了取而代之的野心。而萨法维宫廷派系纷争不断，严重削弱了其指挥体系和军队战斗力。虽然萨法维军队占有绝对人数优势，但在战场上却是一群乌合之众。

1720年，米尔·维斯之子米尔·马哈茂德率军入侵伊朗，被击退后又卷土重来。阿富汗军队围困首都伊斯法罕数月之久，城中发生了严重的饥荒。末代国王侯赛因被迫出城投降，亲手将王冠奉上。阿富汗人的统治极为野蛮，伊朗人经常遭受无端的攻击和掠夺，社会地位低下，民不聊生，整个国家再次陷入了黑暗。

这时，奥斯曼帝国联合俄国，出兵攻占了伊朗西部的省份，企图趁机瓜分伊朗。俄、奥两国在1724年签署条约，分割了伊朗大部分领土，并要求伊朗限期接受条款；而伊朗的统治者为了保住自己的地位不惜俯首称臣，通过割地来换取承认和支持。恰在此时，土库曼族阿夫沙尔部族的首领纳迪尔沙起兵收复失地，掀起了伊朗民族独立与复兴运动。

第三节 波斯的拿破仑：纳迪尔沙

一、阿夫沙尔王朝的统治

1722年，阿富汗吉尔扎伊部落首领米尔·马哈茂德袭击波斯，几乎毫无抵抗地攻占了伊斯法罕，推翻了萨法维王朝。在1722—1725年间，阿富汗人短暂成为伊朗的统治者。马哈茂德进城以后，十分担心萨法维贵族发动政变以及城中军民发动起义。因此，他以召开宫廷会议为由邀请各部大臣和贵族参加会议，将这些人引诱到王宫以后格杀。紧接着，他下令屠杀了萨法维王室和军队将领，处决了3000名波斯皇室卫士。阿富汗军队开始血洗首都、烧杀抢掠。

阿富汗人的统治造成了国家的分裂与苦难，激起了伊朗各地的起义。1727年，有"波斯的拿破仑"之称的纳迪尔沙（1688—1747）率领500多名阿夫沙尔以及库尔德士兵在伊朗东北部的呼罗珊起兵，加入了末代国王侯赛因之子塔赫玛斯普二世的军队。纳迪尔沙的一生充满了传奇色彩。他幼年丧父，与母亲相依为命，童年的生活极为贫苦。18岁时他投靠阿夫沙尔部族的首领，并且当了首领的女婿，由此而获得重用，一跃成为阿夫沙尔部落的首领。

与纳迪尔沙同时代的人形容他个头高大、相貌英俊，对敌人冷酷无情，但对效忠自己的手下则宽宏大量。纳迪尔沙精力充沛，见人过目不忘，热衷于骑马驰骋并对自己的战马饱含感情。与此形成鲜明对比的是一心想当沙赫的塔赫玛斯普二世，基本上继承了祖父苏莱曼一世和父亲苏丹·侯赛因的所有缺点：无能、懒惰、嫉贤妒能、嗜酒如命。他手下一名大臣甚至说：此人永远都不会成功，因为他总是醉醺醺的，没人能奈何得了他。随着纳迪尔沙地位的逐渐巩固，与其说纳迪尔沙是塔赫玛斯普二世的奴仆，不如说塔赫玛斯普二世沦为了纳迪尔沙的摆设。包括塔赫玛斯普二世在内的萨法维王室遗脉如同他手中的玩偶，而这些无能且慵懒的王族已经无法掌控局势。1729年，纳迪尔沙光复了萨法维王朝时期的首都伊斯法罕。在将俄国人驱逐出伊朗之后，纳迪尔沙出兵巴格达，与报仇心切的奥斯曼军队进行了决战。奥斯曼军队遭遇惨败，双方开始进行和谈。1732年，纳迪尔沙与红帽军的首领联手将塔赫玛斯普二世废黜。1735年，其子阿拔斯三世也难逃相同的命运，年幼的阿拔斯三世与其父相继被投入呼罗珊的监狱幽禁起来。

1736年3月，纳迪尔沙在木甘草原称沙赫，建立了阿夫沙尔王朝，首都为马什哈德。纳迪尔沙是一位出色的军事战略家。他在位时期连续击败了奥斯曼帝国、俄国、印度军队，平定了伊朗各地方部落的叛乱，短时间内就收复了伊朗失地，维护了民族独立与国家统一。1739年，纳迪尔沙率军攻入印度时，夺取了世界上最伟大的两颗钻石，即光明之海（现存于伊朗）和光明之山（现在是英国皇室珠宝的一部分）。随后，他率军击败了乌兹别克人并划定了双方的边界。1740年，塔赫玛斯普二世与阿拔斯三世父子三人被处死，阿拔斯三世时年不到10岁。

宗教政策是纳迪尔沙与萨法维王朝统治重要的差异之处。纳迪尔沙建政后恢复了逊尼派的信仰，取消了什叶派的国教地位并希望将其改造为逊尼派的一个学派得以保留。他称沙赫以后，就立刻委派使臣出使伊斯坦布尔，希望与奥斯曼帝国媾和并且承认加法尔学派的存在。但奥斯曼苏丹对纳迪尔沙极其仇视，拒绝在宗教问题上与伊朗妥协，不断煽动伊朗国内的反叛力量。

1743年，纳迪尔沙率军拜谒了巴格达地区的逊尼派和什叶派圣地，并在什叶派圣地纳杰夫召集了逊尼派和什叶派的乌莱玛展开辩论。这场希望消除误解、让什叶派融入伊斯兰主流信仰的宗教大会并没有改变奥斯曼奥斯曼宗教当局的态度，也没有让伊朗国内的什叶派人士信服。这也说明，历经萨法维王朝的统治之后，什叶派的宗教信仰早已与伊朗的民族认同之间具有密不可分的关联性。因此，尽管伊朗社会具有异质性和多元化的特征，但是独特的政治框架和宗教信仰维护了这个千年帝国的政治统一和国家凝聚力。①纳迪尔沙的泛伊斯兰化的宗教政策并没有改变伊朗地区的宗教信仰。②

1744年，纳迪尔沙向奥斯曼发出最后通牒，提出维持《席林堡条约》划定的边界，重建和平的双边关系。奥斯曼宗教领袖就此发布了裁决，重申不会承认什叶派为伊斯兰教，纳迪尔的努力再次宣告失败。1745年，伊朗军队迎击入侵的奥斯曼军队，大获全胜。第二年，两国签订了《库尔旦条约》，基本恢复到了《席林堡条约》划定的边界上。

当时，英国人已经逐渐渗透到波斯湾地区，阿曼的瓦列吉人时常骚扰海湾沿岸居民。为了保卫波斯湾和里海的安全，伊朗就必须建立强大而先进的海军。1742年，侨居俄国的英国商人约翰·埃尔顿来到伊朗。1743年1月，纳迪尔沙聘请埃尔顿为伊朗造船总监，封号为"贾玛尔·比格"（意为完善），约翰·埃尔顿克服重重困难，终于造成了一艘装有23门大炮的战舰，在里海下水。③但纳迪尔沙筹建伊朗海军的计划随着他悲剧性的落幕而折戟沉沙。随着奥斯曼与伊朗国力的日益衰微、俄国与英国势力的不断渗透，两国边界问题成为地缘政治博弈的砝码。伊朗国力的再度衰弱使英国成为波斯湾的主导力量。随着伊朗失去对巴林的控制，瓦哈比阿拉伯人基本控制了波斯湾的南岸，英国则逐步控制了巴林。而为了开辟里海通往印度的商道，俄国也派海军舰队强行在里海东南角阿苏拉达岛设立了商站。

纳迪尔沙晚年偏执暴躁，众叛亲离。1747年，他被自己的手下害死。纳迪尔沙是"亚洲最后一位伟大的军事征服者"，一些人将他称为

---

① Homa-Katouzian、Hossein Shahidi, Iran in the 21st Century: Politics, Economics and Conflict, London:Routledge Press, 2008, p.59.
② 王宇洁：《伊朗伊斯兰教史》，宁夏人民出版社2006年版，第79—80页。
③ 【伊朗】阿布杜尔礼萨·胡尚格·马赫德维：《伊朗外交四百五十年》，元文琪译，商务印书馆1982年版，第144—143页。

"亚历山大二世"。他的军事生涯留下了辉煌的战绩，再次统一了伊朗高原，屡次击败入侵的奥斯曼帝国，并且征服了河中地区和印度，重振了伊朗的国力。但是，纳迪尔沙军事征服的同时忽视了帝国的制度化建构，其充满争议的宗教政策也是阿夫沙尔帝国短命的重要原因。

纳迪尔沙死后，他的侄子继位。新国王继位后杀死了纳迪尔沙身边所有的儿子。为了免除后患，他还派军队前往呼罗珊，屠杀了纳迪尔沙的后人，甚至将一名有孕在身的妃嫔刨腹取子。纳迪尔沙的直系后裔只有沙鲁克·阿夫沙尔一人苟活了下来。不久后，阿夫沙尔帝国宣告了崩溃，伊朗再次四分五裂。1796年，偏居一隅而苟延残喘的阿夫沙尔王朝被恺加部落所灭彻底亡国。

二、赞德王朝的统治

纳迪尔沙被杀后，伊朗各地部落为了争夺政权而持续混战。卡里姆汗·赞德曾是纳迪尔沙手下的将领。在纳迪尔沙去世后，他南征北战，控制了伊朗的中部和南部地区。伊朗逐渐形成了赞德王朝、恺加部落、吉尔扎伊部落三强鼎立的割据局面。卡里姆汗是一位富有同情心的统治者。出于对纳迪尔沙的尊重以及对沙鲁克·阿夫沙尔的同情，他没有灭掉阿夫沙尔王朝。1750年，他拥立萨法维王朝王室后裔伊斯玛仪三世为国王，一直没有取而代之，而是自称为"人民的代表"，以地方摄政的官衔自居。当时，恺加部族的势力如日中天，双方进行了长期斗争，卡里姆汗一度击败了恺加部落军，并将其家族后裔扣为人质。到了1763年，除了呼罗珊地区以外，卡里姆汗基本上控制了伊朗大部分地区，以设拉子为都并软禁了伊斯玛仪三世。双目失明的沙鲁克·阿夫沙尔得以继续在呼罗珊称王。

在那个黑暗年代中，卡里姆汗虽然为人冷酷，却是那时为数不多怀有人道与怜悯之心的统治者。在其统治的短暂时期，他基本上纠正了纳迪尔沙此前的政策，使饱经战乱的伊朗人民得以休养生息。

1779年，卡里姆汗·赞德逝世后，阿加·穆罕默德汗·恺加逐渐崛起，并最终战胜了赞德王朝，建立了恺加王朝（也译为卡加尔王朝）。

第七章

屈辱下的觉醒

恺加部落联盟经过东西征伐重新统一了伊朗高原，建立了恺加王朝。与此同时，西方强国环伺伊朗周边，特别是沙皇俄国沿里海东西两岸南下，与恺加王朝争夺高加索和中亚的控制权。大英帝国从南亚次大陆和波斯湾逼近伊朗高原。伊朗人在边疆危机和民族屈辱中开始觉醒，恺加王朝缓慢地启动了现代化改革。

第一节 恺加王朝的统治与危机

恺加部族原是突厥部落的一支，早年生活在叙利亚和伊朗之间。①早在16世纪初，伊斯玛仪一世建立萨法维王朝时，恺加人就参加了萨法维家族统领的红帽军。阿拔斯大帝在位时，将恺加部族由最初的聚集地迁往三地以防止其他游牧民族的入侵，一支迁往卡莱巴尔以对付列兹金人，一支迁往艾斯特拉奥宝德（今伊朗戈莱斯坦省首府戈尔甘市）以阻止其他土库曼人的侵袭，另外一支迁往木鹿来对抗乌兹别克人。阿富汗部落入侵萨法维时，居住在戈尔甘河左岸的恺加族首领法塔赫·阿里·恺加为支援萨法维王朝的国王苏尔坦·侯赛因，率兵前往首都伊斯法罕勤王。但他发现朝政混乱、国王无能，遂返回艾斯特拉奥宝德，去投奔国王之子塔赫玛斯普·米尔扎的麾下。

1726年10月，纳迪尔沙派人刺杀了法塔赫·阿里·恺加。法塔赫·阿里有二子，一子名叫穆罕默德·侯赛因汗，可惜他幼年夭折，另一子名叫穆罕默德·哈桑汗，生于1715年。其父被刺杀时，他年方12岁。1743年，纳迪尔沙正忙于同奥斯曼帝国作战，穆罕默德·哈桑汗在土库曼人的支持下攻占了艾斯特拉奥宝德。纳迪尔沙派兵前往征伐，穆罕默德·哈桑汗兵败，逃至土库曼的荒漠之中。1747年6月20日，纳迪尔沙被部将刺杀，穆罕默德·哈桑汗趁机夺回了艾斯特拉奥宝德。1759年2月，赞德王朝的开国君主卡里姆汗击败了恺加人，并在马赞德兰杀死了其首领穆罕默德·哈桑汗。他的九个儿子一并俘获。卡里姆汗将其中两人阿加·穆罕默德汗和侯赛因·贾汗苏兹带往赞德王朝的首都设拉子，并且将年仅6岁的阿加·穆罕默德汗阉割。在那以后，兄弟二人既被监视又被利用，其余七个儿子均被押往加兹温软禁起来，扣为人质。1770

---

① 也有一说是蒙古人的后裔。

年，卡里姆汗派遣侯赛因·贾汗苏兹前往达姆甘（今伊朗赛姆南省达姆甘市）镇守，但此人杀人成性、无恶不作，被称为"世界焚毁者"。1772年，侯赛因·贾汗苏兹在艾斯特拉奥宝德被土库曼人杀死。

阿加·穆罕默德汗安分守己地在设拉子等待时机。由于其为人聪明且识时务，在确保性命无虞的同时，也备受国王的信赖。但身体上的缺憾让他内心极为痛苦和扭曲，脾气暴躁并且随着年龄的增长而愈发冷酷残忍。阿加·穆罕默德汗对于自己所缺失的男子气概耿耿于怀，而在当代所描绘的画像中，他一般都是憔悴而无须的形象。

1779年，卡里姆汗去世，阿加·穆罕默德借机逃离了设拉子，并带领部下直奔德黑兰。他镇压了三个争权夺利的兄弟，团结了愿意俯首听命的弟弟和侄子，在马赞德兰成为恺加部族的新首领。阿加·穆罕默德汗采取刚柔并济的斗争策略，对内平定诸兄弟的叛乱，对外战胜了赞德王朝的残兵败将，最终才在伊朗北部和中央部分得以立足。在1786年的伊斯兰历新年，阿加·穆罕默德汗在德黑兰登基称王，恺加王朝由此而诞生。

之所以选择定都德黑兰，是因为该城临近恺加人的发源地和根据地里海南岸。并且有利于征讨南部赞德王朝的贾法尔汗以及其子卢特夫·阿里汗。阿加·穆罕默德汗将已征服的诸省分封给本部族的首领和权贵，巩固了新王朝的统治基础。

1788年，阿加·穆罕默德汗南征法尔斯久攻不下，被迫撤军。而赞德王朝的贾法尔汗去世，其子卢克夫·阿里汗登基称王。1791年春，阿加·穆罕默德汗在设拉子附近打败了赞德王朝的军队，一雪前耻。卢克夫·阿里汗率残部逃往了呼罗珊。阿加·穆罕默德汗在占领设拉子后，报复性地挖去了城中不少前朝权贵的眼睛，夺其钱财。1794年，卢克夫·阿里汗在克尔曼稳住了阵脚。阿加·穆罕默德汗随后率军攻占了克尔曼，挖去当地两万多民众的双眼。阿加·穆罕默德汗命人抓获了卢特夫·阿里汗，亲手剜掉其双眼，夺走了两块钻石——"光芒之海"和"皓月皇冠"。1794年10月，赞德末代国王被押送至德黑兰处死。阿加·穆罕默德汗将法尔斯、克尔曼和亚兹德的统治权交给他的侄子、王储保保汗。由于残酷冷血、滥杀成性，1797年6月17日熟睡中的阿加·穆罕默德汗被三名惧怕被杀的侍臣杀死。这位战功赫赫的恺加开国君主最终以这种结局匆匆收场。国王的突然死亡引发了内乱，王室成员为了王位，军队为了财宝，开始了一轮你死我活的争夺。

1797年8月，王储保保汗·贾罕巴尼从设拉子抵达首都德黑兰，并于这一年的开斋节正式登基，名为法特赫·阿里·沙赫·恺加，在位长达37年。新王登基时，各地出现了叛乱以及复辟，统治基础出现了动摇。那些原本惧怕阿加·穆罕默德汗威严的分裂势力开始蠢蠢欲动。这些分裂势力企图复辟萨法维王朝、阿夫沙尔王朝以及桑德王朝，甚至包括恺加宫廷内想要争权夺利的内贼。法特赫·阿里先后出征加兹温、伊斯法罕、阿塞拜疆和马什哈德等地。直到1803年底，才把这些划地为王的人淹没在血泊之中。为了国家的长治久安，1798年法特赫·阿里册封四子阿巴斯·米尔扎为王储，命人护送他前去统治阿塞拜疆。阿巴斯·米尔扎是法特赫·阿里最倚重的王子，他被立为王储后担任恺加王朝的首相，并且是指挥伊俄二次战争和伊奥战争的军队统帅。虽然对俄战争一败涂地，但在两次战争过程中阿巴斯·米尔扎打赢了部分战役，不失为一位英勇善战的统帅。作为王储和统帅，他手下人才济济，武将能征善战，文士著书写史。阿巴斯·米尔扎长期统治阿塞拜疆，与欧洲人接触较多，又长期指挥前线作战，处理国际国内事务，因而眼界开阔，是伊朗较早睁眼看世界的统治者，也是伊朗学习西方的最初推动者。

阿巴斯·米尔扎在欧洲人的帮助下按西方模式编练军队，并且在伊朗新建铸炮厂、兵工厂、呢料制造厂、印刷厂。这一时期，伊朗派人前往英国和俄国学习先进技术，西方的铅印技术首次引入伊朗并得以推广。国王法特赫·阿里本人喜欢过养尊处优、歌舞升平的安逸日子，但生不逢时。他一即位就碰上内乱烽火连天、外地大军压境。他极不情愿地应战，但仅有一次是御驾亲征，所幸国王的王子众多且大多才华横溢、出类拔萃，他们南征北战、攻城伐敌，巩固了恺加王朝的江山，维持了伊朗的国家统一。尤其是王储兼首相阿巴斯·米尔扎，虽然与俄国打交道时底气不足，但在国内镇压反叛势力时，却雷厉风行。1830年，阿巴斯·米尔扎从德黑兰出发，先后镇压了亚兹德、克尔曼、马什哈德等地的叛乱。1833年10月，阿巴斯·米尔扎在马什哈德去世后葬于该城，享年47岁。随后，法拉赫·阿里宣布王储阿巴斯·米尔扎的儿子穆罕默德·米尔扎为王储并前往大不里士，镇守阿塞拜疆。1834年10月，法拉赫·阿里在伊斯法罕去世，享年68岁。他的遗体被送往库姆安葬。法拉赫·阿里的后宫妻妾成群，子孙众多。在他去世时，后宫王子和公主上百人，孙辈将近600人之多。

1834年11月，穆罕默德·米尔扎在大不里士登基称王，改名为穆罕默德·沙赫。在英俄大使的支持下，同年12月12日抵达了德黑兰。其间，伊朗与列强签署了一系列不平等条约。穆罕默德国王在位时期，长期患有痛风病，优柔寡断，重用奸佞，平庸无能，无力解决伊朗的内忧外患，加深了人民的苦难。1848年9月5日，他病逝于德黑兰，享年不到42岁。

恺加王朝建立以后，伊朗仍处在传统社会的治理模式之下，国王依靠宗法家族关系及联姻维持中央政府与地方政府的关系，也依靠部落军队镇压反叛力量，而半独立性质的地方统治者通过纳贡效忠朝廷，由于缺乏严密的相互制衡的行政制度、军事制度、税收制度及司法制度，这种裂土分封制度潜藏着极大的离心力。恺加王朝在镇压此伏彼起的叛乱中，虽然维系了国家的统一，但消耗了国家的有生力量，导致伊朗不能集中资源进行现代化改革与建设，也不能团结一致共御外侮。面对邻国沙俄和英国的进逼，伊朗在屈辱与危机之下掀开了近代历史的篇章。

第二节 恺加王朝的西化改革

一、改革的起步

伊朗近代史的开端伴随着列强入侵的脚步声。1813年10月伊朗与俄国长达十年的战争最终以伊朗战败并签订《戈莱斯坦条约》而结束。这场战争导致伊朗丧失了北部领土、领海的主权。与西方文明的交往刺激着伊朗商品经济缓慢成长，同时激发了伊朗人民自立自强，接受国外的先进技术，开展追求富国强兵的现代化改革。改革是伊朗政治体制近代化的重要推动力。近代伊朗政治体制变革的最大特点就是西方化。恺加王朝时期，伊朗的中央集权制度十分脆弱，地方叛乱给了列强侵略干涉的借口，单纯依靠宗法和联姻关系维持的专制统治在沙俄的步步紧逼之下已经摇摇欲坠。由于近代以来伊朗屡受奥斯曼帝国以及俄国、英国的欺辱，守成和防御的心理使得变革难以从内而生。伊朗有改革意识的人一般都局限在与西方有交流学习的上流阶层，所以伊朗的社会变革往往是自上而下的改革。

伊朗从模仿西方、学习西方开始走上现代化之路，可以说此时的西方化是初步的现代化，因为现代化最先发源于西方，完成于西方，完善于西方，所以一些制度是人类实现现代化的共同选择，是现代化建设的国际性和共性的表现。从某种程度上讲，伊朗此时的西方化乃是吸取和学习现代化中的共性和国际性的过程，是引进工业文明的过程，是学习先进、克服落后的过程。但如果过分西方化、全盘西方化、片面西方化，就会走向另一个极端。

伊朗王储阿巴斯·米尔扎长期充当对俄战争的伊军统帅，军中经常雇用英国军事专家，所以他对欧洲新文明及欧洲军政情况很了解，是伊朗第一个睁眼看世界的上层统治者。他以欧洲人为教官改革军队，开办军工厂和呢料制造厂，派伊朗人去英国和俄国学习，首次将铅印技术介绍推广到伊朗。1818年，他在大不里士建立了一座新的铅字印刷所。1824年，德黑兰出版了第一套用铅字印刷的书籍。

二、阿米尔·卡比尔改革

纳赛尔丁国王统治时期（1848—1896），伊朗出现了杰出的政治家和改革家阿米尔·卡比尔，他曾出使俄国和奥斯曼土耳其，所以具有开放意识和改革意识，同时又坚决维护民族独立和尊严。1848年10月20日，阿米尔·卡比尔出任伊朗首相，他以崇高的爱国心、坚强的意志和刚毅的精神进行重整河山的现代化改革。[1]

阿米尔·卡比尔开始建立高效、分工明确的官僚机构；取消冗长乏味的官员称呼；严禁官员受贿；设立专门财政机构，制定合理的税收制度；促进伊朗国内贸易发展，鼓励国内工匠仿制国外产品；派遣伊朗学生去欧洲学艺。在伦敦、圣彼得堡和伊斯坦布尔建立公使馆。在欧洲教官的帮助下，按照欧洲模式组建正规部队，聘请欧洲教师来伊教学。在德黑兰出版日报，翻译国外书籍。

1857年在国王皇宫和劳莱朝尔花园之间架设了伊朗第一条电报线路。两年之后，伊朗架设了从德黑兰到苏丹尼耶之间的电报通讯线，随后该线又延伸到了大不里士。到1901年，英国人开通了卡善—亚兹德—克尔曼—俾路支斯坦的电报线路。

1851年2月，德黑兰出版了向民众传递重大新闻的日报《事件报道》，这家报纸由英国人掌管。1860年，报刊更名为《伊朗国家日报》。此外，在德黑兰还出版了几份外语报纸。1873年纳赛尔丁国王第一次出访欧洲时购买了一整套印刷厂的设备带回伊朗。在他执政期间，在大不里士、德黑兰等大城市建立了各类印刷厂，报刊出版事业开始发展。1875年，伊朗聘请一名奥地利人作为顾问，依照欧洲的新型方式建

---

[1]【伊朗】阿宝斯·艾克巴儿·奥希梯扬尼：《伊朗通史》，叶奕良译，经济日报出版社1997年版，第889—890页。

立了现代伊朗邮政制度。1877年伊朗从欧洲引进铸币厂的设备,并聘请德国顾问和法国专家管理该厂。

1884年,在伊朗首都与阿布杜·阿圣姆圣墓之间建造了伊朗第一条铁路。另外还修建了从阿莫勒(今伊朗马赞德兰省阿莫勒市)至戈尔甘市的铁路,这两条铁路都没有派上用场。1916年由俄国人修筑的从卓勒法(伊朗西北边境城市)至大不里士的铁路完工。这条铁路是伊朗较为重要的铁路线,其支线由苏菲安至谢拉夫哈内(伊朗乌鲁米耶湖东岸小镇)于1921年移交给伊朗政府管理。除了伊朗官办的铸币厂及火药制造厂、枪械制造厂等军用企业,一些政商富贾也开始兴办民用企业。1880年,伊朗建成了煤气灯制造厂,此后又创建了制糖厂、玻璃器皿厂、瓷器厂、缫丝厂、火柴厂和纺织厂。伊朗在改革效应的影响下,诞生了一批现代企业,为伊朗的现代化奠定了基础。然而,一些工厂由于外商竞争、资金缺乏,并且管理无能、效率低下而被迫倒闭。这凸显了在列强商业倾销、民族经济羸弱的大环境之下,伊朗民族企业拓荒与存续的艰难。

随着新式技术专科学校的创立、伊朗学生出国留学、伊朗官员出访欧洲以及伊朗商人去欧洲经商,欧洲的科技渐渐传到伊朗,伊朗兴起了学习外语的浪潮,有关几何学、地理学、自然科学、医学、军事学等新兴学科的译著纷纷出现。随着外国习俗在伊朗的盛行,一些城市上层人士喜欢穿西服、戴领带、吃西餐;烟草、鸦片、土豆及非本土的植物和花卉在伊朗推广种植。

伊朗国王对现代化既有促进作用,也有阻碍作用。他成立内政部、司法部、教育部、邮电部,促进了行政机构的专业化分工,也提倡服装西方化、司法世俗化。但国王屈服于西方列强的压力,为了维持专制制度、解决财政危机,不断向外国人出卖特许权。1890年3月8日,将全国烟草的买卖特许权以50年的期限,拱手让给一家英国公司——"波斯帝国烟草公司"。此举危害了伊朗的民族利益,什叶派宗教领袖利用颁布"法特瓦"的权力和拥有很多仿效者的权威,组织群众、动员群众,反对纳赛尔丁国王的卖国行径,形成以捍卫伊斯兰教和伊朗民族利益为宗

---

① 赵伟明:《近代伊朗》,上海外语教育出版社2000年版,181页。

旨的伊朗伊斯兰民族主义。[①]

伊朗是在与西方殖民主义者斗争后的失败中面对现代性挑战的,军事上的失败导致先从军事上启动现代化的车轮,先追求军事上的现代知识。当伊朗沦为半殖民地以后,西方殖民主义者的剥削和压迫越来越残酷,对西方的先进性和现代化的认识也越来越深刻,改变伊朗落后和闭塞的愿望也就越来越强烈,伊朗以聘请西方人办学校、派伊朗人出洋学习,兴办军用企业和民用企业等手段追求现代知识。伊朗也慢慢出现了领导现代化的新生阶层:开明的上层统治者、出国留洋的知识分子、企业家和反对专制制度、维护民族权益的宗教领袖。

伊朗此时处于学习与引进西方先进技术、工厂制度以及科学知识、生活习俗的初步阶段,还停留在现代化的物质层面,远未涉及制度层面及价值观层面。当然并不是说伊朗的制度及价值观观层面没有一点变化。这三个层面上的进展并不是一前一后绝对分开,更不是同时发生同样深刻的变化。

伊朗一方面痛恨西方的侵略与压迫,一方面又要忍辱负重地学习西方。痛恨容易引发玉石俱焚的盲目排外情绪,学习与模仿西方又容易导致爱屋及乌的盲目崇拜心理,于是在伊朗出现两种对立思潮,一种认为伊朗的落后与愚昧是外国入侵与压迫的结果,伊朗的弱小与胆怯是没有严格执行伊斯兰教义的结果;另一种认为伊朗的落后与愚昧是伊朗的专制制度与宗教制度造成的,只有尽快完全地学习西方才能救国救民。在以后的现代化进程中,伊朗必须面对本国传统文化如何适应、学习、包容西方现代化文化的问题。

在伊朗处于殖民地半殖民地地位的状态下,它不是一个独立、统一的民族国家,没有进行完全现代化建设的前提条件,仅仅是在被动、局部地学习西方,其现代化进程是不完全的初步的西方化。

第三节　近代伊朗与欧洲列强的交往

一、国家主权的沦丧

1813年，伊朗与沙皇俄国签订了《戈莱斯坦条约》。条约的签订使伊朗失去了在里海的航行自由，俄国独享在里海拥有军舰的权力。1814年，伊朗与英国签署了《德黑兰条约》，条约严重削弱了伊朗外交的独立性，让英国以保护者的身份阻止俄国对伊朗的侵略，使伊朗开始沦为英国的半殖民地。1828年，伊朗又被迫与俄国签署了《土库曼恰依条约》，规定了伊朗船只不得在里海岸边的领水内航行。伊朗与俄国交战接连战败之后，其藩属国和臣服的游牧部落相继被兼并或脱离宗主国统治，伊朗在中亚和海湾地区的影响力急剧下降，彻底失去了对咸海以北、里海以东大片地区的控制。

（一）伊朗与俄国第一次战争（1804—1813）

1804年7月15日，沙俄军队突袭伊朗的埃里温，一举击溃驻守此城的伊朗军队，向伊朗发动了入侵战争。恺加国王法特赫·阿里得知以后立即派军增援。伊朗军队切断了俄军与第比利斯之间的补给线，俄军被迫退回至第比利斯。

1807年5月，伊朗与法国签订《费肯斯泰因条约》。条约规定，法兰西皇帝承诺确保伊朗的独立，承认格鲁吉亚属于伊朗领土，外国军队应该撤出伊朗。法国政府将有义务向伊朗出售必要的武器装备，并派遣专业人员协助伊朗训练军队。伊朗国王寄希望于强大的法兰西帝国，认为可以联法抗俄确保伊朗的安全，从而吓阻沙俄吞并伊朗的野心。但这终究是一厢情愿。在当时，法国为了抗英而利用伊朗，伊朗为了抗俄而利用法国，双方仅仅是各取所需而暂时联手。在1807年7月，沙皇亚历山大一世与法国皇帝拿破仑在提尔西特会晤，双方签订了《提尔西特条约》。法国为了联合俄国对抗英国，毫不犹豫地选择维护本国的利益而出卖了伊朗。

在英国的提议下，伊朗于1810年8月同奥斯曼政府签订了军事同盟条约，英国政府为伊朗提供了为数不多的武器和军火，英国工程师在阿拉斯河沿岸帮助加固了伊军的阵地与防御工事。1812年7月，英国和俄国缔结同盟条约，组成了反法统一战线。随即英国政府撤走了其在伊朗军队中供职的军官和军事顾问。10月，俄军利用大好时机发起了总攻，突破了伊朗的防线，彻底击垮了王储阿巴斯·米尔扎的军队。而尚未回国的英国教官克里斯蒂少校在负伤后被杀，伊朗王储阿巴斯·米尔扎侥幸逃过了阿拉斯河而幸免于难。1813年1月，俄军攻陷了伊朗连科兰港。伊朗高加索、里海沿岸一带领土尽失，随后俄军包围了埃里温，伊朗守军一败涂地。

1813年10月，在列强的出卖与威逼之下，伊朗被迫签订了近代史第一个丧权辱国的条约——《戈莱斯坦条约》。根据条约，伊朗同意把俄国人所夺取的达尔班德、巴库、席尔万、卡拉保格和塔莱估河上游流域划归俄国版图，伊朗政府放弃对格鲁吉亚、达戈斯坦、明格里和阿伯哈基等地的主权要求。伊朗还被剥夺了在里海的航行权。俄国则承诺正式承认阿巴斯·米尔扎在伊朗的摄政地位，并答应帮助他登上王位。

《戈莱斯坦条约》破坏了伊朗的领土完整和国家主权，伊朗的封建王朝第一次乞求外国的保护，把自己置身于外国的羽翼之下。封建王朝为了自己继承大统，传之千秋，不惜出卖国家和民族利益。《戈莱斯坦条约》的签定充分说明了恺加王朝的软弱无能和愚昧无知。这个条约未明确划定伊俄两国的边界线，为后来伊俄两国的边界纠纷和发生第二次战争埋下伏笔。《戈莱斯坦条约》是伊朗半殖民地化的开端，是伊朗丧失独立和主权的开始。之后，欧洲列强欺软压弱，纷纷效仿俄国，强迫伊朗签定不平等条约。

1814年11月，为了抵御俄国的再次入侵，伊朗被迫与英国签署了《德黑兰条约》，条约限制了伊朗外交的空间与权利，以此换取英国对伊朗的保护与支援。这一条约成为了继《戈莱斯坦条约》后又一份丧权辱国的不平等条约。但是，英国人仅仅是为了确保自身在伊朗、印度以及中亚的利益，根本不顾伊朗的处境，也没能阻止沙俄的进一步入侵。

（二）伊朗与俄国的第二次战争（1826—1828）

在签订《戈莱斯坦条约》时，俄国人故意避开两国领土划界问题，为扩大侵略寻找机会，而英国代表则默许了这一行径。俄国趁伊朗与奥斯曼进行交战的时机，出兵占领了两国交界地区。双方在谈判破裂后，再度濒临战争。1826年，沙俄与伊朗未经宣战就再度爆发了新一轮的战争。

1826年为战争的第一阶段，伊朗军队突然出击，加上民众的支持，在连克兰港、萨利亚内、巴库、夏基、席尔旺和达戈斯里等地击败了俄国军队，伊朗军队还在埃里温战场大获全胜。伊朗国王法赫特·阿里希望利用有利形势迫使俄国缔结和约，交还被侵占的伊朗领土。但他派出的和谈代表被俄国拒之门外。1826年9月，俄军将领叶尔莫洛夫抓紧时间迅速改编军队，率领5万精锐部队大举反攻正在围攻苏萨的阿巴斯·米尔扎。9月17日，甘杰陷落。苏萨城堡的俄军守军得知援兵将至，士气旺盛，打死打伤伊朗官兵1500多人，伊朗王储眼看冬季来临竟撤出了战斗，将军队撤回到了大不里士。

1827年4月，俄国政府将作战不利的叶尔莫洛夫及其手下一大批军官撤职，任命巴斯凯洛奇为高加索前线总指挥，增派援军开赴格鲁吉亚，伊俄战争进入第二阶段。1827年10月，俄军攻克埃里温要塞，15日攻克埃里温本城。同月24日，阿里斯托夫率领俄军渡过阿拉斯河，向大不里士挺近，阿巴斯·米尔扎无心抗战，在俄军到达之前下令守军撤退，大不里士不战而陷落。

1828年2月21日，经过激烈的谈判，伊朗被迫在土库曼恰依村签订了奇耻大辱的《土库曼恰依条约》。其主要内容为：

1. 除了根据《戈莱斯坦条约》已从伊朗分割出去的省份外，纳希契凡、埃里温、塔莱什、卡拉保格和舒列古尔等地也划归俄国版图，划定由奥劳劳特城堡（位于大阿勒山山脚下）至阿拉斯河入海口为两国边界线，也就是说阿拉斯河为两国的界河。

2. 伊朗允诺赔款价值100万土曼的黄金。

3. 确认阿巴斯·米尔扎的王储地位，俄国承认并帮助王储本人及其子孙继承王位。

4. 伊朗被剥夺了在里海的船舶航行权，即里海的军舰航行权属俄国一国所有。

5. 俄国有权向任何它认为有必要之处派遣领事或商务代表，但随员不得多于十人。

6. 双方保证在四个月内互换战俘。如果到期后发现尚有未交还者，任何一方均有权要求对方释放。在此期间如若在本方任何地方发现对方人员均可俘获之。

7. 法特赫·阿里·沙赫保证宽恕那些曾经反叛过伊朗的阿塞拜疆诸王公。

条约的附件规定了支付战争赔款的方式，以及如若伊朗在规定的期限内不支付赔款俄方将拥有的权利。也规定了俄国在伊特使的接待规格和礼遇。

按照《土库曼恰依条约》的贸易协定条文，俄国外交官享有治外法权，俄国领事有权审理该国臣民在伊朗发生的诉讼案件；俄国商人有权享受各国给友善国家臣民的待遇；对俄国商品只征收占价格百分之五的关税；对愿在伊朗居住的俄国人赋予购置房屋的权利；俄国商人有权拥有商店、仓库和其他不动产。

《土库曼恰依条约》使伊朗丧失了领土主权、司法主权和海关主权；沉重的赔款加重了伊朗人民的负担，吮吸了伊朗人民的血汗；外国商品低价涌入伊朗，破坏了伊朗的自然经济，加速伊朗农民和手工业者的破产，阻碍了伊朗民族资本主义的成长。伊朗完全丧失了政治上的独立，沦为半殖民地的封建国家。

伊朗的半殖民地地位激发了伊朗人民自强自立、救亡图存的强烈愿望，富国强兵的现代化改革是大势所趋、人心所向，而师从西方、赶上西方、战胜西方成为富国强兵的必然选择；半殖民地位不仅决定了伊朗现代化的必然性和必要性，而且决定了伊朗现代化发展之初为西方化模式；半殖民地位决定了伊朗的现代化是被迫的被动的外源型的后发型的现代化；半殖民地地位把伊朗推进了一个资本主义的殖民世界体系，用压迫和剥削打开了伊朗的闭塞与落后，并将伊朗拖进了浩浩荡荡的世界现代化浪潮；半殖民地地位虽然最初促进伊朗学习西方的现代化运动，但最终危害了完全的现代化的进行。

二、伊朗的近代外交

　　伊朗在与俄国、法国、英国打交道的过程中，屡次被欺骗被抛弃，当殖民主义者在争霸斗争中需要利用伊朗时就软硬兼施、威逼利诱；当他们之间达成利益妥协时，就毫不犹豫地牺牲伊朗、出卖伊朗。归根结底，从本质上看伊朗成为欧洲列强共同宰割的对象。其中俄罗斯帝国和"日不落帝国"英国是伊朗最凶恶的敌人。从此，伊朗人民与外国侵略者之间的矛盾成为伊朗社会的主要矛盾。伊朗人民随之开始了波澜壮阔、前赴后继的反帝反封建斗争。

　　伊朗在欧洲列强面前屡战屡败，其原因是复杂的，也是多样的。恺加王朝刚刚建立，它的生命力和活力是旺盛的，其政府当时并没有腐朽、腐败。前两代国王都雄心勃勃、东征西讨，千方百计恢复和巩固伊朗在萨法维王朝时的辽阔版图。但是王室内部争权夺利，国王军队在镇压国内时叛时服的部落分裂主义者的征途上疲于奔命，极大地分散了恺加王朝的精力，削弱了新王朝的军力和国力。使其不能全心全意地对付外敌入侵。当然从本质上讲，恺加王朝属于落后的封建社会，综合国力弱小，很难战胜欧洲列强。从伊朗的外交活动上看，伊朗失败的原因在于国力弱小及对当时的国际政治和经济形势愚昧无知，由于伊朗刚刚被置于国际舞台，伊朗政府和外交官员因为消息闭塞、缺乏经验显得被动盲从、幼稚轻信，不会利用矛盾捍卫国家利益，不能将计就计，为我所用。

　　恺加王朝为了反抗俄军入侵，积极地寻求国际支持，多次派遣使臣出访欧洲诸国。1802年，法特赫·阿里派哈吉·哈利尔·汗前去孟买，拜会英国驻印度总督韦尔斯莱勋爵。1805年12月派穆罕默德·纳比·汗出使印度，意欲请求英国援助以抵抗俄军入侵。1807年2月，法特赫·阿里又派以加兹温督军米尔扎·礼萨·汗为首的使团到波兰的菲肯斯泰因营地拜会拿破仑，以联法抗俄。伊朗派出驻法大使阿斯戈尔·汗·阿弗沙尔少将。1809年3月，伊朗国王派米尔扎·阿布尔哈桑·汗作为特任公使出访英国。1814年12月，伊朗再派米尔扎·阿布尔哈桑·汗前往圣彼得堡。1816年春派达乌德·汗少将出使法国。1818年又派穆罕默德·哈桑·汗出使圣彼得堡，派米尔扎·阿布尔哈桑·汗赴奥地利、法国和英国。通过这些出访，伊朗人慢慢地走出了中世纪的愚昧，开始了解西方发达的工业社会，观察国际风云变幻，积累外交经验。毫无疑问，这些外交官成为伊朗首批具有世界眼光和现代思想的先行者。

英、法、俄三个殖民帝国出于侵略与掠夺伊朗人民的野心，出于维护本国殖民利益和控制恺加王朝的目的，不断派遣使者出访伊朗、进驻伊朗。他们强迫伊朗打开国门，对殖民强盗开放。随后在不平等条约保护下的各国商人也零星地开进伊朗。

总之，在19世纪初，不管伊朗主动还是被动、自发还是自觉、情愿还是被迫，都被推进到国际斗争的旋涡里，被推进世界发展的大潮中。从此，伊朗作为弱小的受压迫受剥削的亚洲国家进入世界政治与经济圈，同时世界政治与经济也无时不影响着伊朗的内政外交。也就是说伊朗在极不平等的条件下进入了由列强主宰和控制的国际交往体系，伊朗必须学习先进、发奋图强，才能平等地屹立于世界民族之林。伊朗历史从此进入近代史。

第四节　近代伊朗的边疆危机

一、俄国兼并中亚

穆罕默德国王在位期间，中亚的布哈拉、马鲁、海瓦以及其他地区诸汗仍臣服于伊朗宫廷。1849年，花剌子模国王到德黑兰祝贺纳赛尔丁国王登基，1850年伊朗特使回访了花剌子模。后来随着伊朗国力日衰，伊朗在这一地区的影响也江河日下。

1857年，呼罗珊省督苏丹·莫拉德·米尔扎痛恨多次侵扰呼罗珊城镇的土库曼人，于是心生一计，邀请80名土库曼酋长到马什哈德开会，乘机将他们投入监狱。然后趁热打铁，率领大军直取马鲁古城。三年后，这位足智多谋的省督去世，哈姆泽·米尔扎接任其职，第二次出兵攻占马鲁，但好景不长，在马鲁近郊，来去急如闪电的土库曼人英勇反击，击溃伊军，缴获了伊军几门大炮。1861年，伊军击溃了土库曼人对赛拉赫斯的进攻，这是伊朗在中亚的最后一战。

在伊朗且战且退、力不从心的同时，俄国人从1839年起就开始向中亚渗透，先攻占咸海以北、里海以东的地区，后开始进犯中亚腹地以及阿姆河和锡尔河的河谷地区。1860—1864年间，俄国吞并了撒马尔罕广大地区；1865年攫取塔什干；1866年夺取布哈拉；1870年俄军攻占了布哈拉其余的地方。

在俄军大举进攻中亚时，伊朗竟然糊里糊涂默不作声。俄国统治了中亚也就统治了当地的乌兹别克人和土库曼人，阻止了这些游牧民族对伊朗边疆的侵扰，这一点让伊朗政府喜上眉梢，乐在心里。后来的事实却让伊朗目瞪口呆、转喜为悲，因为伊朗除去了一个敌人，却面临着一个更凶残更强大更有野心的敌人——俄国。如果伊朗当时尽力而为，英勇阻挡，可以推迟俄国对中亚的吞并；如果伊朗当时能与中国清政府联手，可以阻挡俄国对中亚的吞并。

俄国向中亚推进，意欲染指阿富汗，南下波斯湾。这与大英帝国的利益发生了冲突，英俄经过谈判终于达成妥协。1873年2月，两国达成协议，俄国向英国保证它的势力范围不越过阿姆河，不向阿富汗渗透。从1860年至1875年，俄国吞并了历史上曾臣服于伊朗的土库曼斯坦和阿姆河以东地区，而英国把印度次大陆变成自己的殖民地，并通过驻印度总督控制阿富汗的对外关系。英俄两国变本加厉、不择手段地干预伊朗内政。

1881年12月9日，伊朗外交大臣米尔扎·赛义德·汗和俄国驻德黑兰公使伊凡·季诺维也夫共同签署了《阿哈尔边界条约》，伊朗政府彻底放弃了对土库曼斯坦和阿姆河以东地区的领土主权，俄国政府则保证制止土库曼各部落侵扰伊朗领土。

二、英国控制波斯湾

1795年伊朗政府任命纳赛尔·汗·阿尔·马兹库尔酋长为巴林总督，这时阿曼的哈瓦列吉人先后攻占了伊朗的瓜塔尔、贾斯克、查赫巴尔、阿巴斯港、格什姆岛和霍尔木兹岛。后来，伊朗政府还同马斯喀特酋长签署了和平协定：查赫巴哈尔和阿巴斯港租让给马斯喀特酋长，为期20年；马斯喀特酋长则相应地每年缴纳约16000土曼的租税，并承认霍尔木兹岛和格什姆岛属于伊朗领土。1800年，英印当局使臣约翰·马尔克姆爵士与马斯喀特酋长签署一项协定。东印度公司获准在马斯喀特开办商务处和修筑要塞，在阿巴斯港驻军700名。

1819年伊朗法尔斯总督哈桑·阿里米尔扎·法尔曼法尔第与英国舰队司令布鲁斯上校签署协议：一旦伊朗政府不能确保波斯湾安全时，将由英国政府担当此任。从此，英军在镇压海湾海盗的过程中名正言顺地进入波斯湾。1820年1月8日，英国外交代表威廉·格兰特·恺尔爵士同波斯湾沿岸地区的11位酋长缔结休战条约，各酋长保证不再从事海上掠夺。巴林岛的酋长也在其中。

1851年伊英条约签订，英国东印度公司下属的海军有权稽查伊朗臣民的商船，以制止奴隶的贩运。伊朗保证不准官方船只运载奴隶。从此英国在海湾实力猛增，势力日大，一贯臣服于伊朗中央政府的巴林酋长见风使舵，投靠了英国，在其驻地升起了英国的国旗。1861年5月31日，英国政府正式将巴林群岛置于自己的庇护下，伊朗虽然对此提出抗议，但无济于事。英国驻布什尔总领事管理在马斯喀特、科威特、巴林和阿巴斯港的本国外交机构，维护英国在波斯湾的政治和经济利益，英国军舰耀武扬威，随时准备扑灭危及自身利益的任何骚乱。

伊朗在沦为半殖民地以后，无力保护和守住自己的藩属国，而具有独立和分离倾向的藩属国凭借企图削弱伊朗国力的英俄殖民主义势力摆脱伊朗宗主国的统治，但并未实现民族独立，相反，遭到英俄殖民主义更野蛮更凶残的奴役。在英俄强权的干预下，伊朗确定了自己的国界，确定了现代的版图，但英俄的别有用心和处理失当为以后的伊朗边界纠纷埋下了祸根。

三、伊朗与奥斯曼的边界争端

俄国为了进一步削弱和蚕食奥斯曼帝国，竭力煽动伊朗与奥斯曼之间的宗教矛盾，企图利用伊朗与奥斯曼的边界冲突坐收渔利。与此同时，英国不愿意看到俄国在伊朗势力的坐大，极力游说伊朗避免同奥斯曼开战。然而，两国边界的划分由于先天的不足，无法从根本上避免冲突的爆发。一些游牧部落利用两国边界地带，跨境烧杀抢掠然后伺机逃窜。对于生活在边境地区部落的归属，两国分歧极大。这使日益衰微的奥斯曼与伊朗再次面临着战争的危机。

1821年，伊朗利用希腊独立运动之机进攻奥斯曼帝国东部各省，奥斯曼军队根本无力抵挡，被迫求和。在英国的斡旋之下，两国于1823年签署了第一份《埃尔祖鲁姆条约》。依据条约规定，双方互不干涉内政；两国疆界维持纳迪尔沙在位时期的边界，对两国边境附近的游牧部落活动应当受到有效地管控；奥斯曼政府保证伊朗朝圣者在朝圣途中的尊严与安全受到保护。实际上，这一条约的签订并没有使两国停止冲突与对立。①两国的交恶加速了英国干涉伊朗内政的步伐；俄国不宣而战，趁机入侵伊朗。伊朗面临着前所未有的民族危机，国内反俄情绪高涨。与此同时，奥斯曼帝国不顾外交警告和抗议不断侵扰伊朗边境地区，并进入什叶派圣地屠杀什叶派教徒，双方再次爆发了战争。战争结束后，双方特使和英国、俄国公使组成了边界仲裁委员会。

在英俄的介入之下，1843年伊朗和奥斯曼开始在《席林堡条约》的基础上就边界等问题进行谈判。这场谈判既是伊朗与奥斯曼之间的锱铢之较，也是英俄在中东地区战略的博弈与利益的争夺。经过三年多的拉锯式谈判，终于促成了第二份《埃尔祖鲁姆条约》的签署。条约划定了奥斯曼帝国拥有阿拉伯河东岸深水线以西的整个水域的主权；伊朗拥有霍拉姆沙赫尔港、阿巴丹地区的主权，割让苏莱曼尼亚地区和祖哈布省的部分领土；奥斯曼以穆赫玛拉地区作为补偿，并保证伊朗船只在阿拉伯河的自由航行权；伊朗则保证不再干涉奥斯曼境内的事务；双方约定成立边界委员会精确计量条约划分的边界。

---

① Routhollah K.Ramazani,The Foreign Policy of Iran:A Developing Nation in World Affairs 1500-1941, Charlottesville:University Press of Vieginia,1966,p53—54.

然而，这一条约仍然为之后的冲突和争端埋下了伏笔。[1]首先，在阿拉伯河流域的划分上措辞含糊，给了奥斯曼借题发挥的空间。奥斯曼要求明确阿拉伯河东岸的胡泽斯坦地区的归属权。英俄两国公使对条约具体条款进行了书面阐释并作为补充条款加入条约之中，刻意强调胡泽斯坦地区的归属问题不在条约约定的范围内。这一条款遭到了伊朗的明确拒绝。其次，在界定阿拉伯河两岸游牧部落的归属问题上，两国分歧仍然较大。游牧部落由于反复迁徙，其归属很难界定，双方都声称这些部落是自己的臣民。这些争议使边界委员会难以推进条约的落实，双方依据条约各自表述，阿拉伯河边界的划分只能就此搁置争议，暂告段落。两国在随后均承诺不在争议地区修建军事要塞，等待日后对争议领土做出裁定。英俄在此之后加剧了对中东地区的利益争夺，对共同调停两国边界也是意兴阑珊，划界问题在随后延宕了将近70年。

20世纪初，石油资源的勘探到发加速了域外势力干涉的广度和深度，这给本就非常复杂的两国关系中注入了更为复杂的因素。1907年，《英俄协定》划分了两国在伊朗的势力范围。俄国企图染指伊朗北部的阿塞拜疆省，英国则是注重其在波斯湾地区的利益。这一时期英俄的介入让边界争端不再仅是伊朗与奥斯曼的领土争议问题，也是域外国家波斯湾地区利益分割的角力场。

1908年，英国在伊朗勘探到了丰富的石油矿藏，1909年，英波联合石油公司成立。为了确保两国边界上的英国油田的安全，英国便在边界纠纷调停中扮演积极的角色。在西方列强的调停下，两国为了解决由来已久的边界问题，仍然在进行着断断续续的谈判。在俄国的强大压力之下，伊朗被迫接受了1847年条约的补充条款。1913年，四方达成了《君士坦丁堡四国协议》，将两国边界进行了较为详细的划分。条约将原属于伊朗的700平方英里的领土划归奥斯曼帝国，此后这一地区发现了丰富的石油储藏，成为日后伊拉克地区的主要油田之一，这也为日后两伊边

---

[1] Khalid al-Izzi, The Shatt al-Arab River Dispute in Terms of Law, Baghdad: Al-Huriyah Printing House, 1972, pp.123—125.

界争端埋下了又一重伏笔。[1]条约明确规定无论边界领土归属,英国油田的各项权利均受到保护。[2]1914年,第一次世界大战的爆发使伊朗不可避免地卷入奥斯曼帝国与英俄之间的较量之中,伊朗人民遭受了战争残酷的伤害。尽管伊朗在战争爆发之后就立即宣布中立,但是奥斯曼帝国还是以协约国进驻伊朗威胁其东部边境为由,向伊朗境内的英俄军队开战。奥斯曼军队利用英俄军队在欧洲战场疲于应付之际,深入伊朗腹地。直到一战后期,英俄才联手将奥斯曼军队赶出了伊朗。但由于俄国二月革命的爆发,俄军防线不久便崩溃,奥斯曼趁势攻占了伊朗多个边境重镇。英国也趁势占领俄国退守的北部地区。

第一次世界大战使伊朗遭受双重的伤害,激发了国内的民族主义情绪。巴黎和会上,尽管伊朗提出了收复被奥斯曼侵占领土的请求,但被英国无情拒绝。不仅如此,英国作为战胜国,又强加给伊朗新的不平等条约。自《英俄协定》签署到一战结束,伊朗无力捍卫自身的独立自主与领土完整,完全受英俄两国的控制,国防实力弱化,根本无力抵抗外敌入侵,外交上只能听从和容忍英国的摆布与俄国的一再勒索。在此期间,伊朗与奥斯曼帝国的领土争端实际上是域内霸权与域外强国的地缘利益的争夺,而伊朗只能沦为战争的受害者和列强的附庸,无法捍卫国家利益。

---

[1] 阿布杜尔礼萨·胡尚格·马赫德维:《伊朗外交四百五十年》,元文琪译,商务印书馆1982年版,249页。

[2] Khalid al-Izzi,The Shatt al-Arab River Dispute in Terms of Law,Baghdad:Al-Huriyah Printing House,1972, pp.129—141.

第八章 立宪革命的风潮

1903—1904年，伊朗出现了全国规模的大饥荒，人心思变。1905年，伊朗全国各大城市的民众在什叶派乌莱玛的领导下走上街头，举行了示威游行和罢工，要求召开议会，制定宪法。国王被迫同意，由此翻开了伊朗民主政治史新的一页。在议会存在期间，否决了英俄在伊朗划分势力范围的企图，制定了民主宪法，废除了部分封建制度，为日后伊朗国家发展和民族复兴奠定了民主与独立的思想基础。

伊朗的现代化受近代以来伊朗民族危机所推动，然而，由于西方殖民主义者的压迫与剥削加上伊朗专制制度的落后性，恺加王朝时期伊朗的现代化进程是缓慢的，甚至出现反动。政治制度和价值观层面的变革具有历史局限性。

第一节 伊朗立宪革命

立宪革命是伊朗人民的一场思想洗礼，立宪精神也因此成为20世纪以来伊朗人追求自由与民主的历史坐标。

革命前的伊朗，被迫忍受着英、俄两大帝国的共同宰割。英国与俄国在侵略与剥削的过程中既相互勾结又争权夺利。英国因其国力雄厚而略占上风。英国通过三个机构对伊朗进行经济控制。第一是印欧电报局。印欧电报局享有治外法权，伊朗法律对其束手无策，所以这一机构又成为避罪天堂，可以让英国人在伊朗肆意布设间谍网络。第二是波斯帝国银行。波斯帝国银行是伊朗的国家银行，拥有发行货币的独占权，掌管造币厂，规定外汇牌价。银行还享有伊朗采矿的独占权，伊朗的国家收入和海关税收也要存入该银行的活期存款帐户，并且在伊朗各个城市设立了分行。然而，这一具有中央银行职能的伊朗银行却属英国人管辖，甚至银行董事会也设在伦敦。伊朗政府只能获得波斯帝国银行利润的6%。波斯帝国银行不仅从事经济活动，而且通过金钱利诱，培植政治上依附英国的政客，从而操纵伊朗的国内政治。第三、英波石油公司。1900年，曾在伊朗海关任职的亚美尼亚人恺塔布奇·汗在伦敦通过原英国驻德黑兰公使亨利·德鲁蒙德·沃尔夫爵士，结识了在澳大利亚开采金矿的威廉·诺克斯·达尔赛，他鼓励达尔赛勘探和开发伊朗的石油资源，引起了达尔赛的投资兴趣。1901年5月21日，达尔赛派代表与伊朗首相签署了达尔赛协定。协议规定了伊朗政府要将全国大部分的石油开采和经营权租让给达尔赛，租期为60年。阿塞拜疆、吉朗、马赞德兰、戈尔甘和呼罗珊等北方五省因与俄国利害攸关而被排除在外。作为回报，达尔赛每年交付伊朗政府两万英镑现款或股票以及石油开采所获得利润的16%。1908年5月，石油勘探队在马斯杰德·索莱曼地区发现了高产油

第八章 立宪革命的风潮

田。英波石油公司也因此宣告成立,并在1909年4月在伦敦注册登记。英国政府成为该公司最大的股东,并且通过该公司垄断了全伊朗的石油开采和经营业务。

俄国发挥其紧邻伊朗的地理位置优势,紧随英国之后也通过三个手段控制伊朗。第一是军事手段。受俄国控制的哥萨克团后来发展成为旅和师。当伊朗人民反抗俯首听命的封建王朝时,俄国支持国王镇压人民;当伊朗政府想维护国家利益和民族利益时,俄国就会利用它对付伊朗政府。第二是经济手段。俄国凭借不平等条约相继取得了架设电报线、修筑公路、里海捕鱼的特权。第三是金融手段。1890年,俄国资本家波连考夫在德黑兰开办波斯信贷银行。1899年,俄国政府接管了银行信贷业务,将其作为俄国国家银行设在伊朗的分行。俄国通过这个银行向伊朗贷款3250万卢布,伊朗将除波斯湾诸港之外的全部海关税收、北部公路的税收抵押给俄国。

此时的恺加王朝已彻底沦落为列强统治伊朗的工具,不能维护国家主权和民族利益。纳赛尔丁国王不思进取、荒废朝政、贪图享乐,以考察西方的名义多次前往欧洲的温泉疗养地、赌场和夜总会寻欢作乐。他挥金如土,导致伊朗国库空虚。为了筹措金钱,他不得不出卖伊朗国内矿产的租让权。另一方面,他为了加强专制统治,实行愚民政策,禁止伊朗人前往欧洲旅行,并严禁外国印刷品带入伊朗。1896年5月1日,纳赛尔丁国王在阿布杜尔·阿吉姆清真寺被民族主义分子刺死。此时,远在大不里士的王储莫扎法尔丁·米尔扎在英、俄公使的支持下在德黑兰顺利地登上了王位。莫扎法尔丁国王任命了具有改革色彩的阿明·杜拉为首相,任命莫希尔·杜拉为外交大臣,责成他们向俄国借款,以便前往欧洲旅行考察。然而这两位大臣却苦苦借不到钱。国王只好再任命原首相阿明·苏丹为首相,赐他以"阿塔贝克"(意为国师)的封号。这位首相向俄国的波斯信贷银行借款220万英镑。借款到手后,国王喜出望外。1900年4月,他携带大批达官显贵出游欧洲,8月返回伊朗。国王为伊朗海关、财政部、铸币厂和外交部聘请了一批比利时顾问,这些顾问后来听从俄国号令,危害伊朗主权。1901年莫扎法尔丁国王又向俄国政府借钱,同年4月赴欧洲治病。1905年春,国王和首相阿因杜拉第三次出访欧洲。在国王出国期间，王储穆罕默德·阿里·米尔扎从大不里士来到德黑兰摄政。1905年10月，国王一行返回德黑兰。显而易见，伊朗国王在人民心目中已经成为贪图享乐、卖国求荣、专制残暴的独夫民贼。

由于帝国主义的入侵破坏了伊朗封建社会的自然经济基础，伊朗农民和手工业者日益贫困化，促进了商品货币关系的发展，伊朗出现了各种股份公司与民族企业，民族资本主义开始萌芽。伊朗的商人、高利贷者、教士、富裕官吏成为新型地主，他们收买封建主和农民的土地，兼营资本主义农业，代表他们利益的知识分子出现，形成了资产阶级—地主的民族主义思想。马尔克姆·汗是其中的杰出代表。他曾任伊朗驻伦敦公使，对英国的君主立宪制度十分熟悉，痛恨国王和首相的专制独裁，在伦敦出版了波斯文《法言报》，另一份报纸为《紧密团结报》，它在加尔各答出版，然后秘密地运进伊朗。这些报纸猛烈地抨击了国王的专制、独裁行为和卖国做法，大力传播自由主义思想。围绕这些报纸形成了伊朗小资产阶级和知识分子群体，他们接受了欧洲教育，民族意识开始觉醒，具有民族自尊心，对政治极为敏感，为伊朗立宪革命大造舆论，成为民族主义的宣传家和理论家。

恺加王朝是游牧部落创建的，对他们而言，一个国家的行政管理比一个部落复杂得多。恺加王朝的开国者面临着建立国家官僚行政管理机器和获取统治合法性的任务。而他们的游牧部落背景不能为他们的统治提供合法性，也不能提供统治一个国家所需要的行政机构。恺加王朝的开国者不得不放弃部落的管理方法，与此同时，把自己由部落首领改变成一个国家的领导。乌莱玛因为在教育上、司法上的重要作用促进了恺加王朝的官僚管理正规化，乌莱玛垄断的教育为新王朝培养了官吏，乌莱玛掌握的民法法庭调节了新王朝的社会矛盾，乌莱玛也从宗教上论证和重建了新王朝的合法性。恺加王朝和乌莱玛之间互相支撑、互相依赖。但随着伊朗的半殖民地化，国王侵犯了乌莱玛的土地和收入，西方化的做法也激起了乌莱玛的气愤，国王的丧权辱国、奴颜婢膝也让乌莱玛大失所望。1890年3月8日—1892年4月5日，乌莱玛领导伊朗人民反对国王出卖烟草专卖权。这是伊朗历史上由乌莱玛领导和组织的第一次反对外国特权的民族主义运动，是伊朗伊斯兰民族主义形成的标志，乌莱玛因为其爱国行动和宣传组织才能在群众中享有崇高威信，普通群众也增强了反对国王的信心，这次民族运动成为立宪运动和建立民主政权的先声。

20世纪初，伊朗出现了早期的无产阶级，但由于受行会组织的束缚以及浓厚的宗教意识，他们的政治觉悟还不高，不能成为立宪革命的领导者。农民占伊朗居民的大多数，身受新旧地主和外国资本家的压迫，具有强烈的反帝反封建思想。

第二节　革命的燎原之火

伊朗立宪革命的直接导火线是1903—1904年的饥荒。在饥荒年代。利欲熏心的商人毁坏粮食、囤货居奇，导致市场上粮食减少、粮价飞涨。伊朗各大城市的人民忍无可忍，义愤填膺。他们抢了投机商人的粮店、肉铺以及仓库，憎恨首相阿塔别克·阿扎姆侵吞公款、贪污贿赂、充当外国人的走狗。国王被迫让艾恩·多拉接任首相。在伊朗北部地区，由于受1905年俄国革命的影响，群众的斗争觉悟大大提高。

根据伊斯兰教的传统习惯，犯罪者凡是在清真寺、圣殿、宗教领袖家中避难，政府不得逮捕，这样的避难所叫"别斯特"，后来享有治外法权的外国大使馆、领事馆都成为别斯特。1905年，克尔曼州长不顾伊朗的宗教传统，下令逮捕并毒打在穆智台希德家中避难的人。在德黑兰，艾恩·多拉首相逮捕了一些商人，毒打他们的脚跟。于是德黑兰、大不里士、设拉子等城市的群众怒火万丈，掀起了轰轰烈烈的示威游行和罢工。在游行示威中，群众和军警发生了冲突，群众关闭了市场、商店和作坊，这次游行示威是由乌莱玛领导的。

1905年12月14日，因为首相的卫士杀害了一位民族主义者，德黑兰的宗教领袖率领手工业者、商人、神学院学生和普通教士5000人避入德黑兰近郊的阿卜杜尔·阿吉姆清真寺中的别斯特，这座清真寺立刻变成政治论坛中心。人们认为政府是各族人民一切灾难和不幸的祸根，要求国王罢免艾恩·多拉，实行改革。莫扎法尔丁国王眼看避难者的人数与日俱增，答应罢免首相艾恩·多拉，召集由教士、商人和地主选出的立法协商机关——正义院，撤掉德黑兰州长的职位，惩办鞭打群众的克尔曼州长，在德黑兰成立民选委员会，由该会规定食物价格。于是阿卜杜尔·阿吉姆清真寺避难的群众返回德黑兰，并受到居民的热烈欢迎，领导这次抗议的宗教领袖受到人们更高的尊重，其威望空前提高。

可是国王并不想兑现自己的诺言，照样任用奸相艾恩·多拉。1906年4月，德黑兰爆发了大规模的示威游行。市场、广场和清真寺聚集了很多人，军警向示威群众开枪射击，死伤多人。流血事件激起众怒，德黑兰的手工业者和商人关门罢市。7月15日，约有12000名群众到英国使馆避难，商人承担了避入别斯特的人们的生活费。当莫扎法尔丁国王向在使馆的避难者询问有何要求时，英国代办格兰特·达夫帮助他们起草了一份决议书，显而易见，这份决议书受到了英国政治文化的影响，体现了英国的政治制度，在这份决议书首次提出了召开"议会"的要求。与此同时，德黑兰的教士纷纷聚集圣城库姆，以此来抗议国王的行动，要求国王召开议会，罢免艾恩·多拉，解雇在海关任职的比利时官员。全国各大城市也举行示威游行、罢市，居民避入别斯特。

7月30日，莫扎法尔丁国王罢免了艾恩·多拉，任命在民族主义集团中深孚众望的自由主义者纳斯罗拉汗·莫希尔·多拉为首相。8月5日，国王发布命令施行宪法，随之，教士由库姆返回德黑兰，英国使馆的别斯特政治抗议也停止了。

1906年9月9日，国王在成立议会章程和议会选举法上签了字。根据选举法，选民共分六个等级：（1）王子和恺加王室；（2）教士；（3）封建贵族；（4）商人；（5）地主和农民；（6）手工业者。年满25岁且有一定财产的伊朗臣民有权参加选举，所谓一定财产指：农村居民须占有价值1000土曼以上的土地，商人和手工业者须拥有开设的店铺。年龄30—70岁、识文断字、没有受过控告的清白公民才有被选举权。议员的名额不得超过200名，德黑兰市可选出60名议员。德黑兰的选举结束后，议会即可开始工作，不须等待各省议员到达。各选区应成立各级选民代表委员会，监督选举合法进行。

1906年10月7日，伊朗第一届议会开幕。议会会议是公开的，公众既可列席会议，也可参加会议，提出议题。议会会议的总结报告登载在报上，人们可到处自由议论会议的内容。议员多为各阶层的自由主义者和民族主义者，然而议会的领袖是两位高级教士——穆智台希德：赛义德·穆罕默德·塔巴塔巴依和赛义德·阿卜杜拉·别赫别哈尼，没有二位的赞同，议会任何议案也通不过。①

议会的中心工作是制定宪法，1906年12月30日，卧病在床的莫扎法尔丁国王批准了宪法第一编——《基本法》，《基本法》规定议会的基本权利和义务，1907年1月8日，老国王去世。同年1月19日，王储穆罕默德·阿里·米尔扎登基加冕，他背着议会和首相纳斯罗拉·汗向英俄借款40万英镑，又让纳斯罗拉·汗成为替罪羊，另任命专制主义者阿明苏丹为首相。1907年8月31日，大不里士"莫扎希德"在议会大厦前刺死了这位新首相。

此时，一贯支持伊朗专制国王的俄国和表面上支持立宪的英国为了对付共同的敌人德意志帝国，暂时搁置彼此矛盾，于1907年8月31日达成互相妥协的三个协定。根据有关协定，伊朗被分割为三个部分。城市人口稠密、商业比较发达、面积达79万平方公里的北部地区，即席林堡—伊斯法罕—耶兹德—哈瓦夫和阿富汗以北地区为俄国势力范围。毗连印度和靠近阿富汗的伊朗东南部面积为35万平方公里的地区对英国的战略利益至关重要，被划为英国的势力范围。其余的伊朗领土为中立地带，多是人烟稀少的荒漠或不毛之地。双方约定不在"别人的"地带内寻求政治性的或经济性的租让权，也不阻碍对方在自己的势力范围内取得这种租让权，双方都保留在中立地带获得租让权的权利。并且约定在伊朗政府无力归还俄国信贷银行或英国波斯帝国银行的贷款时，英国和俄国在各自的势力范围内有权监督伊朗的财政收入。俄国承认英国在波斯湾的特殊利益，阿富汗为英国的势力范围，但两国在阿富汗的商业权利平

---

① 彭树智：《论1905—1911年伊朗资产阶级革命》，《西南亚研究》1987年第4期。

等。同年9月16日，英俄把协定的内容正式通知伊朗政府。这件事激怒了伊朗人民和议会代表，举国上下到处抗议，游行示威遍布全国。9月24日，全体议员一致同意宣布英俄两国关于伊朗的协定无效。

1907年春夏，民众抗议国王镇压立宪运动，农民起义，工人罢工，原来作为监督公正选举第一届议会代表的机构恩楚明（民选委员会）的权力发生了变化，大不里士的恩楚明有权监督阿塞拜疆的官方活动，有权规定粮食和肉类的固定价格，惩办投机商人，没收投机商人囤积的粮食分配给贫民。接着全国各地成立很多恩楚明。仅德黑兰一地就有约140个不同类型的恩楚明。恩楚明极大地动员和组织了民众，使他们的政治热情不断高涨，政治觉悟不断提高，有力地支持了立宪运动。1905年在高加索和伊朗各城市出现穆扎希德协会，其成员主要为商人、下层教士、小地主、手工业者、农民以及工人。1907年9月穆希扎德组织代表在马什哈德通过自己的行动纲领，其要求如下：实施普遍的、直接的、平等的秘密的选举权；要求言论自由、出版自由、演讲自由、集会自由、结社自由、人身自由和罢工自由；没收国王土地，收买诸汗的土地，分配给农民；实行八小时工作制；改变税制，实施比例财产税；实行免费的普及义务教育。穆扎希德成立自己的敢死队组织——费达依部队。英俄瓜分伊朗的协定给人民的反帝反国王的抗议活动火上浇油。不想立刻灭亡的国王只好在10月签署了《基本法补充条款》。伊朗的宪法至此基本完善。

宪法宣布，整个政府出自人民，国王权力受议会限制。议会有权力批准法律和国家预算，也有权监督预算执行。国王只能暂不批准议会通过的法律，解散议会，但如果新选出的议会确认上届议会的决议，国王即应批准争辩的法律。不经议会同意，政府不能把租让权让给他人，不得向外国借款，不得缔结条约和协定。宪法规定除了下院——议会还要成立上院——参议院。宪法规定了立法、行政和司法三权分立的原则以及政府向议会负责的原则。宪法中宣布人身、财产、住宅和私人通信秘密不受侵犯，人民有受教育、出版、集会和结社的自由，但不得违背伊斯兰教义。宪法规定成立省和州的"恩楚明"，其成员由居民直接选举。宪法规定在宗教法院以外，另成立世俗法院。伊斯兰教什叶派为伊朗国教。宗教领袖有权监督人民的教育、出版和集会；还规定，根据宗教领袖的提议，建立常设委员会，至少应由五名高级教士组成，审查议会所提出和通过的法律草案是否符合伊斯兰教的精神。不经委员会事先同意，国王不得批准任何一项法令。自由主义的地主和资产阶级通过宪法限制了王权获得参政权和议政权。宗教领袖在立宪运动的领导和组织作用决定了他们在议会中势压群芳的地位。这种地位让他们在制定的宪法中首先维护和扩大自己的权利，宗教领袖对人民的监督权和指导权在宪法中取得合法地位，实现了合法化。另一方面也应看到，宪法的颁布促进伊朗社会生活和社会制度西方化和世俗化，加速了伊朗现代化的进程。

在第一届议会存在期间，议会废除了包税制和封建采邑制，调整了粮价和肉价，撤换了呼罗珊州长，解雇了海关税务局的比利时人纳乌斯，成立世俗法院、贸易厅、地方自治局，削减了王室的开支和王子的补助金，还批准了成立国家银行的章程，但无法筹集银行资金，加之英国百般阻挠，所以成立国家银行的计划化为泡影。

首相阿明苏丹被刺杀后，国王不再坚持自己任命首相，这时毕业于英国大学、亲西方的纳赛尔莫尔克·格拉古兹鲁被议会推选为新首相，新首相设法使军队摆脱国王的控制，接受国防大臣和政府的监督。穆罕默德·阿里国王闻讯大怒，将其流放到欧洲。国王与议会之间的矛盾急剧尖锐起来。新任首相内扎姆萨尔坦内·马菲尽力调解二者之间的矛盾，但无济于事。1908年2月，有人向国王的乘舆投掷炸弹，国王幸免于难，这使国王警觉起来。

沙皇俄国是一个君主专制制度的国家，它一开始就反对立宪政权，支持国王的颠覆活动，此时看到议会坚持反俄的爱国主义立场，就给俄国驻德黑兰公使和哥萨克旅指挥官利亚霍夫上校下达指令，要他们支持国王发动政变。

1908年6月22日，国王宣布德黑兰戒严，任命利亚霍夫上校为德黑兰军政州长。利亚霍夫遵照国王的命令，要求议会把德黑兰恩楚明的领导人和议会中的左派议员交出来。议会拒绝了利亚霍夫的要求。6月23日清晨，哥萨克旅炮击议会和谢巴赫·萨拉尔清真寺，炮击持续到午间12

点。议会大厦和清真寺遭到严重破坏,很多议员和恩楚明委员被捕,押到王宫,受到严刑拷打,来自大不里士的一名议员也被乱兵所杀。炮击前后被屠杀者多达数百人,还有几十名立宪运动活动家被长期监禁在王宫。极少数议员逃到英国使馆避难。国王将议会淹没在血泊之中,用国务代表会议取而代之。

从此以后,伊朗立宪革命的重心转移到大不里士。早在1906—1908年间,大不里士就成为伊朗革命的前哨。大不里士的恩楚明前后两次打退了拉希姆汗匪帮的进攻,革命的费达依部队日益强大,并诞生了两位革命领袖——萨达尔汗和巴盖尔汗。萨达尔汗出身于小地主家庭,曾在伊朗皇储(阿塞拜疆执政者)的警卫队当过兵,后来领导贫民游击队。立宪革命开始后被选为大不里士的恩楚明委员,他因组织了费达依部队,被公认为当地的革命领袖。大不里士人民称萨达尔为人民领袖,石匠巴盖尔为人民统帅。他俩领导的费达依部队在1908年8月将拉希姆汗匪帮赶出大不里士,夺取军械库,装备了自己。并成立由萨达尔和巴盖尔领导的军事委员会,在大不里士和通向大不里士的公路上修筑了工事。

在1908年6月23日德黑兰反革命政变发生后,大不里士的革命者提出口号:恢复宪法,召开新议会,把支持国王和反动派的外国人赶出伊朗。大不里士的革命政权征用富豪的钱财和存粮,分给贫民,没收了国王及其宗室在阿塞拜疆的财产,控制了阿塞拜疆的大部分地区。俄国的革命人士,尤其是南高加索的革命人士无私地赞助了大不里士的革命政权。

大不里士的革命火炬照亮了伊朗的革命形势,1909年1月,伊斯法罕的立宪派夺取了本市的政权,巴赫季阿尔部落的部队拒不服从国王命令,不肯出征去镇压大不里士的起义,反而投奔了立宪派。吉朗省腊什特市也发生了革命政变,马什哈德居民拒纳捐税,不服从国王号令。在布什尔和班达——阿拔斯立宪派也夺取了政权。

1909年初,国王的军队占领了阿塞拜疆的大部分地区,包围了大不里士,切断了大不里士与外地的联系,城内粮食短缺,但是萨达尔与巴盖尔的部队仍然能抵挡国王军队的进攻。1909年4月28日,俄国借口保护本国臣民的生命安全,下令兹纳尔斯基将军出兵大不里士。正在围城的国王军队听说俄军开来，不战而逃。英俄两国对伊朗革命形势的迅速发展惊恐万状，俄国派几个团从恩兹里港登陆，英国派一艘军舰驶进波斯湾。英俄两国公使劝国王随机应变，召开新的议会。

在吉朗省会腊什特，属于革命派的恩楚明夺取该城的军火库，掌握该城的政权，反对国王的吉朗大地主——谢别赫达尔也参加革命。他们要求恢复宪法，召开议会，废黜穆罕默德·阿里国王。

1909年5月，谢别赫达尔率领伊朗、亚美尼亚和高加索的"穆扎希德"组织的近千人的军队从腊什特向德黑兰挺进，途中夺取了加兹温，他们不顾俄国公使帕克洛夫斯基的威胁，5月17日抵达德黑兰近郊。

巴赫季阿尔部落的酋长萨姆·萨尔坦内和萨尔达尔·阿萨特两兄弟一贯不满国王限制自己割据称雄，在英国的支持下，率领自己的部落从伊斯法罕向德黑兰进军。1909年7月，俄国又派军三千在恩兹里登陆。7月13日，立宪派的军队攻占首都，夺取了政权。利亚霍夫上校和国王的军队缴械投降。7月16日，穆罕默德·阿里国王躲入俄国使馆，请求英俄政府给予保护。同一天，由吉朗费达依部队和巴赫季阿尔部队的领导者、前任大臣和第一届议会的议员组成非常国民代表大会。会议宣布废黜穆罕默德·阿里国王，另立其12岁的儿子阿哈迈德·米尔扎为国王，恺加王朝的年长王子阿佐德·莫尔克担任摄政王。

立宪政权在俄国的压力下决定每年付给废王16000千英镑的养老金，条件是他不得进行任何反对伊朗政府的活动。这样，俄军才开始从德黑兰郊区后撤。穆罕默德·阿里国王到俄国去养老，俄国政府答应监督废王的行动，如果废王继续从事反伊朗的活动，并得到英俄两国政府的证实，就将立刻停发养老金。随之，临时政府组成，谢别赫达尔被任命为陆军大臣，巴赫季阿尔部落的酋长萨尔达尔·阿萨特为内政大臣，叶夫列穆为德黑兰警察局局长。由25位宪政主义者组成的委员会在第二届议会召开之前监督各部的活动。非常国民代表会议声明要恢复宪法，立即召开第二届议会。

1909年11月17日，第二届议会开幕。第二届议会的议员选举是根据新颁布的选举法选出来的。在议会里，自由主义的地主和资产阶级占优势。临时政府认为革命的任务已经完成，因而照旧维护君主制度和恺加王朝。为了克服财政困难，对大车、骡子等加征新税，这加重了人民群众的负担。最后，临时政府只好向英俄借款1250万英镑以维持政府运转，人常说"吃人的嘴软，拿人的手短"，因而临时政府不能理直气壮地反对帝国主义。1910年8月，叶夫列穆奉政府命令，率德黑兰的警察和巴赫季阿尔部队，在哥萨克旅的支援下，解除了来自大不里士、由萨达尔和巴盖尔所领导的费达依部队的武装，内部争斗削弱了立宪政权的力量。

1911年6月18日，废王穆罕默德·阿里带领一批俄国军官登船渡过里海，在里海的东南沿海登陆，把经常从事抢劫掠夺的土库曼各部落酋长招揽到自己门下，并从土库曼各部落招兵三万多人，向德黑兰进军。大敌当前，伊朗举国上下示威游行，要求政府采取果断措施，消灭废王的猖狂进攻，并组织革命志愿军——武装的费达依部队。在人民的支援下，政府军9月5日彻底击溃了废王的军队，穆罕默德·阿里再次逃往俄国。

立宪政权为了整顿伊朗政治和经济上的混乱局面，决定向中立国家聘请一批顾问和专家：摩根·舒斯特等五名美国人为国库和财政部门顾问；法国人阿多夫·佩尼为司法部门顾问；雅尔马松上校等瑞典军官为军事顾问，负责指挥组建宪兵；海关继续聘请比利时顾问。

1911年5月10日，舒斯特一行来到德黑兰，他们制定了海关法，以便统一掌握和使用海关税收。这触犯了俄国的利益，因为伊朗北部海关税收早已抵押给俄国。俄国要求先从北部海关税收中扣除还给俄国的借款，再把其余部分交给伊朗政府。而新的海关法规定，海关税收一律上缴国库，然后再从中取出应还给俄国的借款。俄国驻德黑兰公使坚决反对执行新的海关法。

与此同时，舒斯特为了征收捐税，决定组建专职宪兵队，并提议英国驻德黑兰使馆武官斯杜克斯少校担任队长。英国使馆同意先免去斯杜克斯的武官职务，再让他担任宪兵队队长。俄国政府闻讯大怒，当即下令俄国哥萨克旅缴了财政部宪兵的枪械，又于1911年11月初下令五千俄军越过卓勒法进入伊朗境内。另外还有一件事激怒了俄国。在击败废王匪帮后，议会通过了没收前王及这次叛乱的主犯的财产的法令。舒斯特根据这项法令下令查封废王兄弟在阿塞拜疆的财产。然而这位王子的财

第八章 立宪革命的风潮

产早已抵押给俄国的波斯信贷银行，舒斯特派往大不里士的行政代表与俄国驻大不里士的领事发生了冲突。

1911年11月11日，俄国公使向伊朗政府发出最后通牒，要求在48小时内向俄国政府做出说明并赔礼道歉，否则就将中断两国的外交关系。这时，侵入伊朗的俄军迅速向加兹温方向逼近。

此时伊朗政府急忙向英国求助，而英国驻德黑兰公使却袖手旁观，隔岸观火。俄国政府心知肚明，这是英国在鼓励自己大胆行动。11月29日，俄国再次向伊朗发出最后通牒：要求舒斯特必须在48小时内离开伊朗；伊朗必须保证今后不得到英俄两国政府的同意，决不聘请任何外国顾问；同时还要求赔偿俄国向伊朗调遣军队的费用。

最后通牒体现了俄国的蛮不讲理和横行霸道，也严重伤害了伊朗人民的民族自尊心，侵犯了伊朗国家主权。因此，伊朗人民无不热血沸腾、怒火万丈，到处举行群众大会和示威游行，高喊"不独立，毋宁死"，全国开始抵制洋货运动。议会代表全体人民的心愿，拒绝了最后通牒。同时革命部队在大不里士、恩泽利、腊什特和马什哈德顽强地抵抗俄军的入侵。

可是首相萨尔坦内却胆小如鼠、畏敌如虎，没有信心打退俄军对德黑兰的进攻，急忙命令伊朗驻巴黎和伦敦的公使同正在巴黎的俄国外交大臣谈判，双方达成下列协定：伊朗政府解雇舒斯特；伊朗聘请外国顾问的条件作废；伊朗也不再支付俄国驻军的费用。与此同时，叶夫列穆部队和巴赫季阿尔人占领了议会大厦，解散了议会，恺加王朝卷土重来。12月24日，伊朗政府接受了最后通牒，封闭了许多进步报纸，到处通缉杀害革命党人。伊朗立宪革命至此以失败告终。

1905—1911年的伊朗立宪革命是反帝反封建的资产阶级革命，在南阿塞拜疆和吉朗，这次革命还具有强烈的资产阶级民主革命的特色。伊朗立宪派缺乏坚强有力的革命政党的领导，没有真正动员组织人民群众，因而造成了自身力量的弱小，再加上帝国主义的武装干涉和联合镇压，使这次立宪革命归于失败。

1905—1911年的伊朗立宪革命标志着伊朗历史进入了资产阶级民族民主革命的时代。这次革命打击了恺加王朝的君主政体和封建专制制度，加速了恺加王朝的灭亡，在亚洲各国中首次成立了长期存在的议会。革命也同时打击了英俄帝国主义在伊朗的势力。革命中诞生的恩楚明、费达依为以后伊朗反帝反封建革命斗争积累了丰富的组织经验。

值得注意的是这次革命成为伊朗历史上第一次深刻的文化思想解放运动。在立宪革命中，伊朗报业空前发展，在1908年反革命政变以前，伊朗出版的报纸和杂志达150种以上。1909年推翻穆罕默德·阿里国王以后，国内出版的报纸也在100种以上，这些报纸和杂志一度发行到伊朗的大中小城市。其中报道议会会议消息的《议会报》发行到7000—10000份；大不里士的《恩楚明报》印数达5000份；《至上天使喇叭报》印数达5500份，该报经常用群众喜闻乐见的生动语言讽刺帝国主义和伊朗的反动制度，反对奴役妇女，反对吸食鸦片。这些报纸和杂志影响了社会舆论，把伊朗人民从昏睡百年的愚昧中唤醒，培养了他们对反帝反封建革命斗争的政治热情和觉悟，传播了民主、自由等西方进步的思想，有利于形成文明、开明的社会风气。因此，有学者认为，伊朗立宪革命是伊朗现代史的开始。①

伊朗立宪革命不仅受到俄国1905年革命的直接而深刻的影响，而且得到了以列宁为首的俄国布尔什维克的声援与实际支援。伊朗革命在中国也引起了巨大反响，中国革命民主派的机关刊物《民报》第25号上以"民意"为笔名发表了题为《波斯革命》的文章。作者把伊朗革命者称为"志同道合"的同志，赞扬他们"以自由平等博爱之真理激发其热诚，故能进而与强权抗争而无所却。能持此以抗国内之强权，即能持此以抗国外之强权"。作者从伊朗革命中得出如下结论："革命之热诚遍及于世界人类之心里，独夫民贼终，有不得逞其志之时。人特患力不副其志，毋患时势之不我与，观于波斯之革命而知矣！"伊朗革命鼓舞了中国民主革命派的信心，坚定了他们的革命立场。

伊朗立宪革命是20世纪初亚洲革命浪潮的组成部分，标志着亚洲开始觉醒，走向争取民主的自觉的政治斗争时代。在伊朗革命及俄国1905年革命的影响下，1906—1908年印度发生了反帝的人民运动，1908年土

---

① 钱乘旦：《论伊朗现代化的失误及其原因》，《世界历史》1998年第3期。

耳其发生青年土耳其革命，1911年爆发了中国辛亥革命，"亚洲觉醒"时期资产阶级革命至此发展到最高峰。

第三节　第一次世界大战与伊朗社会

伊朗立宪革命失败后，在海关供职的比利时顾问莫纳尔德出任国库总监，他完全听从俄国人的号令，俄军继续占领着伊朗北部，英国也在1912年的头几个月从印度调来军队，占领了属于其势力范围的南方诸省。英俄在各自的占领区内为所欲为，伊朗中央政府名存实亡。

英俄不仅在军事上占领伊朗国土，而且从财政上紧紧卡住伊朗的脖子，吸吮伊朗人民的血汗。1914年，伊朗欠英俄借款达680万英镑，仅利息一项，伊朗每年就得支付56.36万英镑，占伊朗国家支出总额的1/4到1/3。为了得到英俄贷款，伊朗也丧失了许多国家主权，英国的帝国银行和沙俄的信贷银行成为伊朗的"国中之国"。

1908年成立的英波石油公司1913年石油产量8万吨，1919年达110万吨。公司既攫取经济特权，又攫取了政治特权，公司可以私设警备队、警察、学校，公司所在地的伊朗官吏的任免得听命于英国人，公司成为伊朗的小朝廷。

当时伊朗只有两支军队，一支为俄国军官指挥的哥萨克旅，兵力有八千人，这支军队明目张胆地听从俄国号令，维护俄国利益。另一支为瑞典军官指挥的宪兵队，这支军队有亲德倾向。伊朗在外国军队占领国土、外国军官指挥本国军队、外国财政控制本国财政的情况下已不是一般的半殖民地，而是接近于殖民地了。

1914年8月3日，第一次世界大战在英、法、俄三个协约国和德国、奥匈帝国同盟国之间爆发，后来比利时、塞尔维亚、日本、罗马尼亚、意大利、美国、希腊和葡萄牙加入协约国一方，奥斯曼帝国和保加利亚加入同盟国一方。在世界大战爆发前，即1914年7月12日，年满18岁的阿哈迈德国王登基加冕，原摄政王纳赛尔莫尔克出游欧洲。大战刚一爆发，伊朗政府宣布严守中立，奉行中立政策的莫斯图菲马茂莱克随之出任首相。1914年11月1日，第三届议会开幕。伊朗虽然宣布中立，但是当时的国际形势已经把伊朗拖入战争。由于英俄军队占领着伊朗，而伊朗的邻国奥斯曼帝国已成为英俄的交战国，伊朗客观上已成为协约国和同盟国交战的前线战场，伊朗心里极不情愿，但却无力改变局面。

果然，1914年11月奥斯曼政府要求伊朗赶走驻扎在伊朗国土上的七千俄军，否则它将进攻伊朗，地位近于殖民地的伊朗当然做不到。同年12月初，七万俄军攻占了伊朗北部和西部靠近奥斯曼帝国边界一带的地方，与此同时，奥斯曼军队开进伊朗，在大不里士近郊击退俄军，攻占了大不里士。而阿瑟·巴特雷将军指挥的英国旅在夏台阿拉伯河岸击败了土耳其军队，1914年11月23日攻占了巴士拉，英国又派一个旅占领了伊朗胡泽斯坦南部，以确保英伊公司的石油生产。1915年初，一个英印混编师将土耳其从伊朗赶回两河流域。1915年1月，俄军在卓勒法近郊击溃土耳其军队，1月30日重新占领大不里士，1915年再次攻占雷扎耶，把战场推进到凡湖。

仇恨英俄的伊朗人民自然同情英俄的敌人德国，而德国也想把伊朗拉入同盟国以对付英俄。1915年3月，德国驻布什尔领事瓦斯穆斯将唐格斯坦和加什盖伊等游牧部落争取到自己一边，在亲德的瑞典军官指挥的宪兵队的配合下扫荡了法尔斯省的英军，强占英国驻设拉子领事馆。伊斯法罕省的英俄势力也荡然无存。德黑兰的反英反俄浪潮高涨，俄军从恩泽里港登陆，南下包围了德黑兰，阿哈迈德国王再次任命艾因·杜拉为首相出面组阁。一部分反对英俄的达官显贵逃出德黑兰，在德国和奥地利公使的协助下在库姆成立"民族保卫委员会"，这个委员会迁往奥斯曼军队占领的克尔曼沙赫市，成立以克尔曼沙赫总督为首的"临时政府"，还组成一支约四千人的军队。

1916年1月，英俄强迫伊朗中央政府把与英国人作对的宪兵队由七千人缩减到三千人，并撤换了亲德的瑞典和伊朗军官。伊朗同意在北部成立哥萨克兵团，在南部组建英国军官指挥的约八千人的"南波斯洋枪队"，这两支军队的武器装备和所需的二十万土曼军饷一律由英俄提供。这样军队只能保护英俄在伊朗的利益。

1916年3月亲英的沃苏格杜拉担任首相职务，帕西·赛克斯爵士指挥的南波斯洋枪队肃清了克尔曼锡斯坦—俾路支斯坦的德国势力，最后完全控制了法尔斯省，巴拉托夫将军指挥的哥萨克兵团也攻占了伊斯法罕。1917年3月21日，沃苏格杜拉正式承认了南波斯洋枪队。1916年夏，两万名步兵、骑兵和炮兵组成的土耳其军队攻占哈马丹，威胁加兹温。1917年2、3月间，英军夺占了库特和巴格达，巴拉托夫将军的俄军也猛攻哈马丹和克尔曼沙赫，土耳其把军队从克尔曼沙赫撤到席林堡，克尔曼沙赫的"临时政府"迁往伊斯坦布尔。4月2日，俄英军队在克尔曼沙赫胜利会师。

1917年3月12日（俄历2月27日）俄国二月革命爆发，11月7日（俄历10月25日）十月社会主义革命成功。1917年冬天，驻在伊朗的俄军彻底瓦解。1918年3月3日以后，俄国在伊朗的残余部队全部撤回国内，高加索一带俄军防线彻底崩溃。英国利用亚美尼亚、格鲁吉亚、阿塞拜疆的民族主义情绪，支持它们在1918年5月成立三个共和国。1918年8月英国远征军在巴库设立指挥部。1918年9、10月间，奥斯曼军队进攻高加索受挫。1918年夏英国海军在里海建立了一支小型舰队。此时，英国人抢占了俄军放弃的全部伊朗地盘。

1918年11月11日，德国签署了停战协定，接着奥匈帝国、奥斯曼帝国和保加利亚也相继投降，第一次世界大战结束。第一次世界大战给伊朗人民带来了深重的灾难。到战争结束时，伊朗已完全成为英国的殖民地，伊朗政府的存在必须靠英国政府和英国金钱来维持。战争摧毁了伊朗的国民经济。灌溉网遭到严重破坏，粮食因之减产，劳动力被迫修筑道路和军事设施，农用牲畜被英军征用，所剩不多的粮食也被英军抢走，社会生产力遭到极大破坏。1917年夏季的大旱灾以及伤寒、霍乱的流行使伊朗人民雪上加霜，人口大量死亡，有的地区居民死亡率达30%。面粉、面包、大米和糖的价格飞涨12倍以上。伊朗饥民倾家荡产，逃往他乡，许多地区荒无人烟。南部各省盗匪遍地，打劫商旅，行人难以出门。伊朗社会完全处于无序的混乱状态。人人忧心忡忡，提心吊胆，惶惶不可终日。

　　第一次世界大战结束时，伊朗最凶恶的敌人沙俄变成帮助自己的真诚朋友。早在1917年11月24日，苏俄宣布反对侵占别国的领土，废除瓜分波斯的条约，只要军事行动一停止，军队立即从波斯撤退，保证波斯人自由决定自己命运的权利。1918年初在俄军从伊朗完全撤退时，苏维埃政府公布了沙皇俄国和英国所签订的涉及伊朗并侵犯伊朗国家主权的秘密条约。1917年12月14日，伊朗正式承认苏俄新政权。苏俄任命原沙俄驻霍伊领事、后投奔革命的布拉文为苏俄驻伊朗公使，但由于沙俄驻德黑兰原公使拒不交出使馆以及伊朗首相的拖延，布拉文只好于1918年春去阿富汗，后在加兹尼遇害。

　　1919年6月26日，苏维埃人民外交委员会交给伊朗政府一份《致波斯人民和波斯政府》的照会，再次声明苏维埃政府放弃沙俄从伊朗获得的、使伊朗处于不平等地位的一切权利和特权，放弃沙皇时代借给伊朗的贷款、从伊朗获得的租让权和领事裁判权。波斯信贷银行以及俄国在波斯所有铁路、港口设备、邮政、电话和电报线路都交给波斯人民。1919年7月26日，苏俄派新任公使阔洛米采夫到伊朗，意与伊朗缔结友好条约，然而正在与英国谈判签订另一个条约的沃苏格杜拉政府不但拒不与苏俄外交官谈判而且将其押往印度监禁，后则纵容哥萨克反革命分子拦劫阔洛米采夫，这位苏俄公使在萨里遇害。这个骇人听闻的严重事件使苏俄被迫中断了与伊朗的外交关系。

　　1919年1月，第一次世界大战的战胜国在巴黎凡尔赛宫举行和平大会，英国政府将伊朗代表团拒之门外。早在1918年秋，英伊就开始秘密谈判，为了让沃苏格杜拉内阁签订卖国条约，英国人向他行贿13万英镑。1919年8月9日，沃苏格杜拉与英国公使帕西·科克斯爵士在德黑兰签署英伊协定。协定规定：英国顾问监督和控制伊朗的军事和财政机构，其费用由伊方负担；英国向伊朗提供年息为7%的200万英镑的贷款，以之作为上述活动的费用；英国许诺赔偿伊朗在战争期间遭受的物质损失，并帮助伊朗修筑铁路、修改海关制度；英国还虚伪地承诺承认伊朗的独立和领土完整。这个卖国条约还未得到伊朗议会的批准，英国就已经急不可耐，相继向伊朗派出以迪克松将军为首的军事代表团以帮助编练伊朗军队，派出以阿米泰吉·史密斯·悉尼为首的财政代表团管理伊朗财政。这个卖国条约把伊朗变成了英国的保护国。伊朗人民从报纸上得知这个消息后无不愤慨，无不声讨。美国和法国也不愿英国独吞果实，所以也反对英伊协定。出访欧洲的阿哈迈德国王也顶住重重压力，始终不肯在法国和英国讲几句赞同1919年英伊协定的话。1920年6月，当伊朗国王从欧洲返回德黑兰时，伊朗人民支持国王的爱国行动。

1920年初，苏俄红军开进阿塞拜疆，打败了邓尼金和英国邓斯特维尔的部队，后者乘英国军舰从巴库逃到恩泽里港，红军南下里海追击残敌，相继攻占了恩泽里港和腊什特。苏俄在1920年5月20日声明：一旦肃清反革命分子，红军将撤离伊朗。可是伊朗仍然认为苏俄红军在侵略伊朗，因而向国际联盟指控苏俄。1920年6月24日，沃苏格杜拉内阁垮台，主张中立温和亲善的莫西尔杜拉出任首相，他顺从伊朗民意，宣布停止执行英伊协定，让英国顾问离开伊朗。1921年3月23日，伊朗正式废除了1919年协定。1920年8月，莫西尔杜拉首相派出代表团去莫斯科与苏俄进行直接谈判，同时宣布承认苏俄政府。1921年2月26日，苏伊友好条约签订。据此条约，伊朗收回沙俄在伊朗霸占的全部特权和权利，也不再偿还沙俄给伊朗的贷款，相应地取消了这些贷款的抵押，苏俄放弃在伊朗的领事裁判权。伊朗答应不得把苏俄退还的各项特许权转让给第三国，也不得把伊朗领土作为反革命的白俄或第三国进攻苏联的基地。否则，苏俄有权出兵伊朗，以消灭敌军。从此，伊朗与苏俄两国之间的关系实现了正常化。

第四节 社会主义的尝试

波斯社会主义苏维埃共和国源于吉朗省的"森林人"游击队，游击队的领袖为米尔扎·库切克汗。

米尔扎·库切克汗出身于商人家庭，年轻时曾在伊斯兰教神学院读书。在1905—1911年立宪革命中，他参加了腊什特的费达依部队，积累了丰富的作战经验，接受了战斗洗礼。在第一次世界大战中，沙俄派兵从伊朗西北边境重镇卓勒法入侵伊朗，又从吉朗的恩泽里港登陆，其兵锋直指伊斯法罕，全国人民不能坐视国破家亡，于是反侵略斗争遍地开花。疾恶如仇的库切克汗发动农民、城市贫民和一部分小资产阶级组成游击队，在吉朗省揭竿而起。他们宣誓伊朗不取得民族独立，他们决不剃头，因而留有披肩的长发，于是获得"类人猿"的绰号。以哈鲁·库尔班为首的吉朗地主和种植园中的雇农参加了游击队，游击队势力大增，声势更大。他们没收封建主的粮食以及其他财产，把封建主逐出庄园，并宣布废除徭役，这种劫富济贫的绿林好汉式的做法自然获得了农民的拥护。

因为伊朗是伊斯兰教国家，参加森林人游击队的群众几乎都是穆斯林，所以其政治思想和斗争目标必然从伊斯兰价值观出发，从伊斯兰教中找到源头和合法性，并用伊斯兰形式来表达。此外还可用伊斯兰教作为纽带团结群众，加强凝聚力和向心力。所以在1917年末，游击队成立以库切克汗为首的核心组织"伊斯兰教同盟"委员会，其主要纲领是：与帝国主义进行圣战；争取伊朗的民族独立；恢复土地税"什一税"。"什一税"是伊斯兰教教义规定的税种，恢复"什一税"无意于改变地主对农民的剥削关系，但实际上确实减轻了农民的负担，因为在此之前，农民除了向地主缴纳"什一税"外还必须缴纳实物税，而现在农民

第八章 立宪革命的风潮

只向地主缴纳"什一税",不必缴纳"杂税"。显而易见,这个纲领还具有时代性、进步性和人民性。1919年末,游击队遭到残酷镇压,但实力尚在。

1920年4月28日,巴库的阿塞拜疆"莫萨瓦德特"(意为"公正")共和国被推翻,苏维埃共和国建立。被红军击败的外国干涉军和反革命白卫武装从巴库逃窜到恩泽里港。5月18日,苏维埃舰队追到恩泽里,占领了该市并深入吉朗境内,英军和白卫分子从吉朗逃走。早已与红军取得联系的森林人游击队利用千载难逢的大好时机走出森林,占领了腊什特和恩泽里。吉朗境内的州长、封建贵族、反动官吏和商人闻风丧胆,逃之夭夭。

1920年6月5日,库切克汗宣布建立"波斯苏维埃社会主义共和国"(苏联著作中称之为"吉朗共和国"),库切克汗担任临时革命政府军事委员会委员长。库切克汗致电列宁,通告"波斯苏维埃社会主义共和国"成立的消息,并向列宁致敬,要求苏俄和第三国际"帮助我们和所有弱小的、处于波斯和英国枷锁下的民族得到解放"。[①]他迫切要求苏俄援助,以保证革命政权的生存。苏俄理所当然地援助吉朗革命政权,以尽支持东方被压迫民族的国际主义义务。这个新生的革命政权深受十月革命的影响,模仿苏维埃管理方式,采用人民委员会制和军事委员会制领导行政和军事工作。

当然,"波斯苏维埃社会主义共和国"不是无产阶级专政的国家,而是资产阶级民主共和国,伊朗共产党是这一政权的参加者和支持者。1916年成立于巴库的"正义党"是伊朗工人政党。1920年6月20—25日"正义党"在恩泽里举行第一次代表大会,宣布把正义党改名为共产党。48名代表组成的代表大会通过了党纲和党章,选举了中央委员会,选举列宁为大会名誉主席,通过了向列宁和共产国际执行委员会的致敬信,并决定加入共产国际。大会批准党在最近时期的基本目标:反对帝国主义者,反对王室政权,反对地主大汗,支持库切克汗政权,建立民族民主统一战线。

---

① 刘陵:《苏伊早期关系探隐》,《世界历史》1988年第1期。

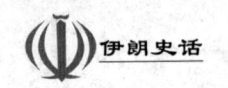

库切克汗的苏维埃共和国的基本任务如下：进行反帝斗争，把英国人赶出伊朗，推翻国王政权，占领德黑兰，反对大封建主。这个基本任务与伊朗共产党的基本目标相同，成为伊朗共产党与库切克汗联合的政治基础。

苏维埃共和国成立后，利用有利的国内外形势积极进攻。刚组成的伊朗红军肃清了吉朗全境和马赞德兰大部分土地上的英军和政府军，并把逃亡的大封建主的土地收归国有。1920年7月，革命军开始向德黑兰挺进，占领了位于曼季勒山峡的曼季勒镇，这是通向加兹温的战略要地。革命军沿里海东进至巴尔福鲁什（今巴博勒），又乘船东渡里海在贝沙赫尔登陆。然而，在形势大好的关键时刻，革命民主联盟内部却发生了分裂。其原因有二：

第一，库切克汗从民族商业资产阶级和地主阶级的经济利益出发，反对没收一般地主的土地分配给农民，只主张没收逃亡的反动大地主的土地，恢复农民缴纳给地主的"什一税"，无意彻底改变农民受剥削、受压迫的地位。

第二，年轻的伊朗共产党缺乏经验，受小资产阶级思想影响，存在左倾机会主义和宗派主义思想。他们认为半殖民地半封建的伊朗是发达的资本主义国家，因而面临着社会主义革命的任务，要求没收一切地主的土地，没收商人和手工业者的财产，进行反宗教的无神论宣传。这种四面树敌的策略人为地增加了伊朗共产党的生存危机，这种不顾伊朗民族传统和宗教情感的反宗教做法只能让自己众叛亲离、山穷水尽。这种做法直接导致伊朗共产党与库切克汗的分歧和争执。

这时隐藏在吉朗的为国王和英国效命的特务冒充革命者，浑水摸鱼，趁火打劫。他们捣毁商店，破坏市场，杀人放火，沿街抢劫，还别有用心地进行反伊斯兰教的宣传，当时形势十分混乱。腊什特的商人为了反对征用他们的财产，举行了罢市。库切克汗要求取缔伊朗共产党。而伊朗共产党中的左倾分子又联合其他派别，在1920年7月10日通过决议，将库切克汗从政府中排挤出去。库切克汗为求自身生存，与国王代表进行秘密会谈，会谈无果而终。7月19日，库切克汗率领游击队离开腊什特，重返森林，许多农民也跟他们进入森林，统一战线破裂，革命力量元气大伤。

1920年7月31日成立了由爱赫萨拉诺拉为首的"解放伊朗民族委员会"。他同哈鲁·库尔班和伊共中的左倾分子继续执行极端左倾的错误政策。他们把民族商业资产阶级和爱国地主完全排除在民族解放运动之外，逮捕拥护库切克汗的人士；又对商人和手工业者加征捐税，征用他们的财产；又强迫搬运工人实行无偿劳动，抢走农民的牲畜，给农民空许无法实现的诺言；在腊什特设立关卡限制商人，结果使农民无法出售自己的农产品。这一系列竭泽而渔的政策使农民大失所望，地主咬牙切齿，同时破坏了正常的社会生活和社会经济秩序，加重了自己的危机。

"解放伊朗民族委员会"又实行军事冒险政策。1920年8月向德黑兰贸然进军，在曼季勒和加兹温之间被击溃。溃不成军的吉朗部队又实行退却中的逃跑主义，追击而来的政府军占领了腊什特。吉朗革命部队被迫转移到马赞德兰。1920年10月，吉朗部队经过浴血奋战重新夺回腊什特。此时"解放伊朗民族委员会"发现自己成为人人躲避的孤家寡人，民族商业资产阶级、爱国地主、农民和城市贫民都弃它而去。众叛亲离的委员会终于与当地大封建主握手言和，互相支援粮食和军火，共同消灭库切克汗的森林人游击队。

1920年9月，在巴库举行了东方各民族代表大会。伊朗、印度、阿富汗、土耳其、埃及等国代表参加了大会。大会反省了极左政策造成的极大危害，从组织上和思想上清算了左倾错误。会后伊朗共产党改组了中央委员会，选出了以哈伊达尔汗为首的新的党中央。1921年1月，伊朗共产党中央委员会通过《哈伊达尔汗提纲》。提纲认为伊朗"正处在从氏族制度和封建制度向资本主义过渡阶段"，因而不能实行社会主义革命；伊共为了反对国王、大封建主和帝国主义就必须团结一切可以团结的阶级，与希阿巴尼派、库切克汗精诚合作；剥夺大地主的土地，分给农民，以吸引农民参加革命；伊朗共产党还决定参加伊朗议会，利用合法讲坛向人民多做宣传；同时不得侮辱群众的宗教感情。为了建立统一的不可分割的人民共和国，伊共还决定建立革命军队。

在此之前，1920年9月，伊共从"解放伊朗民族委员会"中撤回自己的代表，但让军队中担任军官的伊共党员仍然留在军中。此后便重新登记党员，巩固地方党组织。1921年初伊朗共产党与库切克汗取得联系，开始了恢复统一战线问题的谈判。1921年4月，伊共中央发表告人民书，重申恢复统一战线。1921年5月8日，伊朗各社会集团在富明（今富曼）举行协商会议，达成了恢复统一战线、建立新政府的协议。建立"伊朗革命委员会"以取代"解放伊朗民族委员会"，解除爱赫萨拉诺拉的领导职务，保留其在革命委员会中的资格，库切克汗任主席和财政部长，哈伊达尔汗担任外交部长，哈鲁·库尔班任军政部长，再次宣布建立苏维埃共和国。

但是令人遗憾的是，重新进入统一战线的各派同床异梦，貌合神离。1921年6月，对失去领导地位愤愤不平的爱赫萨拉诺拉突然心血来潮，背着革命委员会，率领他的革命军进攻德黑兰，想以侥幸得胜挽回自尊心。但这次冒险进军一败涂地，国王政府军乘胜追击，一直打到腊什特，吉朗的波斯苏维埃共和国危在旦夕。革命委员会谴责了他的错误，把他开除出政府。从此以后，他带领自己的部队退守拉希詹。统一战线的一股力量分离了。

接踵而来的是库切克汗与哈鲁·库尔班分道扬镳。哈鲁·库尔班是军政部长，他负责吉朗的全部革命军队。根据革命委员会的决议，全部游击队必须合并。但心存疑虑的库切克汗不愿交出自己的"森林人"游击队，仍盘踞在富明。库切克汗和哈伊达尔汗也各奔东西。库切克汗一贯反对土地革命，反对没收地主土地。而哈伊达尔汗坚持要把土地革命列入社会改革的提纲之中，要求以革命委员会的名义发表。库切克汗坚决拒绝之后，哈伊达尔汗以自己的名义于1921年8月15日发表了这个提纲。统一战线的分裂已经日益表面化。

1921年秋，吉朗境内的革命力量已经四分五裂，各据一方：掌握着群众力量和一些武装力量的伊朗共产党的主要基础在恩泽里；库切克汗的森林人游击队在富明地区；哈鲁·库尔班的军队控制着腊什特；爱赫萨拉诺拉固守拉希詹。苏维埃共和国已经分崩离析。

而此时苏维埃共和国面临的国内外形势发生了不利的变化。亲英的沃苏格杜拉当首相时，苏俄政府一方面维持与伊朗政府的官方交往，但不作深入切实发展；另一方面通过阿塞拜疆苏维埃共和国审慎而隐蔽

第八章 立宪革命的风潮

地大力支援吉朗革命，保护吉朗的政权。主张维护独立和中立的莫希尔·杜拉上台组阁时主动提出与苏俄建交。而此时吉朗的革命势力四分五裂，随着进攻德黑兰的失败，腊什特也陷于敌手，这令苏俄大失所望。1921年2月26日，苏伊友好条约正式签字并立即生效。苏俄只与伊朗发生国家与国家、政府与政府的官方关系，这意味着苏俄不再卷入吉朗革命，换句话说，苏俄将不再从国际上保护吉朗的"苏维埃政权"。从伊朗政府方面，1921年2月21日，礼萨·汗发动政变，担任哥萨克师长和陆军大臣，逐渐掌握了全国所有的军队，军队的战斗力显著增强。总之，吉朗的革命政权不但失去了国际上的保护，而且遇到了更加强大和残暴的敌人。

混入库切克汗部队内部的英国及伊朗政府的奸细不断挑拨离间库切克汗与伊朗共产党的关系。他们说伊朗共产党必然过河拆桥，即伊朗共产党利用库切克汗的力量达到自己的目的，然后杀掉他。库切克汗疑心重重，思前想后，决定先下手为强。1921年9月29日，库切克汗邀请哈伊达尔汗和伊共其他领导到距富明不远的小镇开会。麻痹大意、毫无警惕的伊朗共产党领导应邀前往。在开会期间，库切克汗派人火烧与会共产党人的住宅，并开枪射击，与会的共产党人全部遇害。接着库切克汗摧毁了恩泽里和腊什特的共产党组织。

库切克汗的背叛行为涣散了革命阵营的斗志，"森林人"游击队也土崩瓦解。哈鲁·库尔班见大势已去，干脆向伊朗政府投降。1921年11月2日，卡旺·萨尔塔涅首相和礼萨·汗命令哥萨克军占领了腊什特，不费吹灰之力打败了"森林人"游击队。库切克汗带领一股人马退入山区，意欲东山再起。然而在孤立无援的情况下，库切克汗冻死在了山隘之中。

第九章 现代化的推手——礼萨·汗

恺加王朝的内外交困加剧了伊朗的社会经济危机。在宗教领袖和民族主义者的共同努力下，伊朗爆发了立宪革命，革命的风潮使伊朗的文化空前解放，标志着伊朗进入了争取民主的自觉政治斗争时代。礼萨·汗在1921年发动政变，夺取政权之后推动了一系列卓有成效的现代化改革，促进了伊朗社会的世俗化，捍卫了民族独立和尊严。

第一节　礼萨·汗的崛起

在第一次世界大战结束后，伊朗陷入外敌入侵、国家分裂的深重灾难中，恺加王朝的腐败无能、卖国求荣愈演愈烈，群众性、战斗性的革命运动风起云涌，苏俄对伊朗的友好外交政策进一步唤醒了民族意识，土耳其凯末尔革命为伊朗的发展树立了榜样，伊朗在衰败中蕴藏着新生，在危机中孕育着生机，在苦难中呼唤着英雄，在保守中急需改革。在历史的关键时刻，商业资产阶级和新兴地主的代表人物礼萨·汗崛起，发动了影响深远的现代化改革，建立了巴列维王朝，在很大程度上使国家走向统一，民族走向独立，并且促进了伊朗资本主义的成长和社会文化的进步。

礼萨·汗1878年生于里海之滨马赞德兰省的一个小地主家庭，其祖父曾参加过征讨阿富汗的战事，父亲是一位军官，曾驻守马赞德兰。礼萨·汗出生40天后，其父去世，家道中落。母亲携带他历经千辛万苦来到只有八万人口的德黑兰。礼萨·汗五岁学会赶毛驴，十岁成为所向无敌的孩子王，从小性格坚强，敢想敢干，吃苦耐劳。

礼萨·汗14岁时参加哥萨克兵团，先后在德国驻伊朗大使馆、比利时驻伊朗大使馆当勤务兵；17岁时同表妹玛利亚姆·卡拿姆结婚；18岁时成为冲锋陷阵、临危不惧的一名骑手；21岁被提升为副官，改名礼萨·汗，波斯语意为部落首领。他参加过多次战役，积累了丰富的作战经验，习惯了严格而艰苦的军旅生活。1903年，因为用机枪击退来犯之敌而获得礼萨·马克西姆的称号。礼萨·汗善于独立思考，对俄国控制波斯军队大为不满，对于被镇压的爱国人士深为佩服，他的民族主义思想开始形成，决心依靠军队改变波斯的命运。

30岁时他已是上尉，在漫长的等待中，他不耻下问，潜心求学，广

第九章　现代化的推手——礼萨·汗

泛阅读各种书籍，关心国内外大事，政治意识迅速形成。他极为关注土耳其凯末尔革命进展情况，对波斯积贫积弱的局面深为忧虑。

1919年，礼萨·汗被提升为陆军上校，成为哥萨克师的副指挥官，手下拥有两千五百名骑兵。这时，他已经找到了志同道合的政治盟友——新闻记者赛义德·泽亚丁·塔巴塔巴伊。

此时英国公使诺尔曼要求伊朗首相莫西尔杜拉根据1919年协定，将由俄国反革命军官指挥的哥萨克师转交英国军官指挥，首相为了维护伊朗国家利益，没有答应英国的要求，英国停止对伊朗每月一万英镑的补助金，莫西尔杜拉内阁被迫于1920年10月25日辞职。11月13日，赛帕赫达尔·拉什姆首相组阁，新政府宣布解除哥萨克师指挥官斯塔罗赛尔斯基将军的职务，将这支军队的指挥权交给伊朗军官萨尔达尔·胡马雍。在此之前，礼萨·汗已经强迫军中的俄国军官离开伊朗。

1920年11月22日，英国正式要求将哥萨克师交由英国军官指挥，否则要终止对伊朗的补助金。1921年1月6日，英国使馆指示在伊朗的臣民准备撤离伊朗。同时，英国秘密与礼萨·汗联络，支持礼萨·汗发动政变，取代有反英情绪的政府。

1920年2月中旬，礼萨·汗的部队驻扎在哈马丹，官兵们已经连续数月未领到军饷，怒气冲天，对国家的前途命运也忧心忡忡。1921年2月21日拂晓前，礼萨·汗在密友赛义德·泽亚丁和穆尔特兹·汗的陪同下，率领两千五百名骑兵进军德黑兰，上午十点钟到达德黑兰郊外，下午三点未遇任何抵抗就控制了整个首都。当日傍晚，原首相辞职，国王任命赛义德·泽亚丁为首相。第二天，礼萨·汗被提升为哥萨克师师长，并接管了陆军部。

礼萨·汗要求德黑兰全体居民服从命令，保持镇静，并将前任内阁大臣和首都的一些头面人物投入监狱。英国也希望这位坚强有力的军人来收拾残局，以便维护英国在胡泽斯坦的油田的正常生产。1921年2月26日，苏伊友好条约签署，苏俄支持伊朗维护国家主权和民族权益，礼萨·汗迎来了有利于改革的国际环境。他依靠哥萨克师，建立了听命于他的宪兵部队和警察部队，掌握了伊朗的军权，为掌握政权打下坚实的基础。他蓄谋已久的民族主义思想终于有了实现的机会，他的现代化改革方案也慢慢具备了实施的手段和环境。伊朗面临着百废待兴、破旧立新的历史机遇。

赛义德·泽亚丁任首相期间（1921年2月22日—5月24日），英国废除1919年英伊协定，至5月15日英军全部撤出伊朗，6月初苏军也全部撤离吉朗省，历时12年之久的军事占领时期便宣告结束。由于实行过激的政策和肆意逮捕达官显贵，赛义德·泽亚丁于5月24日倒台，戈旺姆萨尔坦内继任首相，礼萨·汗成为国防部长和军队总司令。从这时到1926年4月加冕称王，他进行了第一阶段的改革。

礼萨·汗首先创建了伊朗现代军队，成为伊朗新型军队的缔造者。他下令把哥萨克师中的英国教官一律免职，并解散英国人所创立的南波斯洋枪队，把12000名宪兵和7000名哥萨克士兵整编成伊朗皇家武装部队，实现军队的统一编制、统一指挥，即军队的一体化，同时又用哥萨克师中的伊朗军官替代了宪兵队中的外国军官，这些委以重任的伊朗人大多是对礼萨·汗忠心耿耿、唯命是从的朋友或部下。新军经过整编，扩招人数达40000名，在礼萨·汗的亲自监督下严加训练，战斗力大大提高。礼萨·汗深知军费对军队的重要性，早在戈旺姆当首相时就迫使财政部把公共产业的收入转归国防部支配。有了源源不断的军费，军官待遇优厚，军队装备齐全，士兵士气高涨。这支军队成为礼萨·汗维护国家主权、独立和统一的有力武器，也成为礼萨·汗权力的支柱和基础，成为伊朗新生和复兴的力量保证。

其次，礼萨·汗坚决铲除国内的分裂割据势力，重建现代伊朗国家的统一。1922年兵发阿塞拜疆和法尔斯，1923年肃清了克尔曼沙赫的割据势力，1924年用兵于巴卢奇斯坦和卢里斯坦，1925年取胜于马赞德兰和呼罗珊。特别值得一提的是1924年征服胡泽斯坦。胡泽斯坦省督谢赫·哈扎尔自以为是独立王国的国王，与英国互相勾结、互相利用，接受英国的庇护。他拒绝向中央政府缴税，蔑视中央政府，急欲脱离中央政府，建立"独立的阿拉伯国家"。他与心怀不满的卢尔人、巴赫蒂亚尔人共谋分裂国家。历代中央政府都想征服他，但都无能为力，英国人警告伊朗政府不要动他，甚至派军舰驶进波斯湾耀武扬威。1924年秋，礼萨·汗兵发胡泽斯坦，稍后他亲临战场，就近指挥，谢赫·哈扎尔不堪一击，兵败被俘，英国则袖手旁观，置之不理。礼萨·汗轻而易举地打败了英国的爪牙,这一英雄行动受到伊朗举国上下的称赞,他从此声誉鹊起,羽毛渐丰。

早在1923年10月28日,阿哈迈德国王就任命礼萨·汗为首相兼国防部长,他自己感到形势不妙,就出游欧洲,一去不返。第四届议会闭会期间,代表大地主和乌莱玛利益的保守议员坚决反对礼萨·汗的两年义务兵役法案。于是礼萨·汗促使俯首听命的第五届议会于1923年1月召开,新议会顺利地通过了两年义务兵役法案,又通过了税收法案,允许从糖茶中征税以之作为未来建设横贯伊朗大铁路的费用。在全国统一重量和长度单位,重新采用伊斯兰前的年历,每个人都必须保留出生证明,仿效欧洲为自己取姓。废除恺加王朝的各种贵族头衔,首相被尊为军队最高统帅。

第二节 礼萨·汗的现代化改革

礼萨·汗起初想仿效凯末尔,废除君主制,建立共和政体,但由于达官显贵和教士的强烈反对,礼萨·汗审时度势,还是决定建立君主制。1925年12月12日,立宪会议一致通过决议,宣布礼萨·汗继承王位,1926年4月25日举行加冕典礼,正式建立巴列维王朝,礼萨·汗的改革进入第二阶段。

一、改革的主要内容

(一)收回国家主权,全面坚决地维护国家权益

第一,废除领事裁判权。1927年,礼萨·汗下令解散旧法院,成立新法院,并按照符合国际惯例的法律做出裁定,即相信伊朗的法律可以公正地保护在伊外国人的权益,干涉和控制伊朗内政的领事裁判权就再无存在的必要。经过外交努力,到1928年5月,彻底废除了领事裁判权。

第二，实行国家行政管理民族化。解除那些人在伊朗、心在本国的外籍工作人员的职务，特别是解聘了来自美国的财政顾问，辞退控制伊朗海关的比利时顾问。1934年6月，实现海关业务管理人员伊朗化。

第三，宣布实行关税自主。实行新的关税法，以保护伊朗的民族工业和经济独立。

第四，坚决拒还不合理的国际债务，合理合法合情地争取国家利益。当伊朗坚决收回海关主权时，分享伊朗南部海关税收的英国以要伊朗归还450万英镑的欠款相要挟，伊朗坚决斗争，英国被迫将450万英镑的欠款降到200万英镑，并建议分期付款，最后英国承认关税法，伊朗也答应还清了英国债务。

第五，收回恺加王朝给予外国的租让权，千方百计地维护民族利益。根据1901年5月21日协定，除阿塞拜疆、吉朗、马赞德兰、戈尔甘和呼罗珊北部五省以外，伊朗其他地区的石油开采权和经营权租让给达尔赛，为期60年。达尔赛承诺每年交付伊朗政府两万英镑的现款和同样数目的股票，以及石油红利的16%。而根据1933年4月29日新协定，伊朗石油收益增加到股份利润总额的20%，每输出一吨石油还必须交付伊朗四先令。伊朗每年的石油收入不得少于105万英镑。另外，石油公司的采油范围被限定在法尔斯、胡泽斯坦和克尔曼沙赫三省，总面积为10万平方公里。石油公司答应培训伊朗工人，以便让他们承担技术性较强的工作。作为交换，石油租让权的期限将延长60年，直到1993年。

1925年伊朗正式废除沙俄时期给予里亚诺佐夫兄弟的里海捕鱼权。1927年10月1日达成新协议，成立一个由伊朗人担任总经理的"伊苏联合渔业公司"，共同经营里海的渔业，为期25年。1931年2月17日，伊朗收回了经营印欧电报公司的特许权。

第六、取消外国在伊朗的军事基地。1932年，英军将其在波斯湾的海军基地从布什尔迁到巴林群岛。苏联也将恩兹里港及其附属设施交还伊朗，苏联军舰撤离伊朗水域。

（二）继续巩固中央集权制和国家统一，镇压民族分裂主义，强迫游牧部落过定居生活

第一，改革国内行政区划，限制大省总督的权力。在1938年，将全国分为49个州，合为十省，削减州长权力，州长不再听命于当地势力，而由中央政府任命，对礼萨·汗言听计从。全国政令统一，有效地实现了中央对地方的控制。

第二，加强立法工作，颁布各项法律，使巴列维王朝的统治和管理制度化、法律化和正规化。1928年颁布土地登记法，1930年财政部公布了国有土地出租的通令，同年公布了取缔土地强占法。1931年公布取缔农民运动法，1934年又公布了出售国有土地的法令，还有土地评估法、土地开发法，这些与农业相关的法律促进农村农业中资本主义成长。

另外，1925年根据西方法律的模式颁布了商法，1926年颁布刑法。1928—1935年参照法国、比利时和瑞士等国的法律公布了民法典三卷。这些法律中仅在婚姻、继承部分保留了伊斯兰教法。1935—1940年进一步改革传统的伊斯兰教法，在民法中增加了关于家庭关系、结婚、离婚、财产继承等现代西方法的条文。

第三，通过征税和征兵、强制定居、逮捕和处决、拉拢和利用等手段对付部落的分离运动和反抗。

礼萨·汗老谋深算，稳扎稳打。他先是挑拨离间，使各游牧部落互相残杀，互相削弱。待到军力强大、占据军事优势时，就对游牧部落强制征税征兵。征税削弱部落的财力，征兵削弱了部落的人力，二者相加，削弱了他们反抗政府的能力和实力。当然，各游牧部落不可能坐以待毙，他们奋起反抗，但遭到拥有自动武器、装甲车和侦察机的政府军的残酷镇压，其首领被囚禁或处决，普通群众也死伤累累。

当局强迫游牧部落从游牧经济过渡到农业经济，从游牧生活过渡到定居生活，新迁居的地方伤寒、痢疾、沙眼、肺炎、肺结核流行，泉水受到污染，导致这些部落婴儿死亡率高，人口减少。牲畜大量减少，人们生活水平下降。

第四，力图让所有的伊朗人都处在强大的国家力量保护之下，都认同同一个统一的国家。礼萨·汗大力改善亚美尼亚人、犹太人和袄教徒的处境，他们享有充分的公民权和择业自由。与此同时，严格管制和镇压具有分裂国家倾向的伊朗少数民族，如阿拉伯人、库尔德人和土库曼人，并对非伊朗部落和民族实行波斯化政策。

(三) 大力发展现代经济

第一、以银行来支持农业的发展。1928年成立伊朗国家银行，1930年从英国人手中收回了钞票发行权，同年成立农业银行分行。1931年又开办了专门的农业银行。两个农业银行都以借方的土地及其他不动产为抵押，贷款给他们兴修水利工程，扩大种植经济作物。

第二、伊朗政府通过机器进口免税法、扶助伊朗民族工业企业法（新建工厂在十年内从国外进口原料和化学制品可以免征关税和沿途杂捐）。1931年2月25日通过了《对外贸易专营法》，宣传对外贸易的出口和进口归政府专营。1931年3月11日又通过了这个法律的补充法，都规定限定伊朗进口总额和发给许可证的办法。这些法律巩固了伊朗货币的行市和民族工业。

第三、1930年伊朗开始建立现代化的机器工业。因为伊朗缺乏实力雄厚的私人投资者，所以由伊朗国家或者国王本人作为大企业的投资者，以此启动伊朗工业化的车轮。伊朗先发展投资少、风险小、见效快的轻工业，在轻工业中先发展纺织业和农产品加工业，在实力增强后才建设重工业。1932年注册的商业、工业和其他股份公司为93家，1942年增至1902家，同期公司资本从14300万里亚尔增到223981万里亚尔。1940年伊朗工人达40万—50万人。

第四、大力加强交通及城市基础设施的建设，为国民经济的发展创造条件。

1928年伊朗政府征收特别间接税，着手修建由波斯湾的班达—沙普尔通里海横贯伊朗的铁路。1947年伊朗铁路全长2800公里，同年，能通汽车的公路总长约2万公里。与此同时，礼萨·汗动工改建城市，特别是集中主要资金改建德黑兰市，许多街道路面硬化，铺上柏油，又修建了许多现代样式的政府办公大楼。

(四) 进行世俗化的社会改革

第一，打击、限制教士的权力和势力。礼萨·汗根据欧洲模式创建现代教育和法律制度，削弱教士在司法、教育和慈善事业领域的传统地位；政府监督清真寺的地产，削弱教士的经济基础；政府干预人们的日常生活，乃至衣着，摘除妇女面纱，让妇女接受教育；采用欧洲样式的姓氏和非伊斯兰日历；让信仰其他宗教的人也享有充分的公民权利。这一切都激起了教士的强烈反对。但政府坚决镇压胆敢同政府作对的教士。当然也有一部分教士不卷入政治，保持沉默；一部分教士力图在伊斯兰教义和认识论的框架内为时代变迁和政府的政策寻找合理的解释。

第二，发展现代世俗教育。1923年伊朗学生总数为55,000人，1938年增至2,337,000人。从1921年至1941年，伊朗识字的人也大大增加。1935年成立德黑兰大学，还成立农学院、师范学院，1938年伊朗在校的大学生有4200人。然而由于教育经费不足，只有富人和新兴中产阶级的子女才有能力上学。

第三，提高妇女地位。为了建立一个自立、自我发展的新伊朗，礼萨·汗需要利用所有智力和资源为国家服务，因而需要把妇女也纳入国家生活的主流。他模仿发达国家，强调新伊朗应该为具有现代性的民族国家。他让妇女进入公共生活，在教育、衣着、社会生活方面模仿西方，1936年宣布妇女戴面纱为非法，准许妇女进入大学接受教育，妇女可在学校、医院、工厂和国家机关工作。尽管妇女地位的提高仅限于中上层妇女，这在伊朗现代史上也是划时代、破天荒的大事，从此伊朗接受过现代教育的妇女开始在国家文化和经济生活中发挥越来越大的作用。

第四，仿效土耳其的榜样，采用欧洲服饰，改革伊朗传统服饰。从1928年起，禁止戴用历代相传的波斯缠头"头巾"，而改戴"巴列维头巾"，最后又下令戴欧洲式的帽子——国家机关工作人员戴布帽檐的帽子，军人戴无檐的军帽。

（五）弘扬民族传统文化，提高民族自豪感，建立新的民族认同价值体系

第一，进行文字改革。礼萨·汗的现代化开始于伊朗军队和警察的欧化，然而波斯语中没有相应的单词和术语用以表达欧洲的军衔、军规及概念，伊朗的士兵、军官及司令不可能在日常语言中直接采用几千来自欧洲语言的单词，因此必须创造新的波斯语单词。国防部与教育部组建一个由七名军官、四名文官组成的联合委员会。这个委员会创造了三百至四百个新词，如"机场""飞机""营"等。1925年，国防部成立了由一名军官和五名文官组成的委员会。这个委员会不仅从欧洲语言中翻译出军规和军衔，还把普通人在日常生活中使用的土耳其语、阿拉伯语翻译成波斯语。1932年德黑兰师范学院成立一个学会，在其存在的八年半时间里创造了3000个新词，其中包括大量的科技词汇。1934年，教育部成立医学研究院，以创造新的医学词汇。1935年春，礼萨国王下令首相组建伊朗科学院，并兼任科学院院长。在科学院存在的六年间，时常伴随着激烈的争论，但毕竟创造了大量的新词，并把伊朗城镇和河流的阿拉伯语和土耳其语名称改成波斯语。科学院在创造新词时常借用伊斯兰化之前的古波斯语，有很多新词已为伊朗大众所采用，也有很多生僻和古怪的新词为人们所抛弃。文字改革的目的在于创造一个简单化、民族化的富有活力和表现力的优美的波斯语，用意在于重建波斯民族主义精神文化和民族特征，恢复民族自信心，增强民族创造力。

第二，改换国名。1933年1月，希特勒成为德国总理。1933年8月2日在兴登堡总统去世之后自称为元首，他在德国鼓吹"雅利安人种优越论"。在柏林的伊朗公使馆外交官深受影响，就向伊朗外交部建议，既然伊朗被认为是雅利安人的摇篮和最初的家园，那么国名应从波斯改为伊朗。礼萨国王接受这个建议，伊朗政府在1934年的最后一天向国际社会宣布从1935年1月开始，国家的正式名称由波斯改称伊朗。国名改动不仅把伊朗的文明史向前延伸了，而且也显示了所谓民族优越感和自豪感。这充分体现了伊朗民族主义的内心梦想和感情。

第三、为了冲淡和贬低伊斯兰教在伊朗社会中的巨大影响，礼萨国王从伊斯兰前的波斯帝国的光荣和强大中寻找民族骄傲的根源，让人们牢记阿拉伯人征服伊朗的历史屈辱，从而拒绝和轻视阿拉伯人带来的伊斯兰教，为巴列维王朝的世俗化改革寻找理论根据。伊朗举行史诗诗人菲尔多西的千年纪念会。1930年通过国家文物保护法；1935年在库姆建立了历史博物馆，陈列公元前的历史文物；1936年在德黑兰建立人类学博物馆；1937年建立了国家图书馆；1938年在德黑兰建立了古文献博物馆，在设拉子建立了祆教纪念馆。

二、改革的特点和意义

礼萨·汗的改革顺应了伊朗历史的发展潮流，很大程度上结束了伊朗近代史上丧权辱国、灾难深重的悲剧，启动和促进了伊朗追求富国强兵的现代化建设。他使积贫积弱的伊朗重新焕发出活力，使伊朗获得新生，不愧为现代伊朗之父，他的改革具有下列特点：

第一，礼萨·汗的改革是一个由独裁君主倡导和推行的自上而下的改革。礼萨·汗出身军人，由掌握军权上升为掌握政权，由一个爱国将军上升为开明君主。他所有的改革都是以国王命令的形式强制推行。下层执行者处于被动状态，改革的社会宣传难以深入，社会动员不够广泛，社会组织不能适应，改革雷声大、雨点小，实际效果大打折扣。而且常常伴随着残酷性和暴力色彩，例如残酷镇压工农群众及自由民主派的反抗与斗争。在某种程度上说，他是以野蛮的手段冲击强大而保守的传统社会，推行现代化的改革。这一切都是伊朗的国情所决定的，是改革所必须依靠的历史前提，因为伊朗社会缺乏自发产生工业文明的主体，只能由思想开明、有胆有识、智慧非凡的杰出人物主持中央政府，并通过中央政府推行"自上而下"的现代化改革。

第二，礼萨·汗的改革是以民族主义为指导的全方位的系统改革。礼萨·汗不仅维护了伊朗主权，捍卫伊朗独立，重建伊朗统一，而且大力发展现代民族经济，兴办现代的通信网络和交通网络，兴办现代教育，改革法律制度；不仅学习先进的科学技术和制度，而且弘扬民族传统文化；不仅进行政治、经济改革，而且进行服饰、社会习俗和文字的改革。他的改革涉及面极广，是一个系统性的改革，其目的是建立一个独立、统一、富强、文明、进步、开放的现代民族国家。值得一提的是，他的民族主义思想有两大缺陷，一是不能正视和善待伊朗民族性之中的伊斯兰文化，二是无视伊朗是一个多种族、多文化、多语言、多宗教国家的事实，把波斯民族主义狭隘化，仅看成是波斯民族的民族主义，因而忽视国内少数民族的权益，强制推行波斯化政策。

第三，礼萨·汗的改革具有西方化的特点。伊朗是一个半殖民地的落后国家，是一个受到欧洲发达国家压迫和剥削的国家。血的教训使伊朗人民意识到只有自立自强才能保家卫国，要自立自强只有学习先进的西方国家。因此礼萨·汗的改革就是一个学习西方的过程，在军事、邮电、交通、教育、工业、城市建设及服饰、姓名等方面不遗余力、大刀阔斧地学习西方，实行现代化改革。一方面派遣伊朗留学生出国学习，一方面延聘外国专家来伊讲学、帮助建厂。西方化成为伊朗经济发展和社会进步的动力。1921—1941年间，伊朗的社会结构发生了剧烈变化，国内出现一大批接受过西方教育的知识分子，新的职业也不断出现，城市化进程加快。

第四，礼萨·汗的改革具有世俗化的特点。伊朗属于非西方、后发展社会，其现代化不得不采取输入外来文明的形式，而输入外来文明不可避免地引起代表传统文化——伊斯兰文化的教士的强烈反对。因此，礼萨·汗在法律、教育、服饰、姓氏、妇女问题等方面的改革就是学习西方相应的制度与做法，驱除或部分驱除伊斯兰教在这些领域的影响，剥夺教士在这些领域的权力和利益，换句话说，就是对这些领域进行理性化的世俗化的改革。在文字等文化领域借用伊朗伊斯兰化之前的古波斯文化来代替或者贬低伊斯兰文化，推行有利于君主制和民族自信心的世俗化。当然，并不是说礼萨·汗不分青红皂白，清除一切伊斯兰教影响，事实上他只憎恨和扫除妨碍伊朗进步与发展及君主制政权的巩固的伊斯兰教势力。

第五，礼萨·汗的改革具有民族化的特点。所谓民族化是礼萨·汗的改革不是简单盲目地照抄照搬西方的东西，而是结合伊朗国情加以取舍，特别是因地制宜地放弃了建立共和国的想法，而采取建立王国的建议；民族化的第二个含义是指国家主权彻底地全面地由本民族所拥有；民族化的第三个含义是指在内在精神和文化特征上保持、继承和发展伊朗的民族优势和民族传统，树立伊朗的民族自信心和自豪感，永远保持伊朗民族文化的独立与尊严。在一定程度上，礼萨·汗用民族化的政策纠正了西方化、世俗化的失误。

总而言之，礼萨·汗的改革是以民族主义为指导的由君主自上而下推行的具有西方化、世俗化、民族化特征的现代化改革。改革推动了伊朗历史的前进、国家的富强和社会的进步，使伊朗告别了屈辱的过去、踏入建设现代国家的新时代。

第三节　礼萨·汗时期伊朗的对外政策

礼萨·汗在其掌握伊朗政权的20年间（1921—1941年）始终坚持民族主义的外交政策，尽一切可能和手段在当时的国际环境下维护伊朗的国家主权和民族利益，当然也被迫执行了一些妥协政策。

1921年2月26日，伊朗和苏联缔结友好条约，但伊朗一直恐惧苏联随时南下，苏联则总是担心英美以伊朗为基地和桥头堡进攻苏联。1921年5月15日，最后一批英军撤出伊朗，6月初苏军也撤离伊朗，历时12年之久的外国军事占领时期宣告结束。但是英、苏对伊朗国内政治仍然具有强大的影响力。1921年11月20日，伊朗议会批准把伊朗北部石油的开采和经营权租让给美国"美孚"石油公司，此举在于引进第三国势力以抵消或抗衡英、苏在伊朗的势力，然而由于苏联的强烈抗议和英国的阻挠破坏，这项计划搁浅。1921年11月18日，伊朗聘请以阿瑟·米尔斯普博士为首的11名财政和城市管理专家来到伊朗做顾问，英国以要求伊朗政府还债为手段，压伊朗辞退美国顾问。

1924年12月12日，礼萨·汗正式建立巴列维王朝后废除了领事裁判权，实行关税自主，发展与邻国的友好关系。早在1921年6月22日，伊朗与阿富汗缔结了友好条约，1927年11月27日又签订了友好和安全保障条约。1928年6月6日阿富汗国王阿马努拉正式访问伊朗。1930年2月17日伊朗将其驻喀布尔公使馆升格为大使馆。1934年3月17日伊、阿两国的边界纠纷获得解决。1929年伊朗正式承认新诞生的伊拉克王国，同年6月在伊拉克开设公使馆。1932年4月23日，伊拉克国王费萨尔一世访问德黑兰。但两国一直对夏台阿拉伯河的航行权存在争执。1937年7月4日，伊朗极不情愿地与伊拉克签署了一项协定：除霍拉姆沙赫尔和阿巴丹一带水域以外，整个阿拉伯河的航行权皆划归伊拉克所有，条件是伊拉克须将该河水运的收益用来疏浚河道。伊朗一直对此耿耿于怀、愤愤不平，这为以后的两伊战争埋下了伏笔。1929年8月24日，伊朗与沙特阿拉伯王国建立了外交关系，1930年3月伊朗在吉达建立了使馆。伊朗在谋求社会改革和对外政策方面与土耳其的观点近似，因而两国关系发展迅速，1926年4月，伊朗与土耳其缔结了永久性的和平条约，后来伊土边界地区的库尔德民族问题一度影响了两国关系。1932年1月两国缔结边界条约，1932年11月5日，两国在安卡拉签订了友好、安全、中立条约和经济合作条约。1934年6月2日至7月8日，应土耳其共和国总统莫斯塔法·凯末尔的邀请，礼萨国王正式访问了土耳其。礼萨国王仿效土耳其的现代化改革，回国后加快了伊朗世俗化、西方化和民族化的改革步伐。

鉴于历史教训，伊朗、土耳其、阿富汗、伊拉克四个小国渴望团结起来，共同对付外敌入侵，保障自己的安全。1937年7月8日，上述四国在德黑兰签订了萨德·阿巴德条约。条约规定当某个成员国受到外来威胁时将给予支援。缔约各国保证互不干涉内政，尊重共同边界，互不侵犯。

以此观之，礼萨国王的国际战略观点用心良苦。他通过睦邻友好政策建立良好的周边国际环境，通过集体安全条约保证伊朗的国际安全，他对自己的外交战略倍感自豪，但对世界形势的迅速发展估计不足。

礼萨国王与英国的关系主要围绕石油问题和巴林群岛问题展开，为伊朗争回更多的石油权益。巴林群岛是波斯湾中最大的岛屿，是由五个岛组成的群岛，总面积为450平方英里，人口约25万人。它位于波斯湾的西南端，在卡塔尔半岛以西，是采珠业的中心，石油储量丰富，战略地位重要。在17—18世纪，巴林群岛属于伊朗。1847年5月，英国先让巴林群岛从伊朗"独立"，然后自己取得对此地的保护权，最后建立了对巴林群岛的控制权，礼萨国王向英国提出严重抗议，并向国际联盟申诉，但由于伊朗国力所限和当时的国际环境，伊朗对此无能为力，英国则我行我素，俨然以巴林群岛"太上皇"自居。

伊朗对苏联始终保持不信任的态度，两国围绕里海捕鱼权问题曾于1927年5月12日中断外交关系，但1927年10月1日又恢复外交关系。伊朗坚决镇压受苏联操纵的伊朗共产党，苏联对此非常恼火，但爱莫能助。从意识形态上讲，苏联应该支持和保护伊朗共产党，但从国际关系准则出发，苏联不应该干涉伊朗内政，苏联对此处于自相矛盾的状态。两国外贸关系时断时续、时好时坏，但由于两国都有共同的经济利益，贸易关系始终未断。

伊朗与法国的关系一直相当友好，伊朗每年都要派近百名学生去法国留学。1937年1月，因为法国报刊对礼萨国王进行人身攻击，伊法关系断绝，但很快于1939年4月恢复外交关系。

伊朗与美国早就建立了外交关系，1935年11月27日，伊朗驻华盛顿公使因超速行车被美国马里兰州的警察拘留。1936年3月30日，伊美断交，1938年底美国政府向伊朗表示道歉，1939年1月25日两国复交。

对伊朗未来产生深远影响的是伊朗和德国的关系。在伊朗近代史上，当英俄侵略伊朗时，德国非但没有趁火打劫，反而在某种程度上帮助了伊朗，因而给伊朗人民留下了良好的印象。早在1603年，德国皇帝派使臣出使伊朗，与伊朗和俄国建立了反对奥斯曼帝国的同盟。1637年，属于德意志联邦帝国的霍士敦大公派商人勃鲁格曼出使伊朗，商讨伊朗蚕丝的出口问题。1885年伊朗给德国派出首任公使，纳赛尔丁国王向德国购买两艘轮船，准备在波斯湾建立海军，此举受到英国的强烈反对。德国人在伊朗铺设铁路一事受到俄国的阻挠和干涉。纳赛尔丁国王引进第三国势力以削弱英俄势力的计划破产。伊朗统治阶级更加仇恨英俄，亲近德国。

1896年，德国冯克豪斯公司在伦格港设立贸易代办处，开始经营珍珠生意。1896年在布什尔设立德国领事馆。1901年冯克豪斯公司在阿巴斯港口开设了分公司。1906年汉堡与波斯湾之间首次通航。

第一次世界大战爆发后，德国想利用伊朗仇恨英俄的民族主义情绪加强在伊朗的反俄和反英宣传，争取伊朗加入反俄、反英的同盟行列。德国支持建立了克尔曼沙赫亲德政权，但随着战败，德国势力退出伊朗。

巴列维王朝建立后，礼萨国王继续执行引进第三国势力的外交路线。1927年德国容克航空公司取得在伊朗全国专营邮政运输的特许权。1928年德国公司承包了伊朗北方铁路的修建工程。1930年德国人受聘为伊朗国家银行的经理。

1930年1月30日，希特勒上台，德国大肆宣传德意志人和伊朗人同属雅利安民族，两国都反对英国的奴役，都要防止共产主义扩张。德国利用伊朗反对英国和苏联，伊朗也想利用德国防备宿敌英、苏，更想利用德国先进的技术和专家推进伊朗的现代化，两国有共同的战略利益，因此两国的关系越来越密切。有近五千名德国工程技术人员在伊朗工作，伊朗军队的武器装备全由德国制造，德黑兰大学、农业学校和兽医大学也由德国人管理。德国航空公司开通了从柏林直达德黑兰的航线。德国的盟国意大利帮助伊朗建立了海军。数以千计的伊朗学生经常去德国留学。德伊贸易也增长迅速。1937—1938年德国在伊朗的对外贸易中仅次于苏联，居第二位。1938—1939年德国占伊朗对外贸易的第一位，为41.5%。1939—1940年德国占伊朗对外贸易额的45.5%。显而易见，德国与伊朗关系密切，但并非联盟关系，伊朗决不想投靠德国以得罪英、苏。

1939年9月1日，第二次世界大战全面爆发，伊朗政府正式宣布中立，并希望与交战双方一律保持友好关系。但英国政府阻止德国货物从海路运到伊朗。1939年8月23日苏德互不侵犯条约签订后，德国商品经过苏联运进伊朗。礼萨国王密切注视着国际形势的发展变化。

到1941年4月，德国军队几乎吞并了欧洲，5月德军占领了东地中海的克里特岛，还在利比亚沙漠重创英军，向尼罗河谷地和苏伊士运河方向逼近。1941年4月，伊拉克建立亲德政权。5月间，德国人从维希的法国政府手中接管了叙利亚机场。为了保卫大英帝国在中东的利益，保护伊朗南部油田，1941年5月30日，英印联军在巴士拉登陆，几天后占领了巴格达，消灭了亲德政权。6月8日，英国和戴高乐的自由法兰西组成的联军经过数周战斗，占领了叙利亚、黎巴嫩两国，下一步就要肃清在伊朗的德国势力。

从1939年9月1日到1941年6月22日，伊朗宣布中立。苏联历史学家米·谢·伊凡诺夫认为"伊朗成了法西斯间谍在中东活动的根据地"，法西斯"把伊朗领土变为准备进攻苏联的场所"。伊朗外交史学家阿布杜尔礼萨·胡尚格·马赫德维认为礼萨国王"下令禁止输入德国的宣传品，并严格监视德国侨民的活动"。礼萨·汗王认为伊朗只不过"雇佣了德国的技术专家"而已。事实上是礼萨国王持观望态度，当时的战局不明朗，他只想静观事态的发展，最后站在战胜国行列，以求最大限度地保全伊朗利益。但时机已经不等他选择了。

1941年6月22日凌晨，德国向苏联发动了进攻。苏联和英国为了对付共同的敌人携起手来。英国决心为苏联提供急需补充的武器和药品。当时通向苏联的运输线主要有三条：一条是从英国出发，经北海、挪威海，过北冰洋，至摩尔曼斯克，这条线路在挪威海岸容易受到德国潜艇和飞机的拦截，而北冰洋到冬天冰封千里，航行困难；第二条从英国出发，经过直布罗陀海峡，渡地中海，在塞瓦斯托波尔登陆上岸，但由于德国占领了克里特岛和希腊，英国舰队实难通过；第三条从英国出发，或过地中海或绕过非洲南端，从波斯湾通过纵贯伊朗的南北大铁路把军事物资运到苏联，由于英军牢牢控制着波斯湾，这条航线最安全，距离也最短。1941年7月12日，英苏达成协议，两国相互保证在对德战争中给予对方以各种必要的援助；不得到另一方的同意，决不单独同德国媾和。英国建议从波斯湾通过纵贯伊朗的铁路向苏联战场运输军火武器。显而易见，伊朗成为联结苏联与英国的战略通道，这就意味着苏联和英国决不允许德国人在战略通道附近存在，也就意味着苏联和英国要亲自控制这条通道。礼萨国王对问题的严重性估计不足，终于铸成大错。

1941年7月18日，英苏两国照会伊朗政府，要求驱逐在伊朗工作的德国人。伊朗政府复照指出：伊朗的工业部门需要德国专家的指导，在短时间内很难找到接替他们的人；况且德国专家的人数有限，又受到伊朗政府的严格监视，不足以构成什么威胁。8月16日，英苏再次发出照会，要求伊朗政府驱逐全部德国侨民以结束德国特务的活动。伊朗又复照说，在伊朗的德国专家连同他们的家属在内总共只有470人，均在伊朗政府的监督下工作。如将这批人驱逐出境，伊朗将违反严守中立的原则。8月23日，礼萨请求美国出面制止英、苏对伊的要挟。但美国反劝他加入同盟国行列。

1841年8月25日凌晨，英、苏军队从南、北两个方向入侵伊朗。苏军五千人分三路侵入伊朗。第一路两千人渡过阿拉斯河，攻占马库、霍伊，逼近雷扎耶和大不里士。第二路两千人从里海岸边向阿尔德比勒和恩泽里港（今巴列维港）方向挺进，攻占腊什特及其附近的几座城市，逼近加兹温，在那里与第一路军会合，等待英军的到达。第三路一千人从沙赫港登陆，攻占戈尔甘和呼罗珊省北部，推进到铁路枢纽塞姆南和沙赫鲁德。8月25日,苏军空袭大不里士、腊什特、加兹温和雷扎耶。8月26日空袭了德黑兰郊区。

英军兵分两路。一路于8月24日夜偷渡阿拉伯河,8月25日凌晨登上伊朗河岸,攻打阿巴丹。与此同时,英国军舰炮击停泊在霍拉姆沙赫尔和阿巴丹的伊朗舰队,击沉多艘舰艇,伊朗海军准将牺牲。晚八时许,英军占领阿巴丹炼油厂。8月26日,英国空军突袭阿瓦士机场,伊朗飞机未起飞就被炸毁。接着,两万八千名英军乘船沿卡隆河北上,攻打阿瓦士。另一路英军从伊拉克的哈纳根出发,8月25日凌晨四时许越过两伊边界,轻取沙赫阿巴德产油区,逼近克尔曼沙赫。这一路英军受到伊朗军队的坚决抵抗。8月29日,英军占领了克尔曼沙赫产油区。8月31日在加兹温近郊与苏联红军会师。

8月25日,在伊朗的苏联大使和英国公使分别将此事通知了伊朗首相曼苏尔。8月26日,礼萨国王命令伊朗驻伦敦公使弄清英国出兵的真实意图,但英国置之不理。8月27日,礼萨国王免去曼苏尔的首相职务,任命穆罕默德·阿里·福鲁吉组阁。8月30日,英、苏两国大使要求伊军全面停止抵抗;将除德国使馆的正式外交人员和几位专家以外的所有德国侨民一律驱逐出境;为取道伊朗运输军火武器和战争物资提供方便。8月31日,英、苏要求将德国侨民转交苏军和英军处置。9月10日,英、苏向伊朗发出最后通牒,要求伊朗必须在48小时内交出德国侨民,关闭德国、意大利、罗马尼亚和匈牙利使馆,否则盟军攻占伊朗。礼萨国王仍拒不交出德国侨民。9月16日,英、苏军队压向德黑兰,礼萨国王逊位,传位于其子穆罕默德·礼萨·巴列维。礼萨国王一行先到伊斯法罕,经克尔曼到阿巴斯港,临上船前命人挖了一抔波斯泥土,装进一个小包,再把小包塞进自己的口袋里。船行到孟买,又改行到英属岛屿毛里求斯岛。因患晚期动脉硬化,礼萨国王前去南非的德班检查,又因心脏病发作,在约翰内斯堡与世长辞,终年65岁。其遗骸运至开罗拉法清真寺安葬。1950年,穆罕默德·礼萨·巴列维将父王的遗骸迎回德黑兰以南的什叶派朝觐圣地雷伊安葬。1941年9月17日,英、苏军队开进德黑兰。在伊的德国人全部被捕,其中一半人被苏联充军西伯利亚,另一半被英国流放到澳大利亚。

第十章

冷战夹缝中的强国之梦

　　伊朗在二战期间是美苏合力抗击法西斯的合作平台，二战后世界进入了两极格局，伊朗成为美苏冷战的前沿阵地。巴列维国王利用冷战格局在夹缝中求生存，并发动全面而系统的社会改革——白色革命，力图将伊朗建成世界强国。由于主客观的失误与困境，巴列维国王的强国之梦在1979年年初画上了句号。

第一节　夹缝之下的生存

一、盟军占领下的伊朗

1941年9月17日下午三点一刻，时年27岁的穆罕默德·礼萨·巴列维在议会大厦宣誓即位，从此开始了他艰难曲折、成就辉煌的执政时期。然而，这位年轻国王的结局如同其父一样，仍是流亡海外、客死他乡。

穆罕默德·礼萨生于1919年10月26日，6岁半时被立为巴列维王朝的王储。从小就由来自法国的阿尔法女士教授法语，她在伊朗同波斯人结婚成家。这反映出礼萨国王让儿子接受欧洲文明的开放意识。与此同时，他也想培养儿子的军事才能，因而让儿子进入一所特设的军事学校读书，学习骑马、体操和拳击。礼萨国王以身作则，努力培养儿子艰苦朴素、孜孜不倦的生活方式和工作方式，还带他参加内阁会议、阅兵式和视察，以增加政治经验。1932年8月，穆罕默德·礼萨和阿里·礼萨进入瑞士著名的私立学校——勒·鲁塞学校接受西方教育，1936年6月，穆罕默德·礼萨被召回国，随即进入德黑兰军事学校再次接受军事训练。1938年，穆罕默德·礼萨被任命为陆军中尉，主要任务在于军事视察。

1939年3月，穆罕默德·礼萨同埃及国王福阿德一世的女儿、芳龄17的芙吉雅结婚。第二次世界大战的爆发以及英、苏军队入侵伊朗造成了礼萨国王的提前下台，也促使穆罕默德·礼萨过早登上王位，在缺乏政治经验的情况下进入政治竞技场，以收拾危难之中的伊朗政局。

在老谋深算的福鲁吉首相的帮助以及姐姐阿什拉芙公主的鼓励下，新国王慢慢地从懦弱和惊慌中走出来，以沉着冷静的态度处理伊朗与英、苏的国际关系。1942年1月29日，在德黑兰签订了英国、苏联和伊朗之间的同盟条约，条约的基本内容如下：

第一条，英国和苏联向伊朗保证，尊重伊朗的领土完整、主权和政治独立。

第二条，规定了建立同盟的条件，以便在军事上互相援助。

第三条，英、苏保证在伊朗遇到德国侵略时共同援助伊朗。如果发生战事，伊朗军队只限维持伊朗领土上的国内治安，是否出战则由盟国决定。伊朗应把全境的一切交通设施——铁路、公路、江河、机场、港口、输油管、电话、电报和无线电设备——的绝对控制权交给盟军。

第四条，在伊朗的盟国军队的人数和留驻时间的长短由盟国根据战略形势的需要来确定。盟国保证尽量不妨碍伊朗的行政和保安机关的正常工作、国家经济生活、居民的寻常通行和伊朗法律及规章的实施。

第五条，盟国的军队在和德国及其同谋者停止一切军事行动之后，至迟不超过六个月撤出伊朗。

第六条，盟国保证伊朗在将来不被苏联和英国所瓜分。

第七条，盟国有义务帮助伊朗解决这次战争所造成的经济混乱局面。

这个条约共有七项条款和三个附录，斯大林和丘吉尔都在条约上亲自签字，美国总统罗斯福对三国同盟条约表示欢迎，并保证贯彻执行这个条约。

在三国谈判签约的四个月内，盟国的形势大为好转。1941年12月5日，德国进攻莫斯科受挫，1941年12月8日，美国在珍珠港事件后对轴心国宣战。

1942年3月9日，伊朗议会通过了三国同盟条约，福鲁吉首相辞职，外交家索希利上台组阁。1942年3月30日，伊朗同法国维希政府断交，1942年4月14日与日本断交。

盟国占领伊朗对伊朗经济和政治产生了不利的影响，事实上危及了伊朗的国家主权和国家统一。盟国为了给驻军发饷，强迫伊朗议会通过一个法令，大量印制纸币，一下子发行了7亿新币里亚尔。一夜之间，生活费上涨了20%，1940年6月到1942年年底，生活费上涨了四倍，通货膨胀加重了伊朗普通人民的生活困难和贫困。伊朗北方的小麦和大米被苏联征用，战时封锁几乎切断了进口物资，更加重了伊朗商品的匮乏和物价飞涨。占领伊朗南部的英国一方面肃清这里的德国特务，一方面支持部落的分裂活动，以对抗伊朗中央政府。在北方，苏联赶走各省区伊朗总督，用自己的亲信取而代之，支持伊朗人民党发展势力，这种"赤化"危险成为伊朗政府的"心腹大患"。伊朗实质上由英、苏分别控制着南方和北方，这很容易导致国家被瓜分。

此时美国也看到了伊朗面临的危机，意识到了伊朗处于苏联和波斯湾、西亚和南亚之间的十字路口，因而战略地位重要。也意识到二战胜利后，苏联必然南下伊朗，扩张势力，而英国独立难撑，无法阻止苏联的扩张。所以美国要及早动手，进入伊朗。

美国在德黑兰附近的一个别墅里建立了驻波斯湾司令部，由唐纳德·康内利将军领导司令部的工作，美国给伊朗派来了三万名非战斗人员，扩建波斯湾和霍尔木兹海峡的港口，修复现有的公路，修建新的公路和机场，改造横贯伊朗的铁路。美国人在加兹温与苏联人会合，英国人派出保安部队保护美国的技术人员。

1942年5月1日，经伊朗议会批准，美国给伊朗派出以米尔斯波博士为首的顾问团，以整顿伊朗的财政经济。这批专家共60名，有的负责会计和行政管理；有的负责物价稳定；有的负责国内岁入；有的负责海关和工业监督；有的负责交通运输；有的负责商品供应和分配；有的负责对外贸易管制；有的负责人事和全面检查。由以上专家的分工可以看出，美国对伊朗经济的管制多么全面和可怕。美国顾问团首先确保对盟国的粮食和军需品的供应，然后才帮助解决伊朗国内的困难。米尔斯波顾问团在1945年2月15日返回美国。应伊朗政府的聘请，美国派出了以里德利将军为首的军事顾问团以帮助重建伊朗军队，同时又派出了以诺尔曼·施瓦兹科普夫上校为首的宪兵代表团帮助重建伊朗的宪兵。这两个顾问团1942年10月2日来到德黑兰，战后仍留在伊朗。

美国还以发放贷款的形式援助伊朗。美国认为保卫伊朗极有利于美国的安全利益，因而必须援助伊朗。在二战中，美国无偿地向伊朗提供了价值约4,150万美元的食品和军火。这批食品大大缓解了伊朗的饥荒，帮助伊朗度过了最困难的岁月。这批武器弹药增强了伊朗军队的实力，帮助伊军维持了国内治安，镇压了部落叛乱。

美国的辛克莱石油公司和美孚石油公司代表1944年1月来到伊朗，就出让俾路支斯坦的石油开采权问题同伊朗政府谈判，英国的壳牌石油公司也提出同样的要求。1944年9月19日，苏联向伊朗提出了开采伊朗北部石油的要求。伊朗议会顶着重重压力，在1944年12月2日通过一个法令：在战争没有停止、外国军队仍驻伊朗的情况下，决不向任何外国政府出让石油租借权，违者将受到法律制裁。三国开采伊朗石油的企图受挫。伊朗政府和人民利用三国在伊朗互相制衡的格局，艰难地维护国家利益和国家主权。

二、德黑兰会议

1943年3月10日，一支德国伞兵在古姆湖附近降落，1943年6月，第二支德国伞兵渗透到加什盖伊部落。他们企图通过切断输油管、炸毁铁路桥梁和隧道、煽动部落反对伊朗中央政府等手段，破坏盟军在伊的交通线。盟军逮捕了德国伞兵和空降特务。伊朗在1943年9月9日对德宣战，盟国也答应：不在军事、政治和经济方面增加伊朗政府的额外负担；伊朗可成为"联合国宣言"签字国，在战争结束后，可以平等地参加国际和平会议。1945年2月28日，伊朗对日本宣战。伊朗完全站在反法西斯的盟国行列。

1943年，德军开始全线崩溃，为了协调同盟国对德国及其他轴心国的作战行动，确保最后胜利，英、美、苏三国首脑决定在德黑兰会晤。选择德黑兰作为会议地址是斯大林的建议，因为斯大林不愿远离苏联。罗斯福总统远渡重洋，抱病而来。此时的德黑兰城是全世界关注的中心。

1943年11月25日，斯大林从莫斯科来到德黑兰。11月26日，罗斯福总统和丘吉尔首相在开罗会议结束后也抵达德黑兰。德黑兰这时戒备森严，会议地点设在两处：一处是苏联大使馆，一处是英国大使馆。斯大林和罗斯福住在苏联大使馆，丘吉尔住在英国大使馆。德黑兰会议开始于11月28日，结束于12月1日。

在会议期间，巴列维国王（指穆罕默德·礼萨·巴列维）拜见了罗斯福和丘吉尔。而斯大林则轻车简从，亲自登门拜访巴列维国王。但伊朗国王除了定期收到照会以外，对于会议情况则一无所知。这反映了当时伊朗处于委曲求全的状态。

12月1日,英、美、苏三国首脑签署了《德黑兰宣言》。制定了三国对德作战的共同计划,决定从东、西、南三面打击德国,并且对三国战后和平合作问题取得一致意见。三国还决定英美至迟应在1944年5月1日在欧洲开辟第二战场。

在这个宣言中,三国首脑充分肯定伊朗在反对共同敌人的战争中所做出的贡献。他们保证将增加对伊朗的经济援助。战争结束后,将召开有关的国际会议专门研究伊朗及其他同盟国的经济问题。三国首脑再次申明尊重伊朗的独立、主权和领土完整,并将同伊朗及其他爱好和平的国家一道为在战后建立国际和平和安全及繁荣幸福的生活而共同努力。

德黑兰会议提高了伊朗的国际战略地位,英国将其驻伊朗的公使馆升格为大使馆,苏联的公使馆早就升格为大使馆。

德黑兰会议对第二次世界大战的胜利产生了巨大的影响。苏军为了履行德黑兰会议的决议,在1944年连续给敌人以十次强有力的毁灭性打击,把德军赶出了苏联国土,把战场推进到德国境内。1944年6月5日午夜,英美军队横渡英吉利海峡,在欧洲西部登陆,直接对德作战。9月18日以后,英美军队转入大规模的陆上进攻。早在1943年7月10日,英美军队开始在西西里岛登陆,9月3日,意大利投降,10月13日,意大利对德宣战。此时,反法西斯盟军从东、西、南三个方向进攻德国,加快了德国的灭亡。

在第二次世界大战中,伊朗以特殊的身份和丧失国家主权为代价,为反法西斯战争的胜利做出了贡献。根据三国同盟条约规定,伊朗的一切交通设施交由盟军控制。在苏联红军与德军浴血奋战的关键时刻,英美军舰护航的货船夜以继日地开到伊朗的阿巴丹港和阿巴斯港。大批伊朗码头工人耐高温、战酷暑,把货物搬下船,装上火车,然后英国人和美国人开着列车北上,当然这样的列车须有军队护送。到1944年9月,经伊朗运往苏联的武器、弹药、食品、原料和药品等共计有500万吨。在斯大林格勒抗击德国的红军战士因此才能坚持下来,夺取胜利。伊朗人民为此承担了通货膨胀、物质匮乏、忍饥挨饿的灾难。

第二次世界大战把伊朗卷入国际政治的旋涡之中,英、美、苏三国的合作在此完成,三国之间的勾心斗角也在此萌芽,新兴的美国凭借强大的实力将取代英国在伊朗的地位,苏联社会主义战后的强大使伊朗处于苏美冷战和争斗的前线。可以说战后美苏冷战最早发源于伊朗,伊朗所处的国际战略地位也影响了战后伊朗的国内外政策。

第二节 盟军撤军风波

1945年5月8日,德国宣布无条件投降。5月18日,伊朗向三大国发出照会,祝贺战争的胜利,同时指出:欧战结束后,盟军留驻伊朗已无必要,希望外国军队尽快撤出伊朗。美国最先响应伊朗的请求,6月10日,驻伊朗美军司令部发表声明,表示将逐步从伊朗撤军,转赴抗日战争尚未结束的中国。随后,驻伊美军先后撤离阿瓦士、霍拉姆沙赫尔和沙赫普尔港,还从阿米尔阿巴德撤走部分驻军。在波茨坦会议后,英、美、苏三国驻德黑兰大使通知伊朗政府,同意先从德黑兰及其郊区撤军,至于其他地区的撤军问题以后再议。

1945年9月9日,日本宣布无条件投降。9月13日,伊朗政府发出照会,再次呼吁外国军队迅速撤离伊朗。1945年9月在伦敦召开了英、美、苏三国外长会议,英国提议在1946年3月2日之前,即日本投降六个月后,外国军队全面撤出伊朗。苏联表面上同意这个建议。于是,三国在9月25日正式宣布了从伊朗撤军的决定。

但伊朗的国内形势风云突变,使撤军问题变得十分复杂和艰难。原来,在苏联军队的支持和庇护下,1945年夏,在伊朗的阿塞拜疆成立了阿塞拜疆民主党。9月初,阿塞拜疆民主党发表宣言,要求阿塞拜疆在伊朗国家范围内实行文化和地方管理方面的自治,要求以阿塞拜疆语言为正式通用的语言,成立州和省的恩楚明。1945年10月,有四万余名阿塞拜疆人民党党员加入民主党,民主党成为群众性的民族民主党,其势力大增。1945年年底,民主党已拥有党员七万人。

阿塞拜疆的反动汗、警察和宪兵以恐怖手段镇压高涨的民主运动。仅在1945年10月，他们就杀害了约100名民主运动的积极分子，逮捕入狱的达一千余人。不甘束手待擒的农民组织起自卫武装，即费达依部队。

阿塞拜疆各城市和各区举行了群众大会和会议，选出了全民大会代表。1945年11月20日和21日，744名代表在大不里士举行了全民大会。大会一致通过宣言，要求民治自治，成立民族政府和民族议会，所有行政文书和学校教育语言都用阿塞拜疆语。大会选出39名代表组成民族委员会，委托他们管理内政，筹备民族议会大选。后来很快选出101名议员。

1945年12月12日，阿塞拜疆民族议会开幕，左派报纸记者赛义德·贾法尔·皮谢瓦里接受议会委托组建民族政府，议会也批准了政府的施政纲领。驻在大不里士、阿尔德比勒、霍伊、马腊格、阿哈尔和雷扎耶的伊朗军队、宪兵和警察在人民群众声势浩大的压力下，接受了民族政府的命令，向民族政府缴械投诚，伊朗王国在阿塞拜疆地区的统治机构土崩瓦解，也就是说，阿塞拜疆事实上已经脱离了伊朗中央政府。这不仅仅是民族自治，而且接近民族独立。

与此同时，另外一个分离主义政权"库尔德人民共和国"也成立了。1945年末，在北库尔德斯坦的马哈巴德成立了库尔德斯坦民主党，其成员为具有进步思想的部落酋长、地主、商人、知识分子和教士，其领袖为库尔德人酋长、宗教活动家伽吉·穆罕默德。1945年10月25日至28日，在马哈巴德举行了库尔德斯坦民主党第一次代表大会，大会通过的宣言要求：准许库尔德人在伊朗范围内自治；本地的学校教学语言和公文用库尔德语；成立库尔德斯坦州恩楚明，以监督地方上的所有事务；任用本地人为国家官吏；调整地主和农民间的关系；库尔德斯坦境内各民族一律平等，实行民族团结；开发本地资源，发展农业；改善人民的教育和卫生状况。

1945年12月15日，库尔德斯坦民主党在马哈巴德成立以伽吉·穆罕默德为首的库尔德斯坦人民共和国。阿塞拜疆自治共和国对此欢欣鼓舞，喜笑颜开。1946年4月23日，两个自治政府缔结了同盟条约。苏联红军保护下的这两个自治政府显然属于民主主义和民族主义政权。客观地讲，这两个政权都是代表本民族利益的进步政权，都是人民性的政权，但是苏联利用当地的民族主义意识和势力输出革命，干涉伊朗内政，分裂伊朗国土，这又违背了国际关系准则。

　　在这两个民族自治政府成立和发展的过程中，伊朗国王和伊朗政府也不是消极被动的，而是千方百计、千辛万苦地维护领土完整。他们一方面奔走呼吁，给苏联施加国际压力，一方面努力派兵消灭自治政府。1945年6月6日上台执政的莫赫森·萨德尔内阁无法应付危机局面，10月中旬辞职。易卜拉欣·哈基米10月27日上台组阁。哈基米政府1945年11月17日向苏联提出强烈抗议，指责苏联官员肆无忌惮地插手伊朗内政，公开支持阿塞拜疆人的叛乱活动，还同时向英、美发出照会，呼吁它们主持公道，给予必要的支持。还派两千名宪兵增援被围困在大不里士的政府军。11月21日，增援部队在加兹温郊区遭到苏联红军阻拦。11月24日，美国政府向苏联发出照会，要求苏联从伊朗撤军，停止干涉伊朗内政。可是苏联却说，民主党人在阿塞拜疆的叛乱是伊朗统治阶级的压迫所致，与苏联毫无关系。美国听后立即停止撤军，并增派三千名士兵去阿米尔阿巴德，三支英国军队进驻伊朗中南部的石油产区。

　　12月1日，哈基米首相分别致函英国首相艾德礼、美国国务卿詹姆士·拜内斯和斯大林，再次要求从伊朗撤军。12月12日，阿塞拜疆自治共和国成立。1945年12月中旬在莫斯科召开的英、美、苏三国外长会议上，苏联外长莫洛托夫拒绝讨论外国军队从伊朗撤军问题。哈基米内阁同意由英、美、苏三国代表组成一个委员会，监督外国从伊朗撤军，这个建议遭到议会的反对。1946年1月20日，哈基米内阁被迫辞职。

　　1946年1月25日，伊朗驻伦敦大使兼出席第一届联合国大会的代表团团长塔吉扎代在伦敦召开的联合国大会上正式提出对苏联的指控。指责苏联违背联合国宪章，要求就苏联干涉伊朗内政一事进行调查。1946年1月26日，沉稳老练的戈旺姆·萨尔坦内出任首相。他立即指示塔吉扎代在联合国与苏联代表团直接谈判，并在2月18日亲赴莫斯科与苏联谈判。苏联提出撤军的两个先决条件：一是伊朗应同意一部分苏军长期驻扎在伊朗北部的一些地区，以保证苏联的安全；二是伊朗政府应承认阿塞拜疆人的民族自治。如果伊朗答应上述两个条件，苏方愿意放弃它对伊朗北部石油开采的特权,而代之以苏联—伊朗石油联合开采股份公司(前25年,苏占股份的51%,伊占49%;后25年,双方各占股份的50%);苏联将说服阿塞拜疆民族自治政府接受中央任命的总督,将其收入的30%上缴给中央政府;与中央政府的所有通讯往来使用波斯语。戈旺姆认为这些条件侵犯了伊朗的主权和独立,因而不能接受。

1946年3月2日是原来规定的从伊朗撤军的最后期限,英、美军队已从伊朗撤走,以便消除苏联不撤军的借口。可苏军仅撤离了马什哈德、沙赫鲁德和塞姆南,依然停留在伊朗北部的其他地区。3月10日,戈旺姆首相两手空空地从莫斯科回国。3月18日,在美国的支持下,伊朗政府又把一份抗议苏联不从伊朗撤军的照会递交给联合国秘书长特赖格维·莱。

3月21日,美国总统杜鲁门向斯大林发出威胁性的"口信",要求斯大林履行诺言,把自己的三万军队全部从伊朗撤走;还威胁说,当美国面临强大的国家或国家集团的侵略浪潮或渐进的侵略时,美国将一如既往地作出反应。这时斯大林的想法也发生了变化,他认为伊朗现在没有深刻的革命危机,因此不可能革命成功;苏军长驻伊朗动摇了苏联在欧洲和亚洲解放政策的基础,会给英美以借口,它们也会在外国领土上驻军,会损害苏联社会主义的国际形象。伊朗副首相穆扎法·菲鲁兹也向苏联提出:如果苏军不从伊朗撤出,不停止干涉伊朗内政,戈旺姆政府将辞职,伊朗将陷入无政府的混乱状态;伊朗人民必将武装起来,抵抗到底;我们将向伊朗人民和世界人民宣布,列宁的继任者正在推行一种新型的帝国主义。苏联政府在外有压力、内有顾虑、欲留不能的情况下,反复权衡利弊,终于做出撤军的决定。1946年3月25日,苏联政府正式宣布:苏军将在五至六周内全部撤出伊朗。

为了体面地从伊朗撤军,苏联驻伊朗大使萨德奇科夫与戈旺姆首相在1946年4月4日达成协定:(1)苏军在1946年5月6日,即伊朗问题再次提交安理会讨论之前全部撤出伊朗;(2)阿塞拜疆问题是伊朗内政问题,伊朗政府应根据现行法律和本着相互谅解的精神,与阿塞拜疆地方政府进行和平协商;(3)成立开采和经营伊朗北部石油的伊、苏合营公司,此方案在七个月内提交即将召开的议会审议。

5月20日，戈旺姆致函联合国秘书长特赖格维·莱，声称苏军已经全部撤出伊朗。实际上苏军是在5月25日才全部撤出伊朗的。

4月28日，皮谢瓦里率代表团到德黑兰与中央政府谈判，谈判毫无成果。6月14日，伊朗中央政府与皮谢瓦里达成如下协定：承认阿塞拜疆在伊朗国家范围内的自治；承认阿塞拜疆语为本地正式语言；民族议会改为省恩楚明（省议会）；阿塞拜疆省长由省恩楚明提名，中央政府任命；阿塞拜疆可拥有独立的财政机关和军队；承认费达依军官的军衔，费达依并入皇家武装部队的编制。这些条款遭到巴列维国王的坚决反对。

8月1日，戈旺姆首相实行亲苏政策，让三名人民党党员入阁担任部长，批准与皮谢瓦里签署的6月14日协定。苏联投桃报李，支持伊朗出席1946年8月17日的巴黎和会。7月，英国借口石油工人与阿拉伯部落之间的流血冲突，派出三艘军舰驶进伊朗沿海海面，并加强了巴士拉的英国守军，胡泽斯坦形势危急。九、十月间，法尔斯省的加什盖伊酋长在英国的支持下，发动了反对中央的叛乱。

1946年上半年，美国驻伊朗大使乔治·阿林督促美国军事顾问加紧训练伊朗宪兵和军队，改进他们的武装，提高他们的战斗力。10月7日，伊朗颁布了在全国进行大选的政令，并决定派军队分赴全国各地维持秩序、监督选举。11月24日，在美国大使强有力的支持下，伊朗皇家军队开赴阿塞拜疆，巴列维国王亲自督战。12月11日，苏联驻伊朗大使要求停止向大不里士进军，以免兄弟相残。伊朗顶着苏联的压力，终于在12月18日拿下大不里士。阿塞拜疆的民主党人被枪毙和绞死的达760人，被杀者数千人。当然也有一部分领导人越过卓勒法，逃到了苏联。1947年2月，伊朗皇家部队开进马哈巴德，消灭了库尔德斯坦人民共和国，伽吉·穆罕默德和其弟伽吉·沙德尔被绞死。[①]

1947年6月10日，巴列维国王出巡阿塞拜疆受到万人空巷的欢迎。1947年3月12日，美国总统杜鲁门在国会参众两院联席会议上宣读了总统咨文：今日世界几乎所有的国家都面临着对两种不同的生活方式的选择，一种生活方式是"以大多数人的意志为基础"的"自由制度"；另

---

① 李春放：《苏联决定从伊朗北部撤军的原因》，《世界历史》1998年第4期。

一种是"以强加于大多数人的少数人的意志为基础"的"极权政体",美国有支持"自由之民族以抵抗少数武装分子或外来压力之征服企图"的使命,他宣称"不论在什么地方,不论直接或间接的侵略威胁了和平,都与美国的安全有关"。美国要在世界上"挑起领导的担子并承担责任",领导"自由世界"去反对"共产主义威胁"和"苏联的扩张",对苏联实行"遏制"。美国应对目前尚处于苏联势力范围之外的国家提供经济、政治、军事援助,以帮助他们进行反抗苏联的斗争。美国的对外基本政策就是在全世界"遏制""苏联的共产主义扩张"。这标志着杜鲁门主义的出笼,美苏盟友关系正式破裂。美苏之间和东西方之间的冷战全面展开,美国走向霸权主义。

伊朗显然属于"遏制""苏联共产主义扩张"的前沿阵地,伊朗由于惧怕和不信任苏联,乐于投入美国怀抱,美国为了其全球战略利益,也乐于援助伊朗。1947年6月8日,伊朗同美国签订了一项购买1000万美元军火的协定。10月6日,伊美签订了军事条约,美国将多派军事顾问到伊朗,军事顾问的权限也有所扩大;伊朗将不再向其他国家聘请军事顾问。有了美国的支持,伊朗信心倍增,在与苏联的关系上态度强硬。10月22日召开的伊朗议会断然拒绝与苏联共建伊苏合营石油公司的协定,并禁止政府再向外国出让石油特许权,责成政府做好北部石油的开采、经营和销售工作。以巴列维国王为首的统治集团依靠美国终于将苏联排挤出伊朗,苏伊关系全面恶化,而伊美关系越来越密切。

在外国军队撤出伊朗、分离势力消失之际,巴列维国王的威信空前提高,由一个傀儡国王似乎变成了一个有勇有谋、万人拥戴的爱国国王。

第三节 战后初期的政治变局与经济发展

伊朗的政治制度是立宪君主制。1906年12月30日,议会通过了伊朗

第一部宪法——《基本法》，1907年10月确立了《基本法补充条款》，二者合一构成伊朗宪法。伊朗宪法模仿英美法系，实行三权分立：行政权属于内阁和以国王名义执政的政府官员；司法权属于从基层法院到最高法院的各级法院；立法权属于议会，但议会通过的法案必须经国王签署才能成为法律。1925年12月12日，立宪会议修改了伊朗宪法第三十六、三十七、三十八及四十条，把涉及恺加王朝的条文改为巴列维王朝。

第三次修改宪法在1949年。1949年2月4日，穆罕默德·礼萨·巴列维国王在参加庆祝德黑兰大学成立十四周年的庆典上侥幸逃过了刺杀，在追查凶手的过程中涉及人民党。于是巴列维国王颁布戒严令，并从每晚十点钟起实行宵禁，有几百人被逮捕入狱，人民党的活动被迫转入地下。在大镇压之后，巴列维国王又通过对犯人减刑等手段笼络人心。此举获得全国舆论的赞美和宗教界的首肯。

巴列维国王趁热打铁，以巩固自己的王权。他首先向众议院提出一个限制新闻报道自由的法令；今后凡登载有关国王及王室其他成员的侮辱性言论者都将被视为犯罪行为，其罪犯可判处一年到三年的监禁徒刑。这个法令最终在众议院通过，它钳制了新闻自由、出版自由和言论自由，堵塞了言论，维护了国王的权威和专制制度。其次，国王下令要求参议院从今以后应和众议院处于同样的地位。因为众议院必须经过选举产生，有时国王难以控制。而参议院的60名议员中30名由选举产生，30名由国王任命，因此国王控制参议院较容易。使参议院与众议院地位相同实际上增加了国王操纵议会、控制议会的能力。再次，巴列维国王有权单独或同时解散两院。这一点大大削弱了议会的权力，使议会对国王的制约成为不可能，使议会成为俯首听命的表决机器。这个宪法修正案在1949年5月8日通过。

根据伊朗宪法，巴列维国王有权任免内阁大臣；有权宣战和缔结和平条约；有权授予军官军衔；有权在特殊情况下召集议会。国王是伊朗武装部队的最高统帅，是军事领域内的最高决策者，牢牢地控制着军官的升降任免。经议会提名和选出的首相经国王任命方能走马上任。在实际政治生活中国王的权力更强大。

首相有权提名内阁大臣,但必须经国王同意。内阁的施政纲领必须经议会同意方能执政,如果议会的大多数议员投"不信任"票,首相必须辞职。在大多数情况下,首相绝对服从王命,但在特殊的情况下,国王被迫任命自己不信任的人为首相;首相有时借助群众和议会的压力或外国的干涉支持,对抗国王。

宫廷大臣与内阁大臣地位平等,但不参加内阁会议,也不对议会负责。他主要负责王室的财政开支,管理宫廷每年的预算执行情况,管理属于王宫的资产或土地,还负责王宫典礼和外交礼仪,维修王宫和王家花园及狩猎场地,还管理王宫的来往书信和文书档案。换言之,宫廷大臣是国王和王室的后勤部长和保安部长。

外交部分为五个司,第一司负责周边穆斯林国家的外交事务;第二司负责苏联和东欧国家;第三司负责欧洲其他国家;第四司负责美国及美洲国家;第五司负责阿拉伯国家、印度、巴基斯坦和东南亚国家。伊朗在20个国家派驻领事、公使或大使,并在联合国派驻大使,是国际联盟和联合国的成员国。

国防部包括陆、海、空三军,负责国家防务。拥有陆军10万名,伊朗21岁以上的符合条件的青年必须服兵役两年。伊朗的海军主要分布在波斯湾和里海。空军拥有飞机不足300架。伊朗在军事上主要与美国合作。1948年2月17日,议会批准接受美国1000万美元的贷款,用以购买武器、军备和弹药。1947年10月6日又签订了伊美军事协定。伊朗的军队、宪兵和警察都由美国军事顾问和专家控制,到1950年5月,约有80名美国顾问在伊朗的步兵、坦克兵、空军、通讯兵和军需部门以及军校中负责监督、指导工作。他们帮助伊朗修建了20个以上的大型飞机场和沙赫普尔、布什尔和阿巴斯的海军基地,还有战略公路。伊朗的军事预算也随之猛涨,加重了伊朗的财政困难。

财政部主管全国的财政金融工作。1953年估计国家财政的收入达2.93亿美元,支出为3.11亿美元;1954年估计收入为3.39亿美元,而支出则达5.6亿美元。总支出的30%用于国家安全和防务;70%用于支付政府雇员(包括军官)的薪金和津贴。到1954年10月,政府欠中央银行1.29亿美元,这意味着财政赤字。内政部主管国内的行政管理,可任命国内十个省的总督，拥有22,000名警察，20,000名宪兵。教育部主管公共教育机构、宗教捐献地产、美术和文物保护。管理2397所宗教小学（学生有51,922人）和138所神学院（学生有1341人），还有1779所世俗小学（教师8077名，学生263,758名）和455所中学（教师1741名，学生26,808名）。成立于1935年的德黑兰大学到1954年拥有416名教职工，7475名大学生。1954年伊朗派出留学生2000多名，有1000名在美国学习。卫生部在50年代初拥有5834张病床，德黑兰每1900人拥有一名医生，全国其余地区平均85,000人拥有一名医生。邮电部管理全国的邮政、电话、电报，1954年全国有25,000部话机，其中15,000部在德黑兰。其他部还有司法部、农业部、交通部、劳动部和国民经济部。

从以上机构的建立和功能来看，伊朗中央政府的权威得到加强，分层管理和负责的官僚制度初步形成，各级各部门的官员专业化、职业化，管理工作也细化和专业化。众议院和参议院的选举也扩大了人民对公共事务的参与能力，法制精神也有缓慢的进步。经过第二次世界大战的洗礼，伊朗人民同英、苏进行了顽强的斗争，收回了一些国家主权，维护了民族利益和领土完整，伊朗的民族主义思想更加强烈。由此可见，二战后，伊朗的政治现代化有很大进展，但也应看到，巴列维王利用美国的支持和民族主义的热情，大力强化了君主专制。

当外国军队撤出伊朗、国家重新统一的时候，经济建设的任务就迫在眉睫了。1946年春天，戈旺姆首相上台时就宣布，政府打算推行一项复兴和开发的七年计划。这年秋天，成立了一个委员会起草计划大纲。计划总花费4.5亿英镑。这个计划超过了国家财力。政府又成立一个常设委员会来研究这个计划，又用300万美元雇佣美国一家海外咨询公司对伊朗的资源进行彻底调查，以提出可行的开发建议。1947年8月2日，该公司建议主要力量应集中于农业。1948年1月，常设委员会以美国公司的报告为基础提出了自己的报告。哈基米政府在1948年5月向议会提出一个"七年发展计划"（1949.3—1956.3）。议会计划委员会讨论和批准了这个计划。这一发展战略的基本原则是："以扩大生产和出口总量为目的，改善农业及工业；扩大开发矿产资源，特别是石油；改造和完善交通工具；改善国民健康；为国家发展采取必要的措施，以提高居民生活水平和教育水平，改善人民的生活条件，并尽可能地降低政府实施七年计划的费用。"计划规定七年间的总支出为210亿里亚尔（合6.56亿美元），其中用于发展农业的有50亿里亚尔；修建港口、飞机场、铁路和公路的有50亿里亚尔；发展工业和矿业的有30亿里亚尔；开办伊朗石油公司（该公司可以雇佣外国专家，但董事将全部由伊朗人担任，显然七年计划也包含石油国有化的目标）、开采石油的支出为10亿里亚尔；修建自来水和发展电气化的支出达10亿里亚尔；建造住宅的为15亿里亚尔；增进卫生设施的支出为15亿里亚尔；训练技术干部的支出为10亿里亚尔。

由以上费用分配额可知：用于普遍改善社会条件的支出占总支出的28.6%，农业占25%，运输占23.7%，工业和采掘业占14.3%，石油工厂占4.8%，通讯占3.6%。在卫生和教育方面，计划在每个省修建一座500—700张床位的医院；修建5000所小学，150所中等学校，26所职业学校及若干技术中心，新建三所大学。还准备修建10座水坝和水电站，新修公路3000多公里，维修现有公路6700公里。还扩大邮政网、电报和电话网。

"七年发展计划"的开支来源如下：从伊朗国家银行借款45亿里亚尔，从国际复兴开发银行借款80亿里亚尔（合2.5亿美元），从英伊石油公司利润提成的收入为70亿里亚尔（每年收入为10.5亿里亚尔）。为了监督计划的实施，成立七年计划执行局，聘用外国专家。

这个发展计划是振奋人心的，然而要实现却难于登天，因为伊朗当时的国内经济形势十分恶劣。第一、英国继续通过英伊石油公司完全控制伊朗的石油生产，吮吸伊朗人民的血汗。例如，1947年伊朗从石油租让权和税收方面只得到1988万美元，英国则得到5600万美元，英国石油公司得净利2688万美元。第二、伊朗与西方的贸易使伊朗处于可悲的依附地位。战后美国商品长驱直入伊朗国内市场，伊朗进出贸易失衡。1950年度入超达27.52亿美元，对美贸易入超达12亿里亚尔，对英入超为10亿里亚尔。外国商品的倾销沉重地打击了伊朗的民族工业，工厂倒闭，工人失业，1950年秋全国失业工人达50万。失业加剧了政局和社会的动荡。进出口的严重失衡又导致财政困难，财政赤字在1948/49年度达

33.32亿里亚尔。财政赤字引发通货膨胀，物价飞涨。

在如此困难的条件下，如何筹措210亿里亚尔的庞大资金成为伊朗各阶层人士纷纷关注的热点问题。报刊纷纷登载文章，人们纷纷献计献策。在热烈的讨论中，人们的目光开始转向英伊石油公司的利润上，人们发现伊朗的石油确实能给七年发展计划提供充裕的资金，但事实上伊朗并没有得到这笔资金，石油赚的钱大部分进入了英国国库和英伊石油公司的金库，由此激起了伊朗人民的满腔悲愤和对石油权益的关注，为伊朗石油国有化运动奠定了强大的群众基础。

在此之前，伊朗政府和人民为了争取石油权益进行了坚苦卓绝的努力和坚持不懈的斗争。1946年7月，在伊朗人民党和工会的领导下，英伊石油公司的工人发动了总罢工。工人们要求：撤换胡泽斯坦总督；解除阿拉伯部落武装；英伊石油公司不干涉伊朗内政；支付星期五的工资。罢工虽然受到伊朗军队的血腥镇压，但工人的经济目的还是达到了，工资有所提高。伊朗政府也通过劳动法维护了伊朗工人的合法权益；还要求英伊石油公司以优惠价格向伊朗国内出售石油；要求公司逐渐减少雇佣外国职员，培养、使用和提拔伊朗籍职员。1947年10月29日，议会通过法律责成政府应以保证伊朗在其自然资源方面的民族利益为宗旨与英伊石油公司开始谈判。1948年8月，伊朗政府开始与英伊石油公司谈判。1949年1月10日，伊朗首相发表声明：公司的富裕与伊朗的贫困是不相称的，因此伊朗要在公司的利润中得到较高的份额，要公司增聘更多的伊朗籍职员。1949年2月9日，伊方谈判代表提出：伊朗政府对公司的所有业务有控制的全权，公司所有的利润都必须由双方对半平分。在漫长而艰难的谈判中，公司方面愿让微利，总的态度是顽固不化，拖延推诿，伊方则据理力争，且战且退。1949年7月17日，伊朗代表团与公司签定了"对1933年租让协定的补充协定"，7月19日"补充协定"提到众议院，7月20日报上登出协定的全文。伊朗人民发现，除了一些靠不住的经济利益以外，伊朗其他的基本要求都被搁置，如伊朗对公司决策的发言权及参加董事会问题、加速替换外国职员问题。第十五届众议院显然对"补充协定"不满。1950年2月9日新选出的第十六届众议院开幕，摩萨台及其八名支持者当选为众议院议员。1950年6月26日，前任伊军参谋总长拉兹马拉出任首相。当他要众议院通过"补充协定"时，众议院石油委员会中摩萨台的支持者主张废除"1933年租让协定"，主张石油国有化，院外"民族阵线"的支持者和大学生举行示威游行，也提出同样的条件。于是，伊朗石油国有化运动由于英伊石油公司的蛮不讲理、伊朗政府的妥协退让、人民群众的普遍觉醒以及摩萨台分子的奔走呼吁而蓬勃兴起了。

第四节 虎头蛇尾的国有化运动

伊朗石油国有化运动的领导者是穆罕默德·摩萨台。穆罕默德·摩萨台生于1879年，父亲曾长期担任恺加王朝的财政大臣，母亲是当朝的公主，他本人在德黑兰以西70英里处继承了大批地产。18岁时他就担任呼罗珊省的政府高级官员。28岁时去法国巴黎学习经济学，30岁回国，后又到瑞士留学，1941年获法学博士学位。回到德黑兰后，在报刊上发表文章，主张司法和财政改革，引起社会的广泛注意。1915年当选为第三届议会众议院议员，开始步入政界，成为监督伊朗财政的专门委员会委员。1917年任财政部副大臣。1918年至1920年7月又去欧洲访学。1920年10月回国后被任命为法尔斯省省长。1921年2月21日礼萨·汗发动政变后，他隐居乡下。

1921年5月24日赛义德·泽亚丁内阁倒台，戈旺姆上台执政。应戈旺姆之邀，摩萨台出山担任财政大臣，大力推进财政改革。1922年2月出任阿塞拜疆省省长。1923年6月出任戈旺姆第二届内阁的外交大臣。10月再次当选为众议院议员，于是辞去外交大臣之职。在以后的五年中，他在议会慷慨激昂，针砭时弊，把自己的演说才能发挥得淋漓尽致。

1928年因为得罪礼萨国王，他被迫退休隐居。1936年曾去德国治病，1940年6月突然被捕，监禁在呼罗珊省的一个偏僻乡镇里。12月获准被软禁在家里。1941年9月重获自由。1944年3月摩萨台第三次被选进第十四届众议院。他坚决反对出让石油租借权,并组建了"民族阵线"。由此可见,他学识渊博,才华横溢,正直坚强,出国留洋学有所成,四任高官力主改革,身为议员批评权贵,自始至终爱国忧国。因此伊朗青年知识分子,特别是技术人员和工程师对他十分崇拜,尤其敬慕他在与独裁制度和权贵的斗争中所表现出的勇气和决心,敬慕他所表现出的拳拳爱国之心。

出国留学培养了他的民主主义精神追求,忧国忧民引发了他的民族主义奋斗热情,这两点合而为一,使他成为世俗的自由民主派的民族主义者,他的反殖反帝立场获得了人民群众和教士的坚决支持。1950年当摩萨台在第十六届议会中提出石油国有化的主张时,国际上正涌动着国有化和民族独立的浪潮。1945年7月,标榜"民主社会主义"的英国工党在大选中获胜,组成了以艾德礼为首的工党政府。他们要在资本主义范围内建设社会主义,大力推行国有化政策和社会福利政策。从1945年到1951年,工党政府先后实施六个国有化法令,采取高价购买方式陆续将英格兰银行、煤炭工业、发电站、煤气工业、国内运输业、民用航空业、电报和无线电通讯业以及部分钢铁工业收归国有。到1951年工党下台时,国有化企业占全国企业总数的20%。与此同时,英国被迫承认了缅甸石油工业的国有化,印度和巴基斯坦从英国的殖民统治下获得了民族独立。伊朗人民因此大受鼓舞,既然英国能实行国有化,伊朗也能;既然缅甸石油已实现民族化,伊朗的石油怎能继续由外国控制?印度和巴基斯坦经过斗争获得了民族独立,伊朗人民确信他们经过斗争定能收回石油权益。

另外,摩萨台的石油国有化主张得到了人民党和教士的广泛支持。人民党是受苏联影响的、主张建立人民共和国的工人阶级政党,它支持石油国有化是情理当中的必然。以阿亚图拉·卡沙尼为首的教士也从其伊斯兰民族主义的观点来支持这个主张。卡沙尼1885年生于德黑兰一个教士家庭,15岁时随父亲前去伊拉克什叶派圣地卡尔巴拉,1915年曾参加反对英国侵略者的宗教战争,其父亲为此献出了宝贵的生命,他也从此痛恨英国人,1919年因为反对英国侵略被托管当局缺席判处死刑,他逃回伊朗。1942年6月被英国密探逮捕，1945年9月被释放。1946年6月又被捕，1949年2月第三次被捕。他坚决维护1906年宪法，反对礼萨国王的西方化和世俗化政策，憎恨国王的独裁专制和在洋人面前的奴颜婢膝。他主张取消阶级和人种的界限，主张亚非人民团结友爱。他斗争时无所畏惧，平常温文尔雅、博学善辩。

1950年12月，伊朗政府撤回石油补充协定。与此同时，沙特阿拉伯政府与阿美石油公司达成对半分配石油公司利润的协定，这无疑又鼓舞了伊朗人民的斗争热情。

1951年1月，摩萨台和民族阵线其他议员提出：为了伊朗民族的繁荣以及保障世界和平，在全国各地无一例外地把伊朗的石油工业国有化，即所有勘探、开采和提炼工作都应由政府来经营。在以后议会的激烈辩论中，有些议员攻击政府出卖祖国，压制整个民族情感的流露，民族阵线议员讽刺拉兹马拉政府是外国人的仆人，不忠于伊斯兰教和伊朗。1月25日，有22位议员对拉兹马拉首相表示不信任，但有91名议员仍然给拉兹马拉政府投了信任票。

1月26日，卡沙尼和巴扎尔青年同盟发动一万人在德黑兰最大的清真寺举行了示威，民族阵线的几位政治家在群众大会上做了煽动性的演讲，最后大会通过了"在全国范围内把石油工业国有化"的决议。1月28日，包括卡沙尼在内的七位宗教领袖发表宣言，每个伊朗穆斯林有义务支持这场运动。2月，最高宗教领袖阿亚图拉·洪萨里发布敕令，谴责把人民的遗产（指石油）奉送给外国人并把自己的人民变为奴隶的政府。显然宗教界全力支持国有化运动。

1月29日，石油委员会希望参议院支持补充协定的愿望落空。2月19日，摩萨台再次正式把"石油国有化"的建议交给石油委员会。2月22日、24日，英国不但拒绝了伊朗的国有化建议，还威胁伊朗政府要其镇压群众的爱国运动。3月3日，拉兹马拉首相发表报告：伊朗没有足够的财政专家和技术专家接管石油公司；租让协定是不能合法地予以废除的，同时伊朗大概须付出三亿至五亿英镑的赔偿；伊朗在国外的信誉会大受损失，伊朗将失去外汇。因此不宜实行石油国有化。3月7日早晨，这位反对石油国有化的首相被伊斯兰费达依的一名成员刺死。3月8日，石油委员会接受并通过了石油国有化的建议。3月11日，国王提名侯赛因·阿拉为首相，新首相获得参议院和众议院的信任，但民族阵线的议员以离开会场来抗议新首相上台。3月14日，英国表示不接受石油国有化法令，如果伊朗政府一意孤行，他们就要向国际法院上告。3月15日，伊朗众议院通过了石油国有化法令，3月20日，参议院也通过了这个法令。

1951年3月21—24日，因为英伊石油公司取消工人在外地的津贴，引起工人罢工。3月26日，整个油田宣布戒严，外地的军队和坦克开进来。3月28日，英国派出两艘军舰到科威特，另一艘军舰驶到巴林岛，准备镇压工人罢工。3月29日，又有一万人罢工，军队向群众开枪，打死三名工人。4月12日，伊朗军队又打死了好几名示威群众。伊朗工人阶级忍无可忍，怒火万丈。他们不仅仇恨英国人，更仇恨保护英国人的政府军。人们的愤怒已无法控制，在冲突中两名英国石油工人和一名英国水手被杀死。伊朗政府惊恐万状，准备派更多的军队去镇压工人，英国外交大臣威胁说要采取行动保护在伊朗的英国人的生命和财产，要求伊方为此承担所有责任，公司开始遣送英籍职员的家属回国。伊朗政府、宗教领袖卡沙尼、议员摩萨台要求工人克制、复工，不要给英国人以干涉的借口。4月25日，罢工结束。

1951年4月27日，侯赛因·阿拉首相因为没有能力执行石油国有化措施宣布辞职。随之众议院和参议院通过了接管英伊石油公司的法令，并向国王推荐任命摩萨台为首相。这项法令经巴列维国王签字后成为国家正式法律。

该法律包括九项条款：

1. 由参、众两院十名议员及财政大臣组成混合委员会以执行石油国有化法律。

2. 在委员会的监督下，政府必须立即撵走前英伊石油公司，公司可得到一定的赔偿。

3. 该委员会监督审查政府和公司双方的合法要求。

4. 该委员会监督政府清查公司的帐目和业务。

5. 该委员会必须立即拟订国家石油公司的组织章程并提交两院批准。

6. 该委员会草拟条例，让教育部用伊朗石油收入培养伊朗的石油专家，以取代外籍专家。

7. 外国买主可继续按照国际价格和原定数量购买伊朗石油。

8. 混合委员会的建议必须先交给众议院石油特别委员会考虑，再交众议院批准。

9. 混合委员会可在三个月内完成工作，并必须向众议院报告其活动。若要延长工作时间，须要两院批准。

英国政府在1951年5月1日、2日发表声明，拒绝石油国有化法令。英国还威胁要上诉到海牙国际法院，还计划派伞兵部队来伊朗。5月6日，摩萨台首相得到议会全部信任票的支持，开始坚定不移地执行国有化法律。美国为了阻止伊朗直接向苏联求助，暗地里支持伊朗，并希望以美国技术人员取代英国人，还压双方谈判，以商讨出折中的办法。

随着英伊谈判的破裂，6月10日，代表伊朗国家石油公司的三人管理委员会到达阿巴丹，还有一个负责清理英伊石油公司的由两院混合委员会派出的三人小组委员会也同时到达阿巴丹。6月11日，两个委员会在公司办公大楼上挂起伊朗国旗和公司招牌。并宣布所有前公司的伊朗和外国的技术人员、职工必须留在他们的岗位上，从今以后成为伊朗国家石油公司的职工，还呼吁全体员工忠诚、爱国和镇定。英方总经理坚决不予合作。6月20日，伊朗政府发布详细训令：所有公司方面的命令以后都得由伊朗国家石油公司管理委员会副署；解散英伊石油公司的宣传机构；"英伊石油公司"的名称改为"伊朗国家石油公司"；所有原属于英伊石油公司的油田、炼油厂、办事处以及各地的分销机构马上予以接收；所有收入都得存入伊朗政府的账户内。

伊朗尽了最大努力挽留英国职员，并许诺给他们以前所享有的一切酬薪和福利。6月27日，在英方总经理和英国政府的怂恿下，全部英籍职工集体辞职。7月31日，在阿巴丹的英国职员总数从1750人减至650人。在此期间，英国广播公司配合英国政府的行动，说一旦实行国有化，伊朗的石油工业就会垮台，伊朗的经济就会崩溃。9月27日，伊朗军队占领了炼油厂，10月4日，最后一个英籍职员离开伊朗。

1951年10月8日晚，摩萨台抵达纽约，随行的有大批议员、内阁大臣和新闻记者。他们此行的目的在于向世界人民宣传事实真相，批驳英国给联合国安理会的提案。摩萨台10月15日的演讲轰动了全世界，他说："这石油工业实际上对于我国人民的幸福和我国的技术进步与工业发展都是毫无贡献的。这种说法的明证就是，经过一个外国公司的50年剥削之后，我们仍然没有足够的伊朗技术人员，还得聘请外国专家。……伊朗有决心要利用这重要的资源——它是我国固有财产的一部分——来提高它的生活水平，从而促进和平事业。"

另一个伊朗代表揭露英国政府："曾经设法煽动我们内部的不和和叛乱，并鼓动罢工。它为了要威胁我们，派了军舰到我们海岸边缘的水面，也派了他们的陆军和空军到伊朗附近地区。他们滥用国际法院……目的就是要使伊朗分裂。"他还说："今天的国际法是软弱而有缺陷的。强国和大国仍然拿它来支配世界。……在这种情况下，弱小国家在保护它们的基本权利时就必须特别珍惜它们的独立和主权，坚持别人必须非常认真地尊重它们。"

这些发言字字千钧、掷地有声、有理有据、合情合法。它让英国斯文扫地，让伊朗扬眉吐气，并得到第三世界人民的广泛支持和响应。摩萨台本人名满天下，被美国《时代》杂志评为1951年的世界名人。英国又寄希望于海牙国际法庭，企图用和平和司法手段打败伊朗石油国有化运动。谁知道，1952年7月22日，国际法庭宣布对本案没有管辖权。伊朗通过艰苦努力终于获得了道义上的完全胜利。

但伊朗的财政由于石油生产停顿、石油收入减少而困难重重。早在1951年10月11日，伊朗政府就采取下列措施以准备应付国内的长期困难：将各部门的预算款项削减15%，政府各机关要厉行节约；属于政府的汽车将予出售，各机关集中办公；除了最必要的任务外不准派遣政府人员出国；政府保证不解雇政府雇员；烟草税提高30%；车辆进口税提高50%。1951年12月22日，政府宣布发行四种各值五亿里亚尔的公债。摩萨台去纽约的目的之一在于争取美国的财政援助，但他苦口婆心，仅得到750万美元的贷款，这对于嗷嗷待哺的伊朗财政而言无异于杯水车薪。他从纽约回到德黑兰时，政府官员一连好几个星期得不到薪俸，军人的饷金已降低到每月不足40美元。为了应付财政危机，政府被迫增发纸币，却又引起了通货膨胀。尽管在首都出现了骚乱，但摩萨台仍然深孚众望。

1952年7月13日，摩萨台要求众议院给他六个月的全权，并向巴列维国王要求兼任国防大臣。巴列维国王拒绝了他的要求。7月17日摩萨台辞职，国王任命戈旺姆为首相，但人民党和摩萨台的支持者走上街头示威，以声势浩大的群众运动支持摩萨台。7月21日，戈旺姆受命辞职。7月22日，摩萨台复任首相兼国防大臣。8月3日，众议院授他以全权。10月，众议院投票决定解散参议院。摩萨台上台后清洗了军队，撤换了90名军官，又剥夺了戈旺姆的公民权，没收了他的财产。他逐渐掌握独裁权力，积极准备推翻巴列维王朝。

但此时摩萨台政府却面临着更危险的处境。英国政府在1951年9月10日发表正式禁令，不准伊朗动用它在伦敦的英镑结余；禁止向伊朗输入糖、铁、钢、合金、铁路敞车和器材等。英美控制下的石油卡特尔拒绝购买伊朗石油，同时让科威特、沙特阿拉伯、加拿大和委内瑞拉增加石油产量，以弥补伊朗的石油产量。英伊石油公司扩大了它在欧洲的炼油能力，以弥补阿巴丹炼油厂损失的炼油能力。而伊朗缺乏运输石油的船只和全球各地的销售网络，再加上国际石油卡特尔的阻挠，伊朗石油无法出售，伊朗的石油收入无法实现，这使伊朗的财政雪上加霜。先前曾一度表示支持摩萨台的美国看到摩萨台不接受美国的安排，不愿意向英美妥协，转而同英国一起扼杀伊朗民族政府。美国通过伊朗的萨希迪将军联络被摩萨台清洗出来的200名军官，秘密准备军事政变。

摩萨台的支持者内部也分崩离析。摩萨台上台后拒绝了卡沙尼让教士入阁的要求，还采取了一些世俗化措施以限制宗教影响。于是，以卡沙尼为首的宗教势力转而与国王结盟，加入反摩萨台的行列。人民党则先支持摩萨台推翻巴列维王朝，再推翻摩萨台建立人民共和国。

1953年4月6日，摩萨台发表广播讲话，指责宫廷成员干涉政治、危害宪法，要求国王统而不治，做个名义上的国家元首。5月24日，众议院通过一个法案，让摩萨台身兼国防大臣。8月12日，摩萨台宣布依照公民投票的结果打算解散众议院。巴列维国王则在萨希迪将军和美国中央情报局的特工专家克米特·罗斯福的支持下，签署一项命令，免去摩萨台的职务，任命萨希迪为首相。

8月15日晚到16日凌晨，摩萨台挫败了萨希迪和克米特·罗斯福精心策划的政变。16日，巴列维国王夫妇乘飞机逃到伊拉克，同一天在巴格达包租了一架英国专机抵达罗马。17日，萨希迪和克米特·罗斯福用39万美元收买的武装暴徒袭击了议会，占领了各个办公大楼。街道上忠于国王的军队和警察高喊"国王万岁"，摩萨台控制的武装力量土崩瓦解，萨希迪已经控制了德黑兰局势。22日，巴列维国王飞回德黑兰，27日，摩萨台被投入军营牢房。

巴列维国王重赏有功之臣，而且自认为他已不是一个世袭的国王，而是人民选举的国王。支持巴列维国王夺权的美国自然向伊朗国王"雪中送炭"，以解决伊朗捉襟见肘的财政困难。9月3日，美国宣布本年度继续给伊朗将2300万美元的援助。9月5日，美国紧急赠款4500万美元，其中1000万美元是为了进口必需品，1000万是稳定伊朗的货币，1200万是解决糖荒，此外的1300万则用来购买必需品。英国唯恐美国独占胜利果实，赶快向伊朗暗送秋波，1953年12月5日，英伊恢复外交关系。英伊石油公司的股票飞涨，从1951年每股90先令涨到142先令，1954年初涨到190先令，3月突破220先令。

萨希迪政府受到陆军、地主和官僚政客的支持，民族主义者和人民大众坚决反对它。在萨希迪执政的两年中，他全力以赴地捕杀爱国民主人士。伊朗军事法庭经过43天审讯和53天听证，最后又经过7个小时的审议，终于在1953年12月21日判处摩萨台服刑三年。1956年，摩萨台服刑期满后被软禁在家中，1967年3月因咽喉癌发作去世，终年87岁。

巴列维国王利用军、警、宪的镇压工具和美国的支持，第二次强化了王权。先前由议会推荐首相人选、国王任命，现在改为由国王直接任命首相；削弱首相权力，越过首相直接任命各部大臣；修改宪法，减少各项法令在通过时所需的赞同票数，国王有权否决议会通过的各项法案；动用警察和宪兵监督议会选举。从此以后，议会、首相、各部大臣只有服服帖帖，而怯于指手划脚。

1953年秋天，经过五个月的谈判，终于达成石油协议。伊朗国家石油公司作为企业主雇佣国际石油财团作为承包商，全面控制伊朗石油的生产和海外销售。在国际财团的股份中，英伊石油公司占40%，英荷壳牌公司占10%，美国的九个公司占40%，法兰西石油公司占6%。国际财团成立两个业务公司，一个管开采和生产，另一个管炼油，两个公司在伊朗注册，但总管理处设在荷兰，管理两个公司的总经理是荷兰人。在国际财团的董事会中，伊朗籍的董事占2/7，财团的董事占5/7。伊朗国家石油公司名义上获得所有设施、油井、设备的所有权，但业务公司具有全部排他性的使用权。伊朗国家石油公司还要负责公共交通、公路保养、宿舍、医疗服务、社会服务、企业训练等方面的事务。伊朗政府达到了与石油公司平分利润的目的。

这个有关石油的协定1954年10月21日在众议院通过，10月28日在参议院通过，10月29日经巴列维国王签字后变成国家法律。10月30日有八个石油公司都派船来装石油，伊朗政府在以后三年得到1.5亿英镑的资金。而英伊石油公司的现款总收入为2.4亿英镑，还有它的股权和资产的资本总值约1.5亿英镑。值得注意的是伊朗西北部克尔曼沙赫附近的小油田、小炼油厂以及伊朗国内的销售系统实现了国有化，但这个油田和炼油厂的产品是不能出口的。1955年4月6日，萨希迪将军辞去首相职务，出任伊朗驻联合国在日内瓦的欧洲办事处代表。侯赛因·阿拉登台组阁。

由于石油国有化运动的影响，伊朗没有完成第一个七年发展的各个指标。伊朗自从恢复石油生产以后，石油收入增长迅速，1958年石油收入达2.38亿美元。伊朗还从外国借款2.45亿美元，从美国借款0.45亿美元。有了这批钱，巴列维国王执行第二个七年发展计划（1955.9—1962.9），这个计划总投资12亿美元。工业拨款集中于纺织厂、糖厂、水泥厂的修建与改建。农业拨款集中于三大水坝的建设。运输与通讯仅限于市内公路建设与铁路网的延伸。

由于加大政府开支，增加对私营部门的贷款，以及放松对资本设备进口的限制，伊朗的建筑业、纺织、制糖、皮革、制砖等工业部门的投资有明显上升。1950—1958年，全国工业产值增长率达85%。1962/63年度国民生产总值达3404亿里亚尔，1962/63年度人均国民生产总值达159美元。[①]粮食初步实现了自给。德黑兰城市也迅速膨胀起来，1910年德

---

① 李忠海：《伊朗60—70年代经济发展研究》，（博士学位论文），西北大学，1995年4月。

黑兰仅有20万人口，1939年增长到54万，1952年人口超过100万，1956年又增长到170万。1940—1956年，其他城市的人口增长也很快。大不里士由21.3万增长到30万；伊斯法罕从20.4万增加到25.5万；马什哈德由17.6万增长到25万；设拉子由12.9万增加到17.1万。伊朗的城市化进程加快。游牧部落人口也相对减少，1910年游牧部落人口占全国总人口980万之中的290万；1952年在全国总人口1950万之中，迁徙和半定居的游牧部落人口超过200万人。全国受教育的人口也增长很快。1960/61学年全国约有1万所小学，在校生143.16万人；同年中学有1189所，在校生为27.29万人；职业技术学校64所，学生8300人；师范学校66所，学生6000人；大学16所，在校生为2.38万人。

第五节 国王与人民的革命

一、白色革命的背景和准备阶段

1963年1月26日，巴列维国王倡导的"国王和人民的革命"即"白色革命"的方案获得全民投票的正式通过，这是以土地改革为中心的全面的社会经济改革方案，它的出发点在于避免人民党领导的无产阶级红色革命，粉碎宗教领袖领导的黑色革命，它是一次不流血的革命，因而是"白色革命"，其目的是建成独具伊朗特色、君主专制的资本主义发达国家。

巴列维国王推行"白色革命"有其复杂的国内外背景。在国内，农村的土地所有制严重于束缚了农民的生产积极性，妨碍了农业现代化的进程。根据张振国的《未成功的现代化》的研究，土改前，全国可耕地的50%属于大地主，20%属于宗教界，10%属于王室和国家，20%属于中小地主和自耕农。[1]

---

[1] 张振国主编：《未成功的现代化》，北京大学出版社1993年版，第98页。

大地主的土地来源一是世袭下来的国有土地；二是通过直接强占或欺诈手段获得的土地。他们大都住在德黑兰或者省城，有的甚至住在国外，被称为"遥领地主"，他们通过管家管理地产，管家住在农村，享受封建地主的一切特权和权力。大地主占全国总人数的0.3%，数目大约300户。有的大地主拥有300座以上的村庄，有的占有5到40座村庄。1952年伊朗有45,500个村庄，每个村庄在15户人家以上。1972年伊朗政府宣布有5.5万个村庄，大村庄人口超过2500人，中等的有500人，小的不足200人。由此可以设想大地主占有多大的土地，有多少农民在供养着他们。

宗教地产是一种信托形式的所有制，它有两种类型，一是公共慈善地产，二是私人委托地产。60年代初正式统计宗教地产有713座村庄。

王室地产属国家所有，它是由国家从宗教地产、私产或失宠的国有地产继承人处强征来的土地构成的。王室地产有三种经营方式：国家直接经营；国王作为俸禄分配给部下；在一定时间内租给个人经营。50年代初，巴列维国王拥有2000多座村庄、2000多个牧场和大片森林，拥有土地250万公顷，在土地耕作的农民连同家属共计100多万人。国有地产是国王作为俸禄或服役的酬劳分配给军官、部落首领、王室成员的土地。到1960年国家仍拥有1535座村庄，另有247座与宗教界和私人共同所有。

数量在30万户左右的中小地主约占全部耕地的20%，自耕农约占农业人口的5%。佃农阶级是伊朗农业社会的支柱，佃农分为两部分：拥有耕作权的分成佃农和无耕作权的雇佣佃农。土改前拥有耕作权的分成佃农约有210万户，占农户总数的60%，其中富农占拥有耕作权的佃农总人数的6%，中农占10%，贫农占84%。不拥有和租赁土地又不按分成制种地的人有140万户，其中富商占这个集团总人数的10%，小业主（指铁匠、木匠、铜匠、鞋匠、理发师）占10%；雇佣佃农占80%。分成制佃农和雇佣佃农处在社会的最底层，他们终年劳作，却食不果腹，衣不蔽体，在地主、官吏、高利贷的盘剥下，负债累累，痛苦不堪。

在伊朗向半殖民地半封建社会过渡的历程中上，部分乡村出现了货币地租，出现了种植出口作物的新式地主和经销外国商品的买办资产阶级，手工业者走向破产，成为无产者。1920年，波斯苏维埃社会主义共和国"曾主张没收大中小地主的地主分配给农民"。1925年礼萨·汗建立巴列维王朝后，曾出售部分国有土地和荒地，鼓励经济作物的种植，强迫游牧部落过定居生活，开办农校和农业银行，鼓励进口农业机械。1945年阿塞拜疆民主党也把国有土地分配给农民。由知识分子组建的"伊朗党""民族阵线""自由党"也呼吁土地改革。

零零星星的土改尝试和舆论的关注也使巴列维国王行动起来，他原本的政治思想就是在维护巴列维王朝最高利益的前提下，争取民族独立、民族统一和民族振兴。他主张以君主独裁推进西方化，改革伊朗的传统社会，铲除共产主义革命的土壤，全面推行现代化，复兴波斯民族。他深知遥领地主通常不住在自己的领地上，不注意开发这些土地，也不想进行农业改革，而佃户处于完全愚昧无知和贫困状态，因此农业现代化无从谈起。巴列维国王决定以身作则，把土地出售给农民，以便让那些有良知的地主能效仿他的高尚行为。1951年国王下令建立"巴列维王室土地分配和出售委员会"。1952年又建立"乡村合作和开发银行"负责向购地的农民提供信贷，以帮助他们购买农业机械，掘井、建房。到1961年，国王共出售了517座村庄，建立了729个合作社。1955年颁布《国有土地出售法》，建立国有土地局，主管土地的销售、出租和有偿分配。并规定了最高土地拥有量水浇地10公顷，旱地15公顷，游牧或边疆地区为100公顷。分配土地的对象为10万拥有耕作权的佃农。这两次出售土地为极少数农民解决了土地问题，绝大多数农民仍然两手空空。

总而言之，伊朗农村的传统土地制度严重阻碍农业生产力的发展，也激起了农民的愤恨与反抗，危及巴列维王朝的政权稳定和现代化大业，知识分子及城市资产阶级对土改的支持构成土改的群众基础，前期点点滴滴的土地改革为全面土改积累了经验。

从国际上看，也有一些因素促进了土地改革。1958年伊拉克费萨尔王朝的垮台和共和国的成立，给巴列维王朝敲响了警钟，如不进行社会经济改革，缓和社会矛盾，自下而上的革命将不可避免。

1961年1月，民主党人肯尼迪就任美国总统，他要求受援国尽可能努力去动员自己的资源，依靠自己的力量进行内部改革，如土地改革、税收改革、教育制度改革，以此迎合民意，保证社会公平。1959年美伊军事协定已使伊朗紧紧地投靠了美国。因而伊朗很快就言听计从，否则美国就要停止援助。美国要求巴列维王朝削减军事开支，惩办贪官污吏，任用温和分子，放松政治压制，进行土地改革，以此消弭革命威胁，稳定政权。

60年代初，美国停在波斯湾和地中海的军舰可发射中远程导弹，即可直接对苏联进行核打击，因此对在伊朗设立导弹基地兴趣大减。1962年9月15日，伊朗政府发表声明，它不会允许任何国家在伊朗设立任何类型的导弹基地，苏联认为此举大大减少了外部侵略势力从伊朗领土上对苏联采取行动的可能性，是对两国正常睦邻关系的一个重大贡献。美国对伊朗改善苏伊关系并未表示反对。伊苏双方首先签订了一项新的货物转运协定，使伊朗运往欧洲的货物通过苏联转运可缩短5000公里路程和50%的运费，使苏联运往中东阿拉伯国家和东南亚的货物可以通过伊朗。1962年12月，苏、伊正式在德黑兰变换两国调整边界协定的批准书。1963年，两国又签订了一项经济援助协定，苏联为伊朗提供3900万美元的贷款，帮助伊朗在阿拉斯河和阿特腊克河修建两座水坝和发电站，还修建可贮粮8万吨的11座谷仓，把里海的一个咸水湖改建为孵鱼场。

美国的压力迫使巴列维国王进行改革，与苏联关系的缓和也提供了改革的良好国际环境。

1961年5月，美国支持阿米尼当上首相，在他的内阁中有三位在美国接受过教育的改革家：教育大臣德拉赫歇什负责改革教育体制，改善教师待遇；司法大臣阿拉木提负责肃清军界和政府中的贪污腐化现象；农业大臣阿尔桑贾尼着手制定土地改革法。

1962年1月9日，阿尔桑贾尼主持的土地改革法正式签署生效。土改法规定：个人拥有土地量限制在一个村庄的土地以内，超过部分须卖给政府。法律不涉及果园、花园、机耕地和公共宗教地产。农业部以地主交纳的地产税和上报的土地收入为基础，并参阅地理位置、距离市场远近、灌溉能力、所种作物的种类及分成方式等因素，定出土地购买价值。政府向地主支付现金或者汇票，第一次支付用现金，剩余的用汇票支付，汇票年息为6%，政府用15年还清。政府获得土地后，立即按原购买价外加不超过10%的行政手费转卖给农民。获得土地的农民第一年可以缓交地价款，以后每年从收成中偿还部分款项，分15年还清，在此期间地契由农业银行代为保存。获地者仅限于约210万户拥有耕作权的佃户，获得土地后的佃户必须加入合作社。

1962年6月，政府确定了合作社的职能：处理社员农产品的生产、交换、储存、运输和出售事宜；提供机械、农药、化肥和种子以及粮食、燃料；提供贷款；接受社员的储蓄。这个合作社相当于中国的生产合作社、消费合作社和信用合作社。合作社每个成员至少要认购50里亚尔的股票以增加合作社的自筹资金，政府也给每个合作社提供相当于自筹资金5倍的贷款。

阿尔桑贾尼通过宣传活动为土地改革鸣锣开道；又培训了上千名态度热情、事业心强、团结合作的土改官员。到1962年9月底，土改由试点地区逐步铺开，全国共有7500座全部或部分村庄正在出售土地。地主阶级虽然被剥夺了土地，但得到相当的补偿，况且地主还有一个村庄的土地，因而不至于进行丧心病狂的反抗。

1963年1月8日，在德黑兰召开了"全国农业合作社代表大会"，出席的农民代表有4700人。农民们在会上表达了对君主的感恩和忠诚，巴列维国王更是洋洋得意、踌躇满志。他宣布："鉴于国王的责任感和忠于我为维护伊朗民族的权利和发展所起的誓言，在神的力量与邪恶势力的斗争中，我不能中立和袖手旁观。因为这一斗争的旗帜是我自己举起来的。为了使国内任何力量今后都不能重新恢复农奴制和使国家的民族财富不会被一小撮人所掠夺，作为国家的三军统帅，我直接把它提交给伊朗人民，以全民投票的方式来确定这种改革，以使今后任何人或集团的私利不能有损于这一改革的影响。它使农民从佃农制度的奴役枷锁下获得解放，从而保证了光荣的工人阶级更美好、更公正和更进步的未来，改善了勤劳的政府工作人员的生活，繁荣了手工业劳动者们的生活。"

二、系统推进的全方位改革

白色革命是一套相当复杂的系统的经济和社会发展工程，它是在动态的变化中推出和完善的。1963年1月颁布了6项方案（1）土地改革；

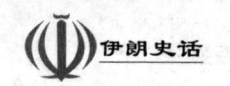

（2）森林和牧场的国有化；（3）出售国营工厂的股份以筹措土改基金；（4）工人参加企业分红；（5）修改选举法给妇女与男子平等的选举权；（6）成立"知识大军"（即农村扫盲队）。

1967年伊朗政府又把6项内容列入白色革命的范围：（1）成立农村"卫生大军"；（2）成立"开发大军"；（3）成立"公正之家"；（4）水源国有化；（5）制订全国性城乡建设的规划；（6）行政改革，即改组所有政府机关，行政权力下放，反对官僚主义，提高行政效率。

1975年在土改完成后不久，又增加了7项改革方案：（1）扩大企业所有权（即出售企业股分，吸收工人入股）；（2）反对投机倒把；（3）实行免费教育，对象限于愿意在毕业后义务为国家工作一定年限的大中学生；（4）国家免费供养两岁以下的儿童；（5）在城乡实行社会保险；（6）反对贪污腐化；（7）反对通货膨胀。

这17项改革中有4项前文已经阐述过，现在从以下几个方面来说明其余的改革措施。

（一）企业改革

企业改革包括三项内容：出售国营工厂的股份以筹措土改基金；工人参加企业分红；工人购买企业股票。

出售国营工厂的股份分两步走：第一步，把国民经济部的55个国营企业改造成股份公司，由出售土地的地主购买工厂的股份，这样地主就可向工业和生产投资，地主变成持股者和资本家，必然关心和干预工厂的经营活动和生产效益，这样可谓一箭双雕，一可改革国营企业效益低下的局面，二可为地主的资金寻找出路。第二步，组建"国营工厂股份公司"。既然各个工厂出售股份收回了庞大的资金，那么就由糖厂出资43%，纺织厂出资38%，棉花加工厂和缫丝厂出资9%，建材厂出资7%，化学和食品厂出资3%，组建一个总值77亿里亚尔的"国营工厂股份公司"，以5万里亚尔为一股，分成15.4万股。用这笔资金来投入扩大再生产。

工人参加企业分红的出发点在于让工人成为工厂的直接受益者，激发他们热爱工厂的责任，继而让他们全力以赴、满腔热情去工作，提高自己的技术专长，最终提高劳动生产率。让工人在亲密无间、互相协作和信任的环境中充分地发挥自己的才干和能力。

1963年1月政府在法令中规定所有国营和私营企中的工人均应参加分红。具体办法如下：（1）企业主必须同工人签订集体契约，根据工人节约开支，减少损耗等表现给工人分红；（2）不同意签订集体契约的企业主也要让工人分取20%的纯利，分配办法可按工龄、技术、熟练程度和原有工资等因素来考虑。1973年又规定雇佣20人以下的小企业也要让工人分红，对不执行国家法令的企业主严惩不贷（南方石油企业除外）。巴列维曾说全国有一千多家工厂的9万多名工人参加了企业分红。[1]从实际情况来看，工人年终分红所得一般相当于1个月的工资。由于企业有大小之分，工人有熟练工人和非熟练工人之分，所以工人分得的红利因为行业、工种、企业不同而千差万别，但不可否认高收入工人阶级还是出现了。

1972年5月伊朗又宣布向人民出售工业企业股份。国营企业股份的99%和私营企业股份的33.33%—49%均可向人民出售，该企业的工人和职员有优先购买权，款项在每月工资或年终分红时扣除，还可以优惠条件付款。（国营石油、冶金、烟草企业例外。）从1972年5月到1977年7月，全国认购股份的工人达下7.2万人。[2]

为了缓和劳资矛盾，照顾工人阶级的利益，伊朗政府成立了"工人福利银行"和"工人信贷合作社"，向工人发放住房贷款，帮助工人偿还债务，还教工人认字读书，培养提高工人的技术专长。

（二）水源、森林和牧场国有化

伊朗是个干旱缺水的国家，地表水和地下水的分布极不平衡，降雨量的分布也南北差别很大。为统一管理和节约使用水资源，就必须由国家来控制和管理水源。另外，随着人口增加，工农业生产用水，生活用水也增长极快，水源供求矛盾加大，这也要求国家出面进行宏观调控。在土改以前，地主利用占有水源这一条件，增加农作物分成之中20%，

---

[1]【伊朗】穆罕默德·礼萨·巴列维：《白色革命》，郭伊译，商务印书馆1986年版，第426页。
[2] 张振国主编：《未成功的现代化》，北京大学出版社1993年版，第123页。

以此剥削农民，也不符合巴列维王朝的改革意图。因此，伊朗政府宣布水源国有化，以便有效管理全国水资源，合理节约使用现有水源，开发新的水源。

早在1920年，伊朗就在农业部下设立一个管理林业的小机构，1940年建立林务局，1942年该局改称为森林总局。1951年组成最高森林委员会。这些管理都无法阻止森林的滥砍乱伐。巴列维国王认为森林私有制是破坏森林资源的根本原因，他说："森林是真主赐予的财富。任何人对它的成长没有付出过劳动，它是自然形成的。因此，在一个国家，由大自然造成的东西应属于那个国家的全体人民，这是天经地义的。"1963年2月，伊朗政府颁布法律，从此以后，国家森林、牧场、天然灌木林以及林地居于全民财产，归政府所有，政府以公正的价格向森林和牧场的合法所有者赎买所有权。

为了保护森林资源，伊朗采取下列措施：（1）成立专职的森林警察部队；（2）在国外或国内，培养森林工程师和护林人员；（3）建立禁伐区；（4）进行人工造林；（5）采用机械化采伐手段。

（三）修改选举法，给妇女以平等的选举权。

1963年以前，伊朗选举法有下列规定：

"下列人员不得参加选举：妇女；没有法律能力和被监护的人；破产者；精神病患者；乞丐及以不正当手段谋生的人；罪犯、小偷以及其他做了坏事并违反了伊斯兰法规的人。"

显然妇女在法律上被剥夺了平等的权利。1956年伊朗人口普查中，妇女文盲率达92.7%，农村妇女文盲率为99%。巴列维国王认为正是因为社会和精神上的虐待，使伊朗妇女变得日益愚昧、无知和偏执。伊朗妇女曾在历史上表现过自己的聪明才智和爱国主义精神。禁止妇女行使自己的选举权和被选举权是不正义的，不合逻辑的，是违反健全的理性和民族利益的。因此必须尊重妇女的人格和天性。把她们从旧枷锁下解放出来。

1963年通过的新选举法规定：第一，每个投票者必须事先得到确定和证实他完全具有选举和投票条件后，才能拿到选举证；第二，为了防止选举作弊，全国选举在同一天进行；第三，选举监督委员会的委员和候补委员，由学者、商人、手工业者、雇农、工人和有土地的农民组成；第四，妇女有权参加选举。

巴列维国王认为此举"结束了社会的耻辱，结束了违反神圣的伊斯兰教法典真正精神和意义的行为，结束了违反国家宪法精神的状况"。

1967年6月，伊朗政府颁了"保护妇女家庭法"。该法规定：离婚问题需提交法院审理和判决方能生效，从此取消了男子可以随意休妻的特权。还规定，男子只能娶妻两人，在娶第二房时必须征得第一房的同意。后来又修改这个法令，妇女据此获得了提出离婚的权利。这个法令改善了妇女在家庭中的地位。

1968年7月，政府又颁发了《妇女社会服务法》，为妇女就业提供了一些保障。

通过以上努力，妇女的文化水平明显提高。1960/61年度，全伊朗的大学生2.38万人，其中女生只有2700人，女生不足1/9；大学教师2124人，女教师仅为183人，不足1/10。1972/73年度各大学的女生几乎相当于男生的1/5，在各个学院则为1/3；1974/75年度，大学教师中女士增加到650人。[1]

妇女的就业也大大改善。1956年有独立收入的妇女57.56万人，占有独立收入总人口的10%。1971/72年度有独立收入的妇女为112.1万人，占有独立收入总人口的13.8%。1968年伊朗诞生了第一位女部长（教育部长），1973年，3位妇女担任政府副部长，还有几十名妇女当上企业主管、法官、议员。[2]值得注意的是妇女解放和平等仅仅局限于上层妇女、有文化的妇女和城市妇女，在整个社会，在农村，伊朗妇女解放和平等仍然是一个遥远的梦。

（四）建立公正法院和仲裁委员会

公正法院实际上是农村的公正法庭，它由五个审判员组成，任期三年，这五个审判员由当地选举产生，他们在这期间的工作是义务性的，因此这里的审理工作是免费的，他们主要解决农村诉讼纠纷。这个公正之家相当于中国农村的民事调解员。到1977年底已有10,538个公正法院

---

[1] 冀开运：《论伊朗现代教育的历史进程》，《中东研究》，西北大学中东研究所内刊，1998年。
[2] 张振国主编：《未成功的现代化》，北京大学出版社1993年版，第125页。

为1.9万村庄的1000万人服务。[1]到1977年底共处理300万例案件。

1963年在伊斯法罕的马希亚尔村成立了第一个公正法院，1965年公正法院制度化，1966年7月，把这种制度推广到城市居民社区，并成立由五人组成任期三年的仲裁委员会。到1977年底，共有283个仲裁委员会在203个城市为1200万居民服务，他们共处理了75万例案件。[2]1977年，伊朗政府决定由公正法院和仲裁委员会承袭伊朗初级法院的审判权。巴列维国王认为此举体现了参与和下放权力的革命原则，使人民获得司法权。

在中央各部设立"行政机构改革委员会"主管改革工作，改革的内容包括：使机关的办事程序现代化、使机关分工明确、精简高效，推广使用现代办公设备，实现电脑化管理。

巴列维国王也实行了社会保险制度和照顾贫困母婴的法令，在1975—1977年，又提出了反对通货膨胀和投机倒把的革命目标。

"白色革命"是一次全方位的系统现代化改革运动。这场运动是以巩固君主专制和发展资本主义为目的，从以下十大关系上推动伊朗社会经济前进。一是调节地主和农民的关系，力图消灭地主土地所有制，发展现代化大农业和自耕农经济，但并不剥夺地主的财产所有权，而让地主向资产阶级转化；二是调节资本家和工人的关系，希望调动工人的生产积极性，让融洽的劳资关系为资本家创造更多的利润，为国家创造更多的财富；三是在世俗和宗教的关系上，大力推行西方化和世俗化，从教育、司法、经济上削弱伊斯兰教和教士的势力和影响；四是在城市和乡村关系上，要求城市从教育、医疗、科技、法律上扶持农村，让城市中出现的文明辐射到农村，力图平衡城乡二元社会，让农村从中世纪的闭塞中走出来，赶上现代潮流；五、在男人和女人的权利关系上，相对限制男人传统的特权，在政治、教育、就业诸方面提高妇女地位，追求男女平等；六、在处理现代市场竞争中强者与弱者的关系上，通过建立保障保险制度，免费教育和照顾贫穷母婴来保护在弱肉强食的市场竞争

---

[1]【伊朗】穆罕默德·礼萨·巴列维：《对历史的回答》，刘津坤、黄晓健译，中国对外翻译出版公司1986年版，第108页。
[2]同上，第109页。

中的弱者和失败者；七、在国有化和私有化的关系上，实行国有化和国有企业的私有化，以发展私人资本，培育资本主义经济；又同时实行水源、森林和牧场的国有化，让国家作为全民族利益的代表来保护管理国有基本资源，合理开发和使用国有资源，以避免因私人资本的贪得无厌和急功近利而破坏了国有资源和生态环境。换言之，政府放弃了管不好管不了的企业，又收回了国民的公共资源，这二者都是合理的；八、在国际性和民族性的关系上，缺乏对国情和民族性的研究，更没有做好外国先进制度经验如何适应伊朗的历史传统和民族心理，崇拜国际性，忽视民族性给这次改革带来了致命伤；九、在民主与专制的关系上，一味强化君主专制，一味削弱民主的力量；十、在政治和经济的关系上，政治上专制，经济上市场化，二者脱节，甚至背道而驰。这是改革最大的失误，也是不可避免的失误。

第六节　开拓进取的黄金十年

一、十年的蓬勃发展

为了与白色革命相配合，伊朗政府从1962年到1972年制定并实施两个国民经济发展计划，取得了令人惊奇的经济成就。

从1962年9月至1968年3月是第三个发展计划的执行时期，计划的目标是：在加强基础设施与农业水利建设的同时，国家重点投资大的重型企业，鼓励私营部门投资于轻工业，以推进工业化战略；还应扩大就业机会，更平等地分配收入，维持价格的相对稳定和国际收支的相对平衡。

因为石油收入的增长速度比预期的要快，外国贷款比预计的多。因而超额完成了计划。国家支出原计划为1397亿里亚尔，实际支出为2046亿里亚尔；在计划中私营部门投资达2500亿里亚尔；国民生产总值年增长率为8.8%，比原计划的6%高2.8个百分点。年通货膨胀率为0.6%；农业的年平均增长率原计划为4.1%，实际完成3%。

1968年3月至1972年3月伊朗又实施了第四个发展计划,其总目标是：增加生产部门投资所占比重,采用现代生产技术,提高经济增长率；通过就业政策和福利政策使收入分配更趋公平；在满足本国基本需要方面减少对外国的依赖,同时使出口多样化；推广先进的管理技术,改进行政管理服务。

在第四个发展计划期间,国营部门的实际投资达5068亿里亚尔,私营部门的投资总额为3670亿里亚尔,五年内国内固定资本的年平均增长率为13%。国民生产总值年平均增长率为11.6%,超过计划规定的9%,年平均通货膨胀率为4.3%；五年内实际就业增加数为130万,超过了原计划96.6万人。

在这十年之中,伊朗依靠石油收入和外资来发展经济。1961年伊朗的石油收入3.01亿美元,1972年则23.8亿美元,这12年伊朗石油收入为107.34亿美元,这为伊朗现代化建设提供了极为宝贵的资金。同时伊朗大力引进与保护外资,以之弥补建设资金的不足,吸收和消化国外的先进技术。1970年外国在伊投资总额为500万美元,1972年达5亿美元。

这十年,伊朗实行"进口替代工业化"发展战略,一般消费品和耐用消费品生产增长极快,对进口的依赖日益减少；伊朗国内有能力生产的中间产品和资本货物也快速增加；伊朗无能力生产的中间产品和资本货物仍然依赖进口。

由于石油收入增长,政府的财政收入也随之增长,伊朗政府的投资能力和经济能力日益强大,政府及国营部门的投资到1972/73年度已占全部投资总额的61%。

伊朗十年大规模的投资与进口设备促进了制造业的飞速发展,不仅是纺织、食糖、水泥、制砖、制鞋、烟草、木材、造纸、制茶等传统工业部门突飞猛进,而且新建一批新兴工业部门。1971年12月炼出了第一炉生铁；轧钢厂、钢管厂、铬厂、化肥厂和石化厂相继投产。柴油发动机和拖拉机制造业也相继诞生。

十年的投资建设大大加强了伊朗的基础设施。1960年全国发电6.89亿度,1972/73年为95.53亿度,同期人均年用电量从34度上升为300度；1974年初铁路总长增加到4500公里；十年内修建了21,000英里的公路,在国内17个城市都有了飞机场。

十年建设使伊朗经济工业化取得令世人瞩目的成就。1963/64年度伊朗拥有工业企业、作坊11.2万个，1974/75年则增加到23.5万个；同期有工人10人以上的企业数由3500个增加到6200个。1962/63年度伊朗工业产值为581亿里亚尔，1972/73年度工业产值为2410亿里亚尔。1959/60包括石油在内的工业产值占国民生产总值的27.5%，1971/72年度上升为43.1%。

十年建设极大提高了伊朗的综合国力和经济总量。伊朗中央银行资料显示，1962/63年伊朗国民生产总值为3404亿里亚尔，1972/73年度增加到12,260亿里亚尔。1962/63年人均国民生产总值为159美元，1971/72年则上升为304美元。[1]国际上伊朗问题专家罗伯特·E. 卢尼估计，1963—1972年伊朗国内生产总值年平均增长率为11.5%，城市人均收入年平均增长率为6.1%，农村则为0.03%。显然，城里人得到的实惠远远大于农村人，城乡差别越来越大。

十年建设不仅增强了伊朗王室资产阶级和官僚（指官员和军官）资产阶级的经济实力，也培育了伊朗民族资产阶级种中产阶级，壮大了他们的力量，一批暴发户从社会基层崛起。经营环球百货大王哈比卜·萨伯特从前曾是开卡车的司机，此时他经销百事可乐、小轿车、药品、轮胎、电冰箱、化纤等，拥有41家公司，雇员达10,000名，他建的私人住宅耗资达1500万美元。穆罕默德·拉吉瓦蒂30年前是一个小商人，此时是一个大企业主，1974年他的企业盈利达2.8亿美元。古拉姆·加亚米从前给别人擦洗汽车，此时成为伊朗公共汽车和小轿车的制造商；卡奇·伊腊瓦尼过去给是别人擦皮鞋，此时成为几十幢高楼大厦的主人。相当一批白领工人、商店老板、银行职员、律师、教授拥有了自己的公寓房子和小轿车，家里购置了现代化的家用电器，他们成为伊朗中产阶级。

二、雄心破灭

十年的现代化建设成就让伊朗举国欢欣鼓舞，巴列维国王更是喜上

---

[1] 张振国主编：《未成功的现代化》，北京大学出版社1993年版，第147页。

眉梢，得意扬扬，他决心大干快上，早日实现"世界第五强国"的雄心壮志，以建立千秋伟业，流芳百世。

1973年初，伊朗议会批准了第五个发展计划（1973年3月21日—1978年3月20日）。该计划显得雄心勃勃，五年内投资总额为365亿美元，而第四个发展计划的投资总额仅为108.5亿美元。该计划预计五年财政总收入为495亿美元，其中234亿美元来自石油收入，占全部财政收入的47.2%。五年内国民生产总值年均增长率为11.4%，石油天然气年均增长率为11.6%。

这个计划刚开始实施，伊朗就喜从天降。70年代初，西方工业化国家对进口石油的依赖越来越严重。1960年石油输出国组织成立，通过集体行动阻止石油标价的下跌。1960年每桶石油价格为0.8美元，到了1972年则为1.36美元。1973年10月6日，十月战争在埃及、叙利亚和以色列之间爆发。10月17日，阿拉伯石油输出组织部长级会议在科威特举行，决定以减产、禁运石油支持反以色列战争。10月16日，海湾六国：沙特阿拉伯、科威特、伊拉克、卡塔尔、阿拉伯联合酋长国和伊朗决定将海湾原油标价由每桶3.011美元提高5.119美元。12月23日，上述海湾六国在德黑兰开会决定大幅度提价，新的原油标价为每桶11.651美元。[①]伊朗石油收入随之大增，1972/73年伊朗石油收入仅为28美元，1973/74年则为46亿美元，1974/75年又上升为178亿美。伊朗政府财政收入由1973/74的68亿美元，增加到1974/75年的206亿美元，1973/74年财政赤字为3亿美元，1974/75年度一下子财政盈余37亿美元，就在1973年3月—1974年3月，石油收入使伊朗的人均收入从501美元升到821美元，这等于提前实现了第五个发展计划所规定850美元的目标。就在这一年内工业和矿产产量增长了18%，工业用电量增长了48%。在大城市注册的公司数目增加了46%，公司总数为2208个，资本总额达528亿里亚尔。1972/73年国民生产总值增长14.2%，1973/74年上升为30.3%，1974/75年又上升为42%。

[①] 季国兴、陈和丰：《第二次世界大战后中东战争史》，中国社会科学出版社1987年版，第395页。

这飞来的横财让巴列维国王欣喜若狂，但伊朗计划与预算局头脑还比较冷静，他们科学地研究了伊朗未来20年的前景，并在1974年3月提出自己的看法，认为1973—1992年石油与天然气的总收入在3690亿美元与5850亿美元之间；伊朗在20世纪内不可能成为世界上第五个工业大国（指在美、苏、英、法之后）；由于农业潜力有限，仍需进口粮食；必须立即采取措施解决基础设施的问题；从伊朗的自然资源出发，重点发展钢铁、石化、机械工具等重工业；促进非石油产品的出口，实行符合比较利益理论的工业化战略。

巴列维国王要求修改原计划，1974年7月，计划与预算局提出三种方案：最保守的方案国营部门的投资比原计划增长31%，总数达15480亿里亚尔，中间方案增长98%，投资总额为30,640亿里亚尔，最冒进的方案增长141%，投资总额为37,300亿里亚尔，实际上，当时计划与预算局局长马考迪是位内行专家，他和财政部、中央银行的官员都深知高速增长和疯狂花钱的危险。但他们不能违背国王的旨意，也阻挡不了国王的决策。

1974年8月1—3日，在里海岸边的拉姆萨尔，由国王主持了最高决策会议，巴列维国王对与会者说："我们向你们许诺的'伟大文明'并不是乌托邦，我们达到'伟大文明'的时间比我们想象的要快得多。我们说过我们将在12年内跨进它的门槛，而在有些领域我们已经跨过这个门槛。"首相胡韦达善于察言观色，对国王的凌云壮志心领神会，在会上极力附和国王的说法，他和国王都对谨小慎微的经济学家不屑一顾，对持不意见者敬而远之。巴列维国王最后拍板定案，确定第五个发展计划的总支出为46,980亿里亚尔，相当于690亿美元，其中国营部门的投资总额为31,180亿里亚尔，相当于450亿美元。确定把原计划内年均国民生产总值增长率由11.4%改为25.9%。

在新修正的计划内，工矿业投资由81.8亿美元增加到125.3亿美元，增加了53%；农业及自然资源投资由26.7亿美元，增加到45.8亿美元，增加了72%；交通与通讯投资由27.9亿美元增加到72.9亿美元，增加了161%；住房投资由59.6亿美元，增加到137亿美元，增加了130%；石油和天然气投资由68.3亿美元，增加到117.2亿美元，增加了72%；其他的投资由104.1亿美元增加到197.7亿美元，增加了90%。

由于政府在1975年3月中旬到6月中旬花费比去年同期增加了208%；商业银行占总计划40%的信用贷款已用完，一些银行已经用完了拨款额度，准备到国际市场寻求短期资金。每年的货币供应量增加了60%；1975年每月进口值为12亿美元，比1974年同期增加几乎100%。危机首先从波斯湾沿岸的港口显现：1974年进口货物总量增加39%，大批货船云集各港口，但因为港口的装卸设备不足，再加上高温和高湿的天气使机器故障百出，码头的停货场和仓库也严重不足，工人们在45度以上的酷热下难以长时间工作，所以货船停在港口难以卸货；伊朗官僚机构众多、办事效率低下，需要28道手续才能从海关清出商品，这更使海港的拥挤堵塞雪上加霜。

在霍拉姆沙赫尔，1975年年中有200多艘船等待卸货，货船在进港前不得不等待160多天。一旦卸货速度加快，很多上岸商品放在露天，任凭风吹日晒雨淋。每天可卸货12,000吨，每天能运走9000吨，1975年9月、10月，有100多万吨的货物堆放在码头和港口周围。

货物搬运慢主要有两个原因，其一，几乎近50%的货物是政府采购，各个部有时得花6个月才能清点他们；其二，缺乏足够的卡车。为此政府从国外紧急采购2000辆卡车和6000辆拖车，可是卡车所需要的2000多名司机都找不到，政府又决定从韩国和巴基斯坦引进800名司机。这些司机急冲冲地来到伊朗，膳食无着，不熟悉当地情况，并且很快失望，因为干同样活的伊朗司机比他们的工资高。1975年7月，大部分外国司机不到6个月就离开了。伊朗被迫起用本国司机，相当数量的卡车因为无人驾驶，在恶劣的气候下生锈变坏，甚至到1977年在阿拔斯还有一排排的卡车停在那儿。1974/75年伊朗为货船的滞期费所付的罚款就超过10亿美元。港口的延误自然导致大部分商品在正式使用前变坏，最终导致建筑工程一拖再拖。

第二，土地价格飞涨。土地价格一周一个价，在德黑兰地价尤其可怕。1974年一位工业家在大不里士买一平方米的土地必须付45,000里亚尔（相当于660美元），而1971同样的土地，每平方米仅为5000里亚尔；随着克尔曼采矿业的发展，市中心的地价由1959年的每平方米2000

里亚尔，飞涨到1974年的15,000里亚尔；在腊什特，地价由1969年每平方米20里亚尔涨到1974年的2000里亚尔。

地价上涨必然导致房价上涨，因为建房成本的47%是征地费用。房价上涨又引起房租上涨。房租占工人生活花费的60%。工人生存艰难，就通过罢工等手段要求工厂主增加工资，1974/75年，21个主要工业部门的工人工资平均上涨30%。国王和劳动部也支持工人多拿奖金，想借此实现公平分配，以换取工人的忠心。然而高工资并不意味着更高的劳动生产率。

第三，劳动力资源供应紧张。普通劳动力的收入供求相对平衡，而有技术专长者严重不足。劳动力流动速度加快，政府部门的雇员纷纷跳槽到高收入的私营部门。劳动力价格飞涨。一个管道安装工月薪为440—460美元，一个双语秘书月薪为1200美元，一个从国外学成归来的工程师在津贴之外拿2000美元，一个年龄30岁的大学生当经理月薪超过4500美元。

国内的技术人才难以满足需求，伊朗只好雇用外国专家，到1975年年中，约有35,000名外国人生活在德黑兰，其中大部分是欧洲人，他们是技术人才、经理、顾问、外国公司代表，相当一部分为军事顾问；美国在伊朗的军事人才最高年薪达15万美元，1975年美国在伊的军事技术人员达2万人，其平均月薪为0.9万美元。伊朗雇佣土耳其人和南斯拉夫人修建在布什尔港的两座核电站，到1977年3月，约有7万外国人在伊朗工作。

地价、房价、房租的上涨、劳动力工资特别是外国在伊专家的超高工资以及大规模的投资建设导致需求迅速增长，引发严重的通货膨胀，1975年3—8月消费价格指数实际上涨35%—38%。1975—1977年通货膨胀率为50%。这一切导致需求远远大于供给。例如1975年3月—1976年3月，国内纺织品的消费量为6.5亿—7亿米，而国内产量仅为5.7亿米，1975年纸的需求量为65万吨，而国内产量仅为20万吨，不足部分依赖进口；1974年3月—1975年3月，伊朗国内小麦、大麦、大米产量为650多万吨，但国内需求远远超过这个数，伊朗只得进口180多万吨粮食，相当于本国产量的28%。

1976年，伊朗政府被迫调整计划，首先降低了进口的增长率；其次缩小了政府日常开支的增长幅度；再次，放慢经济增长速度。但因为对问题的严重性认识不足，对计划的调整蜻蜓点水，未能达到力挽狂澜的效果。1977年夏，电力供应不足使大部分工厂生产能力未能充分发挥，造成损失几十亿美元。巴列维国王下令免除胡韦达首相职位，任命阿穆泽加尔为首相，国王的用意在于把这一段经济失误的责任转嫁于人，又想起用新人给国人以新的希望。1977年8月，新政府允诺增加水利、电力、交通、教育和卫生的开支；减少对石油税的依赖；注意国内生产价格、控制地价等，但这些济世良方已为时太晚，况且其本身无异于隔靴搔痒，缘木求鱼。

　　第五个发展计划期间，伊朗获得石油收入约830.5亿美元，但因为浪费、管理不善和贪污，损失巨大；巨额的军事开支也吞没着宝贵的建设资金，第五个发展计划规定，军事拨款占计划拨款总额的31.5%，达291亿美元，而5年实际军费开支约为390亿美元。所以大量的石油美元未能产生可观的经济效益。这导致伊朗财政出现恶性赤字，计划的第一年财政赤字为203亿里亚尔，第二年财政盈余2497亿里亚尔，第四年财政赤字为1788亿里亚尔，第五年财政赤字为1174亿里亚尔；国际收支也失去平衡，1977年第一季度整个国际收支的盈余为16亿美元，而同期国营部门的外债总额已达67亿美元。从1977年3月21日至1978年3月20日，国家已无足够的财力支撑更多的缺少效益的发展项目了。

　　第五个发展计划最终以雄心勃勃开始，以惨不忍睹告终。计划水泥年产量从360万吨增加到2000万吨，实际上到计划期间第二年年终水泥年产量才到510万吨，工业部看到无论如何也完不成2000万吨的指标，只好将其改为900万吨，市场水泥供应紧张，黑市盛行，官价水泥每袋（50公斤）为200里亚尔，只有军事工程的承包者才能买到，而其他承包商只能从黑市买1000里亚尔一袋的水泥；计划钢产量为1000万吨，实际只达到100多万吨；计划原油产量达每天730万桶，实际执行结果未超670万桶。

　　修改后第五个发展计划设想国民总收入年均增长25.9%，实际增长率为17.9%，1977/78年度增长率仅为2.8%，国民生产总值年均增长率为7%，国内生产总值年均增长率为6.9%，农业年均增长4.6%，非石油的国民生产总值年均增长率为13.3%。

1966年伊朗制造业有4万个雇主，1976年增加到5万人，全国企业和金融机构的67%掌握在150家大资本家手中，由此可见，庞大的经济建设和巨额的石油美元养肥了资本家和现代大型企业，而通货膨胀、住房紧张、缺医少药、失业失学则落在工人阶级和涌入城市的农民身上，这种不公平的现象必将激化社会矛盾，引发政治危机。

三、抓不住的流沙——盛世危机

巴列维王朝名义上是君主立宪制，议会是国家最高立法机构，也是最高上诉法院，宪法规定规定伊朗实行行政、立法、司法三权分立。但事实上，巴列维国王通过几次修改宪法，早已独揽了国家的行政权、立法权和司法权。他依靠五根支柱，维护独裁专制。

第一根支柱是伊朗王国宫廷部。在宫廷部内都是国王的忠实臣仆，他们千方百计地树立和维护国王的崇高形象。他们为国王出谋划策，日夜操劳。从生活中照顾国王饮食起居、会客娱乐，从礼仪上制造九五至尊、君临天下、俯视万民的气氛。宫廷部包括宫廷大臣、两位副大臣、王宫典礼长、王宫马厩长、国王私人秘书等。

第二根支柱是内阁政府，首相以及22位内阁大臣对国王言听计从、百依百顺。谁要是心怀异志、图谋不轨，轻则丢官出国，重则身陷囹圄。

第三根支柱是三级特务组织。1956年在美国中央情报局和以色列特工组织的帮助下，巴列维国王组建"伊朗国家安全与情报组织"，它的波斯语字母简称发音为"萨瓦克"。第一任长官为巴赫蒂亚里。他用8年时间为几千人建立了秘密档案，用严刑拷打、即刻处死、残酷折磨对付犯人。

巴列维国王曾说，到1978年底，萨瓦克雇员不到4000人。也有人估计其雇员高达2万。萨瓦克监视每一位高官，他们的言谈举止，都记录在案。在每一个大型的工商企业内都有萨瓦克的眼睛。他们随时严刑拷打每一位持不政见者，甚至让持不同政见者突然失踪，他们私设公堂、严刑逼供、草菅人命，无法无天，凡是被他们提审的犯人，不是身体致残，便是命归西天。萨瓦克不仅专门监视国内的伊朗人，而且还监视国外的伊朗人。

巴列维国王对嗜杀成性的萨瓦克也不放心。早在1959年，就组建了"皇家调查组织"，这个组织直接对国王负责，其成员隐姓埋名，走遍全国各地，有权调查任何机构和制度，包括萨瓦克在内。1976年11月7日，这个机构改名为"皇家调查委员会"，这个组织的头目是巴列维国王在勒鲁塞的老同学侯赛因·法尔杜斯特。皇家调查委员会的首脑也同时是"达弗塔雷·维杰赫"的首脑，这是一个比萨瓦克和皇家调查委员会更为秘密的组织，它由15名忠心耿耿的上校军官组成，他们以国王的名义迅速、全面地追查高级官员中间的贪污腐化、徇私舞弊行为。巴列维国王依靠特务组织来反贪，只能破坏民主和法制，强化了专制统治。

第四根支柱是军队。伊朗现代军队的基础是哥萨克旅，伊朗现代军队的缔造者是礼萨·汗。他把南波斯洋枪队、旧式宪兵、哥萨克旅整编成统一的伊朗国防军。1925年，伊朗军队达4万人，分为9个师和5个独立旅，拥有100辆坦克，200架飞机。1932年礼萨·汗又建立海军，拥有2艘炮舰和4艘小军舰。1941年伊朗军队达12.5万人。但在苏联、英国占领伊朗后，其军队土崩瓦解。

第二次世界大战后，在美国的扶持下，伊朗军队重振雄风，1953年伊朗陆军增加到10万人，1960年又发展到19万人，1976年为30万人。1978年伊朗军队总数41.3万人，其中陆军28.5万人，空军10万人，伊朗国王不遗余力地发展宪兵，1972/73年，伊朗拥宪兵4万人，配备有轻型武器和14架直升机；1978/79年宪兵发展到7.4万人，配备有轻型飞机、直升机、巡逻艇、装甲巡逻车。

伊朗所有的决策权都掌握在巴列维国王手中，他是伊朗武装部队的最高统帅，还可直接指挥各个独立的军种和兵种。最高国防委员会、总司令部和国防部都直接接听命于国王。

巴列国王依靠这支军队镇压国内的反对派，维护独裁统治，谋求海湾霸权。1971年阿曼苏丹拥有1万人的军队，却无力对付人数不足200的佐法尔游击队——阿曼人民解放阵线。1972年应卡布斯苏丹的邀请，巴列维国王派军队去阿曼，此举有两个用途，一可证明伊朗是海湾地区的强国；二可实际操练伊朗装备精良的军队。从1974年9月到1975年3月，共有两个加强营4500名伊朗军人在阿曼作战。1971年伊朗军队占领了霍尔木兹海峡附近的阿布穆萨岛、大通布岛与小通布岛。

第五根支柱是御用政党。1957—1958年在巴列维国王的策划下，建立了两个政党：一个是执政党国民党，其总书记为时任首相是埃格巴尔；另一个是在野充当反对党的民族党，其总书记是巴列维的亲信阿拉姆。两党都宣布拥护国王的土地改革，支持与西方的军事同盟。而国民党态度稍为激进一些：主张严格限制大地产，提出工人参加企业分红。这两党实际上不过是国王愚弄人民、维护专制统治的左手和右手而已。1974年3月4日，巴列维国王下令成立"复兴党"，用强迫入党的办法，招兵买马，扩充势力，1977年8月，时任首相的阿穆泽加尔任该党的总书记，巴列维国王希望这个党培养统一意志的忠实臣仆。

没有群众监督、新闻监督和法律监督的独裁政府最容易进行权钱交易、行贿受贿。1975年12月，海军司令阿塔伊和其他10名军官因犯重大贪污盗窃罪被开除军职，且被判刑。巴列维国王自然意识到腐败会瓦解他的政权，但他只能治标、不能治本，因为他的家族本身就腐败，王族投资的对象有：18家银行与保险公司，29家工厂，11家企业，45家建筑商行，43家农牧业和食品公司，10家商业公司，39家服务公司，8家矿业商行。王族必然凭借权力破坏正当竞争关系，谋取暴利。

国王和达官显贵依靠聚敛的财富过着穷奢极欲、挥金如土的日子。巴列维国王的礼服、金节杖、王冠、王座、马车都镶着价值连城的宝石、钻石和珍珠。在庆祝波斯帝国建立2500周年的活动中，巴列维国王更是粉饰虚张，好大喜功。他从法国定购62顶帐篷，配备165名厨师，这次活动总共耗资达1亿美元。而他的首相胡韦达"从荷兰买花，从法国买矿泉水，从东地中海购买野味，从非洲购买水果来布置他的餐桌"。

达官显贵崇拜的西方物质文明和精神文明与下层社会穆斯林认同的伊斯兰价值观和道德观形成鲜明对比和反差，穷人憎恨富人的豪华奢侈，平民憎恨权贵的巧取豪夺，农村人憎恨城里人的灯红酒绿，纯朴的穆斯林憎恨西方化带来的纵情声色，具有民主意识的知识分子憎恨残暴的专制统治。

巴列维国王在对外关系上，坚定地站在西方国家之列，特别是丧失民族气节，投入美国的怀抱。这成为教士们攻击他的最好口实。二战结束后，伊朗接受了大量的美国经济和军事援助，1946—1953年，美国对伊朗的经济和军事总数为1.184亿美元。1953年以后，美国从全球战略利益出发，加大了对伊朗的控制与援助。1953—1965年，美国对伊的经济援助总额为7.954亿美元，军事援助为7.029亿美元。1965—1971年，经济援助为3.491亿美元，军援为8.041亿美元，总数为11.532亿美元。1970—1977年，美国卖给伊朗的军火价值为163.13亿美元。美国不会为了伊朗的军队现代化和国家富强而慷慨大方，而是有自己的如意算盘：控制波斯湾的战略通道和石油资源，利用伊朗的领土建筑防止苏联南下扩张的桥头堡，以确保自己称霸全球的战略利益，为此它以经援和军援为手段让伊朗的民族利益服从服务于自己的战略利益，以牺牲伊朗的民族利益来保全自己的战略利益。伊朗在接受美国援助后，也受制于人。1955年2月24日，土耳其与伊拉克在巴格达正式签署了《相互合作公约》，巴格达条约组织正式成立。它是一个军事性的区域合作组织，1955年4月4日，英国加入了该组织，1955年9月23日，巴基斯坦参加了该组织，1955年11月3日，在美国的强大压力下，巴列维国王违背民意宣布伊朗正式加入该组织。巴格达条约组织填补了北大洋公约组织到东南亚条约组织之间的环节，建成对苏联和其他社会主义国家的大包围圈。通过这个条约，美国把伊朗、伊拉克和土耳其的领土和军事力量都置于它的控制之下。（1959年3月24日，伊拉克新政府正式宣布退出巴格达条约组织，8月19日，该组织改名为中央条约组织。）1959年3月5日，伊朗和美国签订了双边军事协定。随着美国军火源源不断进入伊朗，美国的军事顾问和专家也源源不断地进入伊朗，帮助伊朗维修武器、训练军人，1976/77年有40多家美国公司为伊朗提供军备，这些公司雇佣2728名美国专家在伊朗工作。1976年在伊朗的美国人为3.1万，其中6263人直接与美国向伊朗出口武器的买卖相关，1304人是美国政府雇员，4959人是美国在伊朗民用工业的专家顾问。1981年在伊朗的美国人有3.4万。这些美国专家及家属都享有外交豁免权，即不受伊朗法律约束，他们也带来了与伊朗本土格格不入的西方文化。这一切都受到以霍梅尼为首的宗教界人士的猛烈攻击,给巴列维国王的政治合法性和政治权威带来了致命的影响。

四、改革或革命:内部维修还是推倒重来

(一)巴扎商人和手工业者的不满

巴扎是伊朗城市生活的集中区,它不仅仅是一个商业中心,而且也是一个独具特色的社区中心,包括一个或几个清真、公共浴室、传统的宗教学校以及很多茶馆。这么多人、这么多的活动集中在这么狭小而拥挤的区域内,因而在巴扎信息传播得更快,一直是政治动员的主要发源地。在立宪革命和石油国有化运动中,巴扎曾是政治活动的策源地和集中地。

巴扎控制着2/3的国内批发贸易和至少30%的出口额,例如地毯、坚果和生果的出口,巴扎也一直存在着传统信贷业务,据估计1967年它掌握着私人信贷的15%。因此巴扎在经济地位上也举足轻重。

巴列维国王通过以下措施,改造传统的巴扎,削弱巴扎的政治和经济势力:(1)在巴扎外面建立国立学校、新的房屋和购物中心,在巴扎里面拓宽狭窄的巷道,并在已修成的街道两边安上铁栏杆。(2)建立现代化的国家信贷制度以取代巴扎的私人信贷,由国家公司直接进口小麦、食糖、大肉、水泥和钢材,并直接在国内分配和出售这些商品。(3)政府通过物价控制和反牟取暴利的运动打击巴扎势力。到1978年秋,共有22万店主违反价格管理,1977年7—8月有8000名商人因为违反物价管理被审讯;到1977年底有2万店主被监禁;1977年4月,对巴扎的商人和手工业者罚款6亿里亚尔。(4)由于石油收入减少,政府财政吃紧,所以对巴扎加征捐税,减少向巴扎的贷款。这一切激起巴扎商人和手工业者的极大愤怒和不满。他们经常关门歇业、资助游行示威中牺牲者的家属。德黑兰的巴扎成立由五人组成的巴扎商人协会,他们通过个人关系和金钱雇佣能够迅速地动员一大批人。

(二)工人以罢工为形式反抗当局

据统计,1966—1976年,伊朗就业人数从711万增加到879万人,

城市就业人口由260万人增加到411万人,显然,工人阶级的力量不断壮大。据1974年对2779家不同类型企业22.4万人的调查,73%的工人的收入低于法定最低生活工资。通货膨胀导致房租上涨和食品价格上涨,工人生活每况愈下,而暴发户则一掷千金,豪宅名车和工人住的棚户区有天壤之别,为了改善生活条件,工人开始罢工,1974—1975年罢工有20起,而1977年一年罢工就有20起。罢工工人遭到军警镇压,有的被打死,有的被捕入狱,工人阶级与巴列维王朝的矛盾越来越尖锐。

(三)学生要求自由

巴列维国王意识到高等教育是伊朗现代化的基础,因此,决定增加教育拨款,在修改后的第五个发展计划中,国家在教育上拨款占国民生产总值的4.6%,到1977年,伊朗拥有21所大学和206所学院,在校大学生为15.43万人,有1/3以上的大学是在1973—1976年之间建立的。这些学生年轻热情,思想活跃,他们不满萨瓦克对学生杂志的审查,也讨厌政府经常干涉学生正常的政治集会,他们通过静坐、罢考和校园示威表达自己的意愿。

伊朗在国外还有6万多名留学生,他们成立海外伊朗学生联盟。这些学生深受西方民主、自由思想的熏陶,向往西方的人权,不满意伊朗国王专制独裁和萨瓦克对人权的践踏,尤其是流亡海外的政治家和政治团体通过各种途径,向他们宣传伊朗国内的政治黑暗,并组织他们参加反国王的政治活动,这些学生的政治热情空前高涨,这使巴列维王朝惴惴不安。

(四)反对党跃跃欲试

1977年,因为巴列维国王对反对派的压制稍有放松,伊朗党、民族党、社会主义协会三个曾被取缔的政党正式组建了第三民族阵线,律师、自由知识分子、专业人员、私营部门的中小资本家加入其中,他们坚持立宪主义的政治原则,不主张推翻君主制,但要求国王成为统而不治的虚君。反对党之中还有巴扎尔甘和塔列加尼领导的"解放运动"。

70年代初,伊朗人民党在国内外有党员5000人,在德黑兰大学、石油工业区和主要城市都建立了基层组织。人民党主张用和平手段推翻君主制度,消灭大地主和大资本家,建立民族民主共和国,由工人、农民、城市小资产阶级、爱国进步的知识分子以及民族资产阶级掌握政权，最终理想是在伊朗建设社会主义社会。

五、城市游击队殊死搏斗

1963年德黑兰大学原人民党党员加扎尼等五名大学生成立了一个秘密小组。1967年，从马什哈德到德黑兰上学的两名参加民族阵线的大学生成立了另一个小组。1970年两个小组合并，前者为农村组，后者为城市组。参加者以文科大学生居多。1971年3月该组织称为"人民敢死队"。他们坚信马克思主义和世俗主义，主张推翻腐朽的巴列维王朝。

1965年，拉贾伊等六名前解放运动成员创立人民圣者者游击队。创建者绝大多数都是上过大学的青年知识分子。参加者以学理工的大学生居多，他们在伊斯法罕、设拉子、大不里士建立了基层组织。他们认为，穆斯林应继承什叶派伊玛目们的事业，消灭一切形式的压迫——帝国主义、资本主义、专制主义以及保守的王权主义，建立无阶级的社会；什叶派教义能鼓舞群众参加革命；只有用英雄的暴力行动才能打破当局制造的恐怖气氛

两支游击队都采取相同的斗争策略：抢劫银行、炸毁警察局和公共建筑物，暗杀萨瓦克的军官，尤其是刺杀那些崇洋媚外、丧失国格的伊朗人和外国在伊朗的军事顾问和公司职员。城市游击队的活动也许难以推翻巴列维王朝，但他们勇于献身、视死如归的精神在群众中造成了很大影响，也让巴列维政府坐卧不宁、寝食难安。

众多的反对派和革命派在积聚力量，巴列维王朝的塔基在动摇，但最终推倒这座塔的力量来自宗教界，来自一个老人——霍梅尼。

第十一章 创造奇迹的伊斯兰革命

　　伊斯兰革命前的伊朗是一个高度西方化、世俗化的国家。但西方化政策对于拥有数千年古老文明积淀的伊朗来说，其所带来的新旧传统之间的对立冲突是巨大的。随着伊朗社会的剧烈变迁与经济地位的分化，加之巴列维国王对国内的高压统治，伊斯兰主义开始逐渐成为社会中下层民众反抗专制统治有力的武器。1979年4月革命胜利后，同年11月以全民公投的形式通过了新宪法，确立了法吉赫监国体制。霍梅尼认为伊斯兰不仅是手段、更是目的；不仅是民族的、更是国际的。随后在国内反对西方化的生活方式，伊朗国内开始全面推进伊斯兰化，对外则提出了"输出伊斯兰革命"的口号，并且将美国作为伊斯兰世界最大的敌人。

第一节 滚滚而来的革命浪潮

一、世俗的抗争：知识分子的挑战

1977年，伊朗已是危机重重。美国不愿看到伊朗发生动乱，卡特总统要求伊朗改善人权状况，巴列维国王在国内外的压力下被迫放松政治控制，伊朗进入政治宽松时期。

1977年5月，伊朗知识分子和专业技术人员利用这种开放的氛围，用自己的笔纷纷给国王和首相写公开信，批评政府违背宪法；公民缺乏政治集会自由、出版自由和言论自由。1977年6月，74岁的著名政治家桑贾比及两位在狱中的政治犯给国王写了一封公开信，信中说："打着改革或革命幌子的计划失败了，最恶劣的是，人权和个人的自由受到践踏。宪法原则和人权宣言受到空前的侵犯。"[1]信中还说，在伊朗国内令人压抑，国王违背宪法，建立君主独裁制度；经济上，通货膨胀，食品和住房短缺；石油资源行将耗尽。信中要求国王为自己的错误承担责任，要求遵守宪法，释放政治犯，实行出版自由，建立代表多数人的政府。这封信在给国王的两周内，就复印1万份，在德黑兰的知识分子、公务员、学生及部分军人中引起强烈反响。接着，作家、艺术家、律师和法官纷纷发表公开信，要求结束审查制度，抗议司法制度的不合理变化，要求实行法治。这些写信行动并不要求推翻国王和巴列维王朝，但要求他遵守宪法。这些公开信的抗议并不是有组织的群众运动，但它产生了巨大的政治能量，揭开了政治大风暴的盖子。

伊朗伊斯兰革命发轫于知识分子争取自由民主的世俗斗争。1977年10月，德黑兰哥德学院举行了十个晚上读诗会，与会者公开批评政府的非民主做法，由学生、中产阶级的知识分子和专业人员组成的听众达1

---

[1] Robert Graham: Iran, the Illusion of Power, Groom Helm Ltd,1979,p208.

万人。会场上群情振奋，意气洋洋，这次集会未受到当局的立刻镇压。但伊朗保安力量对此不可能总是袖手旁观，他们曾给伊朗人权协会的创建者家中扔燃烧弹，此举激起得人们更广泛的抗议，当局很快放弃了这种笨拙的做法。8月，霍梅尼指示他的学生，要求利用伊朗出现的大好时机，也写公开信，批评政府的错误。教士也摩拳擦掌，准备加入这一斗争队伍。1977年8月7日，巴列维国王撤换了任职达13年之久（1965—1977年）的首相胡韦达，代之以阿穆泽加尔。新首相释放了几百名政治犯，但为了控制物价，他继续惩治巴扎商人，减少教士的年金及社会福利开支，这激起教士和工人的不满。在1977年下半年，巴扎商人、工人和教士也投入了由中产阶级知识分子发动的抗议浪潮。

二、反国王统一战线的形成

1977年10月30日，霍梅尼的长子突然去世。人们怀疑是被萨瓦克毒死的，这导致人们对霍梅尼产生同情，使他的名字再次传遍全国。11月4日，许多人集会吊唁、游行、谴责萨瓦克的残暴和国王专制。12月19日，政府控制的全国最大的日报《消息报》用恶毒语言攻击霍梅尼受外国政府收买，这一诬蔑激怒了霍梅尼。12月20日，乌莱玛、巴扎商人学生和普通市民举行了有秩序的游行示威活动，但被警察开枪驱散。

1978年1月7日，《消息报》刊登一篇匿名文章，攻击霍梅尼是红色殖民主义者（指苏联）和黑色殖民主义者（指英国人）利用的工具。1963—1964年的反国王、反美斗争，已使霍梅尼成为什叶派的宗教领袖、伊朗人民的"圣人"和民族英雄。当局诽谤霍梅尼，就是侮辱什叶派教士及伊朗人民。所以，1978年1月7日，库姆神学院4000名学生走上街头示威抗议，警察向示威者开枪，造成约70人死亡、400人受伤的"库姆惨案"。"库姆惨案"激起人们对王权暴行的愤慨，霍梅尼号召举行更多的示威游行。根据伊斯兰传统，人死后第40天要举行悼念活动。1978年2月18日，"库姆惨案"发生后的第40天，12个城市爆发了反国王的示威游行。在大不里士，军队打死了100多名示威者，有600多人受伤。3月20日，即"大不里士惨案"后的第40天，12个大城市发生示威抗议,又导致新的死亡。40天之后,即5月11日,35个城市发生骚乱。这种每隔40天的悼念活动一次又一次动员了群众,卷入革命洪流的人越来越多,革命的伊斯兰色彩越来越浓,参加者的宗教情绪越来越强烈。利用宗教传统节日动员组织群众正是宗教领袖霍梅尼利用天时、地利、人和的综合条件、实现政治目的高超之处。

1978年8月5日—9月4日,是穆斯林斋月,教士们利用霍梅尼的录音带进行斋月布道,宣讲什叶派反抗暴政和殉道的信条,极大地提高了群众的政治觉悟。8月19日,阿巴丹一家电影院着火,烧死430人,公众怀疑是萨瓦克所为。8月20日,悼念者愤怒高呼:"烧死国王""处死国王"。8月21日,霍梅尼发表讲话:"这一政权可以在其他城市犯下同样令人发指的罪行……"为了平息人们的不满,国王撤换阿穆泽加尔,任命上院议长贾法尔·谢里夫·埃马米为新首相。埃马米是伊斯法罕一位阿亚图拉的孙子,与温和派宗教领袖关系密切。国王想利用他组建"民族和解"政府,缓解对王位的冲击。埃马米上台后,释放政治犯,特别是被关押的宗教人士;建立宗教事务部;取消新闻检查;废除帝历,采用教历;增加政府雇员工资;将70名警察撤职;军队撤出首都;发誓要"尊重宗教社会和伊斯兰法规"。这使资产阶自由民主派及温和的宗教领袖的要求得到满足,其代表人物巴扎尔甘和大阿亚图拉沙里亚特·马达里打算同政府妥协。

埃马米的让步并未满足工人的要求。1978年9月5日,全国工人协会要求驱逐外国雇员,阿瓦士钢铁厂4000名工人罢工,抗议外国资本家和伊朗资本家掠夺伊朗财富。1978年9月6日,霍梅尼针对温和分子的妥协态度发出警告:国王的邪恶本性难改,他在欺骗人民,意图得到一个喘息机会,要求穆斯林继续罢工和示威。9月7日,德黑兰50万人响应霍梅尼号召,举行示威,示威者高呼"处死国王""霍梅尼是我们的领袖","我们想要一个伊斯兰政府"。这表明群众已接受霍梅尼的伊斯兰革命理论,他们不是要求改革,而是要彻底革命,推翻君主专制。

在无路可退的情况下,国王又恢复了镇压手段。9月7日迫使议会同意在12个城市实行6个月的戒严,任命奥维西将军为德黑兰戒严司令。1978年9月8日早晨5点,政府颁布戒严令。8点,15,000名群众在德黑兰贾勒赫广场示威，军队向示威者开枪，打死87人，打伤205人，制造了有名的"黑色星斯五"。同时，国王拘禁了反对派领袖，迫使伊拉克驱逐霍梅尼出境。

国王的残暴印证了霍梅尼的警告，打破了温和分子对国王的最后幻想，他们纷纷加入到反国王的行列。11日初，资产阶级自由民主派的代表人物巴扎尔甘和桑贾比，温和的宗教领袖沙里亚特·马达里，与霍梅尼结成反国王的政治同盟。工人阶级、巴扎商人、由农村流入城市的贫民、学生都加入了反国王的统一战线。他们团结在伊斯兰的旗帜下，高呼同一个口号"独立、自由、伊斯兰"，反对共同的敌人——投靠美帝国主义的国王，宗教领袖和民族英雄——霍梅尼是他们的共同领袖，反国王的人民统一战线形成。

1978年9—10月，高官显贵对政府失去信心，纷纷向国外转移财产。政府雇员（如银行、邮政、航运、医护等部门）和政府官员也举行罢工。各行业工人罢工不断，50家（包括石化、矿业等）主要工业企业因此关门。10月11日，流亡巴黎的霍梅尼号召人民在10月17日为9月8日（黑色星期五）的烈士举行第40天哀悼。到10月的第三周，罢工已遍及除石油工业之外的各行各业和政府机构。10月31日，霍梅尼正式号召石油工人罢工，这使国家财政每天损失6000万美元，对王权造成了致命打击。

11月6日，国王再度换马，任命原帝国卫队司令、参谋长爱资哈里将军为首相，实行军管。霍梅尼在巴黎宣告"这是伊朗国王的末日"，并发出警告：任何与政府合作的人都将被视为伊斯兰的叛徒。11月23日，霍梅尼号召人民反对军政府，拒绝纳税，要求神学院学生和乌莱玛去村镇向人民说明："伊斯兰站在穷人一边，站在农民一边。"要求信徒们蔑视军政府的戒严令，参加追悼月集会。

12月10日、11日（什叶派追悼月的第九天、第十天），塔勒喀尼和桑贾比带领100多万人走上德黑兰街头示威游行。示威者通过决议：拥护霍梅尼为国家领袖，推翻君主制，建立伊斯兰政府。

当人民反国王斗争开始时，卡特一再声明支持国王，但汹涌澎湃的革命浪潮迫使美国抛弃国王。12月7日，卡特在同记者举行的例行早餐会上，公开声称国王是否还会幸存"这个问题的答案握在伊朗人民手中"。1979年1月3日，卡特总统特使、欧洲盟军最高司令部副司令罗伯特·休塞抵达伊朗，在伊军高级将领中积极活动，要求军队保持稳定，避免伊朗爆发内战。这促进了伊朗军队的中立。[①]罗伯特·休塞在接见伊军将领的同时，又与霍梅尼的主要助手贝赫什梯和巴扎尔甘会谈，美国已将国王抛弃。

苏联、美国互相制衡，谁也无法干涉伊朗内政，这迫使美国眼看着国王势力江河日下而无能为力。美国于是从实际出发，尽量让伊朗实现政权的平稳过渡，避免爆发内战，使伊朗不落入苏联之手。

1978年12月29日，国王任命民族阵线副主席沙普尔·巴赫蒂亚尔为首相，企图在反对派内部寻找代理人以挽救自己失败的命运。巴赫蒂亚尔答应组阁，但条件是国王必须立即出走，以俟实行立宪君主制。巴赫蒂亚尔因任首相被民族阵线开除。1979年1月11日，伊朗首相在议会众议院宣布了他的施政纲领：解散国家安全和情报署（即萨瓦克），设立情报机构；尽快审判那些掠夺国家财富和侵犯人民权利的人；释放所有政治犯和曾被非法法庭审判的人；恢复政治犯的名誉；在宗教领袖的合作下逐步取消一些城市的军事管制。他答应同宗教领袖、知识分子、工人和巴扎商人合作，结束一切罢工；创造政府与教士间密切合作的气氛；制订在全国各级机构举行自由选举的计划。他还说，将赶走所有非法在伊朗工作的不必要的外国工人和外国人。他说，政府将努力维护伊朗人民的利益，维护领土完整、统一、主权和国家安全。他宣布，伊朗将不再向南非和以色列提供石油。巴列维王朝已经退到最后一步，这意味着，只要不推翻巴列维王朝，政府可以答应一切要求。1月16日，国王被迫出走。

三、树倒猢狲散

1979年2月1日，霍梅尼从巴黎飞抵德黑兰。2月5日，他指定巴扎尔

[①]【伊朗】穆罕默德礼萨巴列维：《对历史的回答》，刘津坤、黄晓健译，中国对外翻译出版公司1986年版，第176—180页。

甘为临时政府总理。2月9日，在德黑兰的空军基地，空军军校的学员进行了支持革命的示威游行，保皇派的帝国卫队赶到军营镇压示威者，双方之间发生了激烈战斗。群众站在空军军校学员的一边，伊斯兰敢死队和伊斯兰圣战者的游击队也赶到现场，与帝国卫队作战。从1978年10月到1979年1月，当局共释放了大约2450名政治犯，这些人增加了革命派的实力。在德黑兰市的东部筑起路障，战斗持续了两昼夜。大约200—300人在战斗中丧生。空军军官给群众和游击队打开了军械库，最后帝国卫队从军营撤出。2月11日数千名武装的市民、游击队员和军校学员夺取了德黑兰全部的军营和警察局。在大不里士战斗持续了三天。2月11日，最高国防委员会命令所有军队撤进军营，当天晚上军队高级将领向巴扎尔甘保证，军队将站在革命的人民一边。随着军队归从革命，巴赫蒂亚尔内阁成员及全体议员辞职。伊朗陆军司令及帝国卫队副司令在战斗中被杀。2月12日，巴列维国王的王宫及帝国卫队的军营被攻占，伊朗政权完全转归革命者之手。

在这一阶段，城市无产者从军械库得到大量武器，这些城市无产者多是从农村流入城市的无技术专长的穷人，是现代化中受歧视的城市边缘人，又是狂热的穆斯林。他们掌握了武器，成为伊斯兰共和国的支柱。

2月9日，巴扎尔甘总理公布了"临时政府"的六点纲领：巴赫蒂亚尔政府向临时政府交权；在国际监督下举行公民投票来决定国家的前途；重建国家经济；举行议会选举，起草新宪法；组成伊斯兰政府。2月12日，巴扎尔甘进入首相府，正式接管了国家政权。同一天，电台广播了霍梅尼提出的包括六点内容的公报和临时政府的声明，呼吁支持者尽快恢复秩序，停止破坏，交回从军火库和军队手中抢来的武器，同政府进行合作。鉴于所有的军队、警察都已"已经参加到人民中来"，应停止对他们的攻击，并不准进入军营拿走武器和其他东西，不准抢劫和毁坏财产。声明在谈到有人随意杀害前政府和军队的官员时，审讯和惩罚罪犯的工作应放到适当的时候进行。临时政府还提出要保护外国使馆和外国人的安全。[①]

[①]《人民日报》1979年2月14日。

2月13日，伊朗临时政府总理巴扎尔甘在记者招待会上宣布了他的内阁成员名单。到2月14日，世界上已有三十多个国家宣布承认伊朗新政府。①显而易见，巴扎尔甘临时政府的成立是反国王统一战线的必然结果，这个临时政府由革命目标互相矛盾的派别组成，受制于伊斯兰革命员会，但又缺乏团结一致坚强有力的支持者，它的"临时"命运将不可避免，统一战线失去了共同的目标——反国王，统一战线的分裂将是命中注定的，统一战线内部争夺胜利果实的斗争也随之开始。巴扎尔甘临时政府的成立标志着巴列维王朝的寿终正寝，也标志着伊朗历史进入了新时代。

伊斯兰革命大获成功是几种因素综合作用的结果。经济危机为革命提供了背景；从农村进入城市的移民为革命提供了巨大群众力量；散布全国的8万座清真寺及宗教机构为革命提供了组织基础；大阿亚图拉霍梅尼的领袖作用及其迎合各阶级的政治主张凝聚并强化了革命力量；巴扎商人提供了必要的资金；全国性的大罢工让巴列维王朝元气大伤；美国强迫巴列维国王实行"自由化政策"孕育了反对派的成长壮大，巴列维国王实行镇压政策，为革命斗争火上浇油；关健时候，美国又为了自己的战略利益，抛弃了国王；一贯视为王朝支柱的军队因宣布中立失去了作用。相反，霍梅尼为首的反国王统一战线审时度势，再接再励，勇往直前，用人民的力量淹没了巴列维王朝。

第二节　霍梅尼建政

一、建立伊斯兰组织控制政府

在"自由、独立、伊斯兰"旗号下结成统一战线的各派，各有自己不同的纲领和主张，在巴列维国王出走后，它们都纷纷创建、重建或扩

---

① 《人民日报》1979年2月15日。

大自己的政党，为夺取政权进行激烈的斗争。当时主要政党有：

1979年2月成立的伊朗兰共和党，这是由霍梅尼的忠实信徒创建和掌握的政党，坚决支持建立法吉赫的伊斯兰政府。

1979年3月成立的伊朗民族民主阵线，100万非宗教势力在德黑兰附近的艾哈迈·阿巴德村（Ahmad Abad）集会，会上宣布该党成立。该党由巴扎尔甘政府的外交部长卡里姆·桑贾比博士领导，主张建立资产阶级的民主共和国。但这个政党组织涣散，缺乏强有力的领导核心。

伊朗穆斯林人民伊斯兰共和党，早在1978年2月25日就在另一个"效法的本源"沙里亚特·马达里的训谕下创建。沙里亚特·马达里在阿塞拜疆势力强大，据说有1400万追随者，有自己的教士工作网。该党赞同在伊朗建立民主制度，尊重伊斯兰教和教士的权益，但主张教士不要直接卷入政治事务。该党与阿塞拜疆的分离主义者关系密切。

人民圣战者，该党得到伊斯兰共和国第一任总统巴尼萨德尔的支持，认为主权在民。

人民党，为左派政党，主张消灭大地主与资本家，将政权交给工人、农民、城市小资产阶级、爱国进步的知识分子以及民族资产阶级，建立民族民主共和国，最终目标是在伊朗建设社会主义社会。

人民敢死队，一贯主张武装斗争是获得解放的唯一途径。

这时，不仅非宗教的政党与霍梅尼的目标相左，而且在伊斯兰势力内部，沙里亚特·马达里与霍梅尼的目标也不同，霍梅尼为了建立完全彻底的伊斯兰政府，为了让法吉赫（伊斯兰教法学家）掌握政权，就必须壮大自己的势力，镇压其他派别。

1979年1月13日，霍梅尼在巴黎建立伊斯兰革命委员会，负责领导一切反国王的活动。在推翻国王后直到新宪法产生和新议会召集前，它仍是国家立法机构，阿亚图拉蒙塔哈里（Motahhari）、哈梅内伊、拉夫桑贾尼、卡鲁比都是革命委员会的成员。1979年2月后，教士、手工业者及城区的小商小贩大量加入该组织，伊斯兰革命委员会很快与巴扎尔甘临时政府平起平坐，后来成为教士战胜巴扎尔甘和巴尼萨德尔的有力工具。同年2月，建立伊斯兰革命法庭。霍梅尼认为革命法庭迅速而恐怖的审判是伊斯兰的生存所必需的，不仅在于它消灭反革命，而且在于它反对"经济恐怖主义"——谋取暴利和囤积居奇。这两个机构在霍梅尼的直接控制下，发挥了政府机构的作用。

1979年1月，由狂热的穆斯林组成"真主党"，即"伊斯兰突击队"，他们自命为唯一的政党，只有唯一的领袖霍梅尼，这个党没有正式的首脑机关，也没有报纸。他们扰乱破坏左派及民主派的集会、示威、书展、书店、照片展览、讲演，攻击这些活动的参与者。霍梅尼对真主党的行为听之任之。1979年4月4日，七个伊斯兰准军事组织成立了一个忠于霍梅尼的伊斯兰力量联盟——"伊斯兰革命圣战者组织"，用以支持伊斯兰共和党，控制"真主党"。

1979年3月5日，"伊朗民族民主阵线"成立后，提出以下要求：解散一切妨碍言论自由的势力；建立一个由白领工人、蓝领工人、各行会及进步的社会阶层代表组成的革命协调委员会，以监督临时政府的活动，捍卫和扩大民主自由。该组织的请愿活动，受到手举霍梅尼画像的真主党的攻击，伤者极多。霍梅尼就此指责请愿者破坏公共和平，是美国的傀儡。

二、控制国家经济命脉

1979年2月12日临时政府成立时面临着极大的经济困难：国家在中央银行的7亿美元存款被前政府挥霍殆尽，临时政府不得不加印钞票，以弥补财政赤字，结果导致通货膨胀；从1978年9月到1979年1月的五个月中，储户提走40亿美元存款，接受银行贷款的王室成员、项目承包人、企业家、商人逃亡国外，贷款无法归还，银行濒于破产；外国专家离伊归国，政府投资的几十个大项目半途而废，这些项目的承包人无法从政府那里得到钱款，无法购置原材料、设备，无法给工人发工资；工厂的白领和蓝领工人在左派及激进教士支持下组成"职员和工人委员会"，要求提高工资、福利和接管工厂，工厂主和经理受到围攻，很多企业家逃走；1979年春夏，工厂仅发挥58%的生产能力；失业工人达300万，占劳动力总数的30%。在农村，地主、无地农民、农场工人争夺土地，形势混乱，农业减产。正如巴扎尔甘所说："企业主和持股人已经逃跑，他们拿走金钱,给我们留下债务和困难。"霍梅尼也说:"他们走了,给我们留下了废墟中的国家。"①

为了扭转这一形势,霍梅尼授权伊期兰革命委员会没收巴列维王室及与王室有关的财产,计有大工厂、农场、银行、旅馆和贸易公司,总数200家,成立"被剥削者基金会"来管理它;伊朗国家石油公司接管了所有的石油、天然气企业,巴扎尔甘任命民族阵线的领导成员,伊朗律师协会主席哈桑·纳齐赫为伊朗国家石油公司的负责人。1978年12月,伊朗完全停止了每天500万桶的巨额石油出口,到1979年2月,伊朗石油日产量为70万桶,仅够国内消费。巴扎尔甘说,如果伊朗不立即恢复石油出口,伊朗革命就会当场被消灭。1979年3月20日,政府取消与国际石油财团的协议,把原油的日产量由600万桶减到400万桶,出口340万桶。②政府任命经理,以管理企业主逃亡的企业,中央银行增加对企业的贷款,呼吁工人返回工作岗位,守劳动纪律,呼吁商人和企业家回国,呼吁群众要有革命耐心。

1979年6月7日,伊斯兰革命委员会把27家私人银行收归国有,其中13家与外国合资;6月25日,把15家私人保险公司收归国有。到1979年夏末,36家政府银行和国有化的的银行重新组成10大银行:1家中央银行、1家工矿业银行、1家住房和建设银行、1家农业银行、6家商业银行。7月5日,伊期兰革命委员会通过《伊朗保护和发展工业法》,把三类私人企业收归国有:一是钢铁、化学、造船、飞机制造、矿产等战略性企业;二是因与前王朝有特殊关系而发财的53家企业;三是破产企业。第一类企业国有化时,其所有者得到补偿;后二类无偿国有。

这一系列为国有化活动和经济措施,不仅有助于恢复生产稳定经济,并且使霍梅尼通过伊斯兰革命委员会控制了国家经济命脉,为战胜其他反对派打下了坚实的物质基础;也为伊斯兰政权赢得民心,为伊斯兰政权的建立与巩固奠定了群众基础。

---

①Shaul Bakhash: the Reign of the Ayatollah, B.Jausist Co Ltd,1985,p.176.
②Ali Rahnema and Farhad Nomani: The Secular Miracle.Zed Book Ltd.London and New Jersey.1990, p.181.

三、清除西方化的生活方式

巴列维王朝实行的西方化、世俗化政策使西方的生活方式进入伊朗。对传统的伊斯兰价值观、道德观带来冲击。广大虔诚的穆斯林对声色犬马、灯红酒绿的腐朽生活深恶痛绝，认为它瓦解了传统的伊斯兰和谐家庭和纯洁的社会。霍梅尼在自己的理论中，对西方化的生活方式更是旗帜鲜明地加以分析和批判。

1979年3月7日，霍梅尼针对妇女衣着发表讲话："在伊斯兰各部内妇女不应裸露羞体。妇女可以在那儿工作，但她们必须戴面纱。"[1]3月8日是国际妇女节，德黑兰15,000名妇女集会示威，反对戴面纱，但被伊斯兰革命卫队对空鸣枪驱散。随后，不戴面纱的妇女在首都和各省受到恫吓、侮辱和攻击。在一些省城，商店拒绝卖东西给不戴面纱的妇女，甚至不允许不戴面纱的女孩入学。3月17日，德黑兰100万人示威游行支持妇女戴面纱。之后，卫生部长宣布流产为非法。8月9日，司法部长宣布妇女不能当法官，1979年夏，霍梅尼发表讲话，谴责裸体游泳，主张两性隔离。随之，在海滨游泳地、在体育活动中，在公共汽车上、在学校、公园、饭馆，逐渐实行两性隔离。甚至异性之间的握手及脸上亲吻也是该受惩罚的犯罪行为。

1979年7月23日，霍梅尼说："毒害我们青年的东西之一就是音乐。只需片刻，音乐就会让听者懒散迟钝。……音乐和鸦片没区别……如果我们希望有一独立的国家，我们的电台电视台就应具有教育性，音乐就必须排除。……演奏音乐就是对国家和青年的背叛行为。因此，全面禁止演奏音乐。"[2]7月24日，伊斯兰共和国电台电视台主任宣布，根据伊玛目的教导，禁止广播音乐。他又补充说，唯有伊斯兰音乐和革命的军

---

[1] Ali Rahnema and Farhad Nomani: The Secular Miracle.Zed Book Ltd.London and New Jersey.1990，p.221.

[2] Ali Rahnema and Farhad Nomani: The Secular Miracle.Zed Book Ltd.London and New Jersey.1990，p.222.

乐允许播放。这一政策也涉及电影、戏剧、舞蹈、绘画、雕刻、摄影等方面。

这一系列措施具有清除殖民主义腐朽文化、弘扬伊斯兰纯朴文化的性质。这是用民族化的东西纠正现代化中的西化做法，当然这里也有文化保守主义和民族自高自大的倾向。但这种扫荡伤风败俗的做法却获得了人数众多的传统小资产阶级、巴扎商人、工人阶级、城市无业游民、城市贫民和农民的拥护。

四、与美国彻底决裂

1979年10月24日，伊朗报纸报道巴列维国王已进入美国治病。这表明美国还在支持巴列维国王，加之在历史上美国颠覆过深受人民欢迎的摩萨台政府，在伊朗的美国人为非作歹不受伊朗法律制裁，这一切严重伤害了伊朗人的民族情感。霍梅尼顺应民心就此发起了反美运动。10月28日，他发表讲话："我们面对着在美国的可鄙的牲畜（指巴列维国王），……美国是我们所有问题的祸源。美国是穆斯林所有问题的祸源。"[1]1979年11月1日，他又对伊朗学生说："我们的敌人决心搞阴谋反对我们。这些天来。他们正在养精蓄锐破坏和平。我们的中学生、大学生、神学院的学生必须团结起来，反对美国，以引渡凶恶的国王。同时，你们本身应众志成城，支持伊斯兰革命。"[2]11月4日，在狂热的反美浪潮的推动下，伊朗学生违背国际法和国际准则占领了美国在德黑兰的大使馆，扣押62名美国外交人员作为人质，揭开了持续444天的人质危机的序幕。

1979年11月12日，卡特总统命令美国停止购买伊朗石油。美国决定停止向伊朗空军运送飞机零件。卡特还命令司法部驱逐非法旅居美国的伊朗学生，伊朗也决定停止向美国出口石油，全国各地禁止放映美国影

---

[1] Ali Rahnema and Farhad Nomani: The Secular Miracle.Zed Book Ltd.London and New Jersey.1990，p.306.
[2] 同上书。

片。11月14日,伊朗宣布将从美国银行取出它的120亿美元存款,并且把这些存款存入没有同美一起抵制购买伊朗石油的欧洲国家银行。同一天,卡特总统命令冻结伊朗在美国的所在官方财产,包括银行存款。11月20日,针对德黑兰要审判人质,白宫讨论了对伊朗采取军事行动的可能性。霍梅尼对此严正宣布:"我们决不退步……我们欢迎殉道……因为这不仅是一场伊朗与美国的斗争,而且是一场穆斯林和渎神者之间的斗争。"[1]当安理会通过457号决议,要求伊朗释放人质时,11月28日,霍梅尼攻击安理会是美国的傀儡,说:"我们的人民不会接受联合国安理会的裁决,因为它的政策是美国口授的。"

第三节 革命的果实——新宪法出炉

在霍梅尼的政治理论中,他早就论证了独裁君主制在伊斯兰教中的非法性,也论证了建立法吉赫领导的伊斯兰政府的必要性和合法性,这里他早已暗含着伊斯兰共和国的政治理想。1979年1月,霍梅尼在巴黎接见外国记者时,就宣布建立"伊斯兰共和国"的主张。因为伊斯兰是对巴列维王朝的世俗化、西方化的否定,共和制是对巴列维王君主专制的否定。"伊斯兰共和国"的构想含有推陈出新、革除旧弊、扭转乾坤,再造人间天堂的丰富意义。革命胜利后,伊朗大多数人相信伊斯兰共和国是一个保障人民自由、维护民族独立的理想政权。

1979年3月30日和31日,就伊朗国名举行全民公决。霍梅尼一再强调,在伊朗国名中,不要"民主"这一反映西方意识形态的殖民主义词汇,不用"人民"这一代表东方思想的共产主义观念,只有"伊斯

---

[1] Ali Rahnema and Farhad Nomani: The Secular Miracle. Zed Book Ltd. London and New Jersey. 1990, p.308.

兰"。这一解释反映了霍梅尼对曾侵略和压迫伊朗人民的英美殖民主义者和苏联霸权主义的愤慨，含有争取民族独立、增强民族自豪感的意义；其次，这里也表现了他相信伊斯兰是一个完美的包医百病的意识形态和社会制度；此外也反映霍梅尼对非伊斯兰文化的排斥心态。这三点也是霍梅尼思想的三个互相关联的层次。据说，有1800万年满16岁的公民参加投票，90%以上的选民投票赞成建立"伊斯兰共和国"。霍梅尼宣布4月1日是伊朗斯兰共和国日。

1979年8月18日，伊朗公布了新宪法草案。12月3日，伊朗举行全民公决，《伊朗伊斯兰共和国宪法》顺利通过，霍梅尼的法吉赫领导的伊斯兰政府以宪法的形式确定下来。这标志着在统一战线内部各派争夺政权的斗争中，霍梅尼取得了决定性的胜利。

《伊朗伊斯兰共和国宪法》共分12章151条。它规定："伊朗政权的形式是伊斯兰共和国。""伊朗的国教是伊斯兰什叶派中的十二伊玛目派。""国历是从先知穆罕默德迁徙算起的，阳历和阴历都合法，国家行政部门采用阳历，星期五是每周的休息日。""伊朗国旗为白、绿、红三色，印有伊斯兰共和国特殊标志和伟大的真主的口号。"[1]

领袖"由公正的、虔诚的、明于时势的、勇敢的、有组织能力、有远见、为大多数人民承认并接受为领袖的教士"担任。"高贵的救助者，革命领袖大阿亚图拉伊玛目霍梅尼，担负领袖的职务并承担由此产生的一切责任"。专家会议（也称为专家委员会）负责选出国家领袖。1982年12月10日，伊朗举行"专家会议"选举。根据规定，"专家会议"由83名专家（指教法学家和宗教学者）组成，任期8年。其职能是在必要时推选1名领袖或3—5人组成的领袖委员会，在霍梅尼去世后负责管理国家，并对新当选的领袖委员会实施监督。"伊朗伊斯兰共和国的治国机构是立法权、行政权和司法权。""这三权互相独立。共和国总统负责协调三权。"

立法权属于议会。议会"由通过无记名投票选举产生的议员组成"，议员人数为270人。议会通过的一切决议、提案必须递交监护委

---

[1]姜士林主编：《世界宪法全书》，青岛出版社1992年版，第558—568页。

会审查。监护委员会由12人组成，其中6名是公正的、对时代的要求和当前问题有了解的、由领袖或领袖委员会推荐。另外6名由议会投票从最高司法委员向议会推荐的穆斯林法学家中选出。监护委员会有权监督共和国总统的选举、议会选举以及公民投票。"共和国总统是领袖之后的国家最高领导人。总统负责实施宪法，协调三权关系并领导除直接由领袖负责的那部分事务之外的行政事务。""总统任期四年，由人民直接投票选举产生，总统可以蝉联一届。""总理是内阁负责人，领导部长们的工作，采取必要的措施，协调政府的各项决定，并同部长们合作，确定政府的计划和路线并实施各项法令。总理在议会中为内阁的工作负责。"

司法权由最高司法委员会履行。该委员会由最高法院院长，总检察长、选举产生的三名有资格的、公正的法官组成。该委员会成员每五年选举一次，可以连任。司法部长负责处理有关司法权同行政权、立法权之间关系的一切问题。司法部长由司法委员会向总理推荐的人选中产生。

这部宪法体现了成熟的政治规律和政治远见。选举制、任命制、推荐制和审查制并用，一定程度上实现了民主制，又避免了民主制带来的混乱；既保证了教士及教法学家对国家的领导作用，又适应了民主化的政治要求。

这部宪法也体现了集体负责的委员会制。如专家会议，监护委员会，最高国防委员会、最高司法委员会，这种集体负责制有效地阻止了独裁专制制度的形成。总统、总理实行任期制，而不是终身制，这也是政治民主化的进步。

这部宪法体现了权力分立互相制衡的原则，遏制了大权独揽局面的形成，为未来政治民主化留下了发展的空间和机会。如专家会议与领袖，领袖与总统、领袖与监护委员会、监护委员会与议会，总统与总理，议会与政府之间都是互相制约的关系。

这部宪法充分体现了以法治国的原则。如："领袖或领袖委员会在法律面前同其他公民平等。""领袖、领袖委员会成员、总统、总理和部长及妻子儿女的财产在任职前后均经最高法院院长调查，弄清是否在任职期间攫取了不义之财。""非按法律规定的程序，不许逮捕任何人。""审判公开进行。"这些内容具有法律面前人人平等的思想，还是顺应伊朗人民的要求。

这部宪法体现并实现了霍梅尼的法吉赫领导的伊斯兰政府的政治理想。在霍梅尼的理论中，任何法吉赫不能凌驾于同时代其他法吉赫之上，没有任免其他法吉赫的权威，不存在法吉赫等级制度。现在宪法中赋予领袖或领袖委员会以高于其他法吉赫的权力，形成事实上的法吉赫等级制度。同时，领袖拥有宪法所赋予的立法权、司法权、行政权及军权之上的最高权力。但是，领袖是专家会议选举产生并受其监督，实行终身制而非世袭制。宪法规定了领袖必须是具有政治家素质的教法学家或宗教领袖。这说明领袖首先是政治家，其次才是宗教领袖。因为他的言论和决定的出发点和归宿应是国家的政治利益，而不是什叶派的宗教利益，但是肯定维护教士的领导权和伊斯兰传统，这种政教合一的关系也暗含着政教分离的可能性。

这部宪法是继承性与创新性的结合。它继承了1906年宪法中的有限民主选举制、议会内阁制、三权分立制、监护委员会制，也首次规定了专家会议和领袖的产生程序及作用。这部宪法发展了霍梅尼的政治理论，按霍梅尼原来的构想，没有一个构成三权分立的立法机构，因为只有真主有权立法，所以只设计划会议。但新宪法设立了三权分立的立法机构；并且议会在坚持伊斯兰原则前提下立法权有所加强并且进一步细化。因为《古兰经》《圣训》《沙里亚》根本无法满足当代伊朗社会的法律需要。相反，伊朗议会的作用和地位近似于西方民主国家的议会。这表明霍梅尼的伊斯兰政府是伊斯兰传统和议会民主制的结合，是民族化和国际化有机结合，是保守性和进步性的有机结合。

第十二章 两败俱伤的消耗战：两伊战争

修昔底德曾说：对权力的追逐、贪婪和个人野心是世间所有邪恶的源泉，当冲突发生后，对暴力的狂热接踵而至。领导者的头脑里拥有宏伟的计划，但其中一些利己主义者总是打着为人民谋利的口号使自己获益。他们为取得支配地位无所不用其极，最后犯下了滔天罪行。

1980年，萨达姆发动了对伊朗的战争。历史恩怨、民族矛盾、地缘政治博弈、教派纷争等由来已久的分歧中所包含的深层次因素使两伊由危机转为战争。从战争开始到战争结束，伊拉克和伊朗的领导者高估了自己并低估了对手。以至于双方在综合国力上的势均力敌与域外国家的深度介入导致两伊战争持续八年之久，最终两败俱伤。对于伊朗而言，战争巩固了1979年以后所取得的伊斯兰革命成果。

第一节 两伊边界的历史争端

一、伊拉克独立后的两伊边界争端

1980年爆发的两伊冲突起源于16世纪后数百年间伊朗与奥斯曼帝国对美索不达米亚的争夺。奥斯曼帝国在第一次世界大战中战败，战后订立的和约加速了帝国的崩溃与解体。从奥斯曼独立出来的伊拉克交由英国进行委任统治，其继承了奥斯曼帝国与伊朗缔结的条约和协定。在继承那些涉及两国边界划分的条约和协定的同时，伊拉克也继承了奥斯曼帝国遗留下来的历史问题。1925年，礼萨·汗登基称汗，礼萨·汗对内改革与对外政策增强了伊朗对外交往自主性和民族自信心。伊拉克主张维持奥斯曼帝国时期的边界现状，但伊朗却致力于修改先前迫于英俄压力签订的条约条款，使本就缺乏互信的两国关系变得更加复杂。这些问题也说明了两伊的边界纠纷具有历史性、宗教性和反复性的特点。

伊拉克宣告独立之后，伊朗以边界条约缺乏公正性、损害国家利益为由拒绝承认这个新国家的法律地位。在1922年签订的《英伊条约》进一步使伊朗与伊拉克的关系趋于紧张，该协议的签订激起了伊拉克什叶派穆斯林的反英情绪，并且引发了反政府事件。由于西方势力的长期渗透，它们对推动伊朗与伊拉克解决边界问题以及两国和解发挥着重要的影响。在两国矛盾持续升温的背景下，英国出于自身利益，希望保持地区稳定，进而对两国进行调和。此外，1935年意大利入侵埃塞俄比亚，这一事件使伊朗和伊拉克意识到了新的外部威胁而暂时搁置了双边分歧。在多方斡旋和双方的外交努力之下，两国达成了谅解并最终签署了《1937年两伊边界条约》。[1]

---

[1]《1937年两伊边界条约》，具体条款参见Jasim M. Abdulghani, Iraq and Iran: The Years of Crisis, London: Routledge Press, 2011, pp.239—240.

第十二章 两败俱伤的消耗战：两伊战争

《1937年两伊边界条约》表达了伊拉克与伊朗希望能够尽快解决两国之间边界问题的愿望。该条约确认了1913年签订的《君士坦丁堡协定》和1914年划界委员会的备忘录的合法性，并将这种它们的合法性作为两伊划分边界的基础。为了换取伊朗对《君士坦丁堡协定》和划界委员会决定的承认，伊拉克将阿拉伯河长约4英里的锚区割让给伊朗。该条约的第二条规定，除了阿巴丹港前面4英里的锚区边界线是深泓线，即阿拉伯河的中心航道线之外，伊朗和伊拉克的边界应该是阿拉伯河的左岸。[1]缔约双方还同意建立一个委员会在原有确定的划界地点上竖立界标。此外，该条约还强调阿拉伯河将依旧对所有国家的商船保持开放。条约还规定双方同意缔结一个公约来处理与阿拉伯河上通航的有关问题，例如对航行水道的维护、改善、疏浚、领航、收费等。[2]这一规定的内容是伊朗从伊拉克争取到的最主要的让步，因为伊拉克先前控制着对阿拉伯河的维护。此外，在该条约附带的一个协议中，伊拉克还作出了另一个重要让步。该条约附带协议规定，如果缔约的任何一方对行驶在阿拉伯河上的属于第三方的军舰发布了通航许可，那么该许可就应当被视为等同于由缔约的另一方所发布，并且另一方应该立即获得通知。1936年11月，巴克尔·塞齐策划的军事政变导致伊拉克国内动荡不安，进而削弱了伊拉克当局在谈判中的地位，使伊朗从该条约中获得了巨大的优势。因此，后来伊拉克当局指控伊朗利用伊拉克国内的动荡局势攫取了伊拉克在阿拉伯河上的让步，使伊拉克的国家利益遭受了损失。伊拉克指出，伊朗除了承诺将1913年签订的《君士坦丁堡协定》和1914年的划界委员会作为解决争议边界的基础的保证之外，伊拉克所做出的让步没有得到任何回报。因此，伊拉克当局认为，这份条约的公平性是存疑的。

两伊的边界仍有许多问题悬而未决。1938年12月，两国根据该条约的第三条设立了一个界桩委员会。但该委员会的工作随之又被伊朗和伊拉克代表之间的分歧所中断，因为伊拉克当局认为伊朗在其领土上的几

---

[1] J.C.Hurewitz,The Middle East and North Africa in World Politics:A Documentary Record,Vol.II. New Haven:Yale University Press,1975,pp.509—510.
[2] Hurewitz,The Middle East and North Africa,Vol.II,pp.510—511.

个边防哨是非法的。这些分歧由于二战爆发、盟军占领伊朗以及伊朗礼萨·汗退位造成边界委员会无法正常运作，从而使边界纠纷进一步复杂化。尽管双方签订了边界条约，但两伊的边界争端尤其是阿拉伯河的争议并没有完全解决。[①]1950年，双方在维护阿拉伯河的联合委员会的权力问题上又发生了分歧。伊拉克认为该委员会的权力只是咨询性的，而伊朗则认为该委员会的权力是执行性的。在旺德河的水资源问题上，双方也发生了分歧。1953年，伊朗计划修建一条从卡西尔西林到赫斯拉维的境内运河，伊拉克对此表示抗议。[②]在伊拉克看来，该行动会分散旺德河的水源，从而有损伊拉克的利益。

二、伊拉克共和国建立后的两伊边界争端

1958年7月伊拉克爆发的推翻君主制的革命，加深了伊朗的担忧，这不仅由于君主制度在伊拉克的倒台，而且还由于伊拉克有最终会倒向由阿卜杜勒·纳赛尔领导的革命阵营的危险。阿卜杜勒·纳赛尔支持泛阿拉伯主义并且还打着反君主专制和反西方的旗号，而这恰恰不断刺激着伊朗的神经。

伊拉克的革命对伊朗外交政策产生了重要的影响。首先，伊拉克政局的剧变使伊朗将对苏联的外交政策进行重新调整，进而促使两国于1962年达成了互不侵犯的协定。其次，改变了伊朗对以色列的外交政策。尤其是在伊拉克退出巴格达条约体系之后，伊拉克的革命使伊朗逐渐把以色列视为拥有共同利益的战略盟友。第三，伊朗对外政策的重心偏向波斯湾地区，其波斯湾战略也发生了较为显著的转变。[③]第四，伊朗重视与美国的双边关系，两国于1959年达成协议，规定如果伊朗受到外来入侵，美国将为伊朗提供防御。伊朗的战略意图是确保在受到来自伊

---

① Jabir Ibrahim al-Rawi, Al-Hudoud al-Dowaliyah wa Mushkilat al-Hudoud al-Iraqiyah al-Iraniyah, Cairo: 1970, pp.511—512.
② Christin Marschall, Iran's Persian Gulf Policy, Routledge Curzon Press, 2003, p. 9.
③ Rouhollah K.Ramazani, Iran's Foreign Policy 1941-1973: A Study of Foreign Policy in Moderning Nations, Charlottesville: University Press of Virginia, 1975, p.276.

拉克新政权的潜在威胁时能够获得外部援助。因为伊朗认为新政权将会强化同苏联的关系。为了使苏联对伊拉克的革命政权保持中立，伊朗主动同莫斯科建立了友好的邦交关系。在伊拉克革命爆发后不久，伊朗要求立刻解决他们的边界问题。伊朗对伊拉克革命的担忧以及两国之间尚未解决的边界问题造成两国关系十分紧张，边境地区出现了一系列的冲突与对抗。随着1958年伊拉克推翻了君主制并且建立共和政体，伊朗和伊拉克的关系继续恶化。这种恶化的典型表现是未定边界问题的反复出现和共同边界上经常爆发的军事冲突。[1]为了敦促伊朗解决边界问题，卡西姆以伊拉克将收回在《1937年两伊边界条约》中割让出去的抛锚区相威胁。而伊朗坚持除深泓线原则以外，不会在阿拉伯河划界问题上接受任何其他选择。最终这一争议导致了该条约的失效。

20世纪60年代之后，尽管两伊举行了多次会谈，但是未定边界的纠纷使两国关系持续恶化。当阿拉伯复兴社会党在伊拉克上台之后，伊朗派出代表团前去讨论边界问题。伊朗代表团提出两国缔结新条约来代替《1937年两伊边界条约》的建议遭到了伊拉克方面的拒绝。这导致了会谈的全面中断，并进一步恶化了两国关系。两个月之后，伊朗正式宣布废除《1937年两伊边界条约》。伊朗政府宣称阿拉伯河争端是伊拉克政府一手造成的，而伊拉克政府为了维持对阿拉伯河流域的控制，要求伊朗的船只在进入阿拉伯河时不能悬挂伊朗的国旗，并且要求伊朗海军的全体人员不得乘坐这些船只经过阿拉伯河。[2]伊朗把伊拉克的拒绝态度视为损害伊朗国家主权的威胁，因此伊朗认为伊拉克没有履行条约规定的义务，《1937年两伊边界条约》没有法律效力，应予以废止。伊朗政府以伊拉克政府从来没有执行过条约的第5条以及该条约的附属议定书的第2款为由，认为伊朗单方废除条约无可厚非，而这些条款的规定被伊朗解释为对阿拉伯河的联合管理。伊朗声称《1937年两伊边界条约》赋予

---

[1] Christin Marschall, Iran's Persian Gulf Policy, Routledge Curzon Press, 2003, p. 21—23.
[2] 郭白晋：《伊拉克对两伊河界争端态度与政策的演变（1921-1979）》，硕士学位论文，河北师范大学，2005年，第53页。

了伊朗和伊拉克"同等的权利来管理这条河流及其航运"。①伊朗借由情势变更原则,声称边界条约是在英国殖民统治之下签订的,英国强迫伊朗接受了条约,因此条约原有效力显著缺乏公平性,有损伊朗的国家利益。伊朗方面认为,阿拉伯河一半以上的河流来自于伊朗境内,因此伊朗应该与伊拉克享有同等的权利。②伊朗随后宣布,如果边界不适用主航道中心线的原则来划分,则不接受任何对阿拉伯河的划界事务的解决方案。

伊拉克方面驳斥了伊朗为其单方废除《1937年两伊边界条约》的法理辩护。针对伊朗方面宣称伊拉克从来没有履行过该条约的第5条(与联合管理阿拉伯河有关),伊拉克方面指出条约并没有直接或间接地、明确或隐晦地提及对阿拉伯河的联合管理,只是提及伊拉克和伊朗"在阿拉伯河的航行上有共同的利益"。此外,伊拉克方面声称不能接受对阿拉伯河上的航行的联合管理。伊拉克还反驳了伊朗之援引情势变迁原则来为其立场辩解,声称"这等同于激起国际动荡和混乱,并且必将导致战争的爆发和世界地图的改变"。③与此同时,伊拉克方面还指出,伊朗援引情势变迁原则来否定国际法的基本原则中有约必守原则是不能接受的。伊拉克还驳斥了伊朗是被迫接受《1937年两伊边界条约》的说法。伊拉克方面指出,1937年伊拉克在帝国主义的压力下被迫将阿拉伯河一带的4英里的抛锚区割让给了伊朗。伊拉克方面坚持,阿拉伯河是由幼发拉底河和底格里斯河合流而成,而发源于伊朗的卡伦河只是阿拉伯河的一条小的支流。④因为阿拉伯河是伊拉克的唯一出海通道,也是国家安全所必需,因此阿拉伯河的两岸都应归伊拉克所有。

---

① Jasim M. Abdulghani, Iraq and Iran: The Years of Crisis ,London:Routledge Press, 2011,pp.239—240.
② 详细内容参见伊朗外交部文件:Iran's Ministry of Foreign Affairs,Some Facts Concerning the Dispute between the Iran and Iraq over the Shatt al-Arab,Iran:May 1969.
③ 详细内容参见伊拉克外交部文件:Iraq's Ministry of Foreign Affairs,Facts Concerning the Iraqi-Iranian Frontiers,Iraq:January 1960.
④ Iraq's Ministry of Foreign Affairs,Facts Concerning the Iraqi-Iranian Frontiers,Iraq:January 1960,p.4.

从波斯湾到印度洋，伊朗拥有较长的海岸线和众多港口。与伊朗相反，伊拉克地缘位置使其出海通道狭小，缺乏优良的深水港。因此伊拉克不可能与伊朗共同享有阿拉伯河主权。伊拉克将阿拉伯河视为一条至关重要的交通动脉。[①]1969年4月，为了挑衅伊拉克政府和宣示伊朗对阿拉伯河的主权，伊朗派遣了几艘悬挂伊朗国旗的船只在伊朗海军的护卫下驶进了阿拉伯河，这使阿拉伯河危机到了准军事对峙的严重程度。然而，伊拉克当局并没有阻止这些船只的通行，而是驱逐了几千名居住在伊拉克的伊朗公民以示报复。在阿拉伯河边界问题上，伊朗对伊拉克的军事挑衅以及伊拉克方面的反应说明了以下几点：第一，伊拉克当局清楚地了解伊朗在军事上占据着优势，并且边界冲突的发生会使伊朗借此机会实现有利于自身的权力平衡。第二，伊拉克没有选择动用军事手段反制，一方面是由于伊拉克部分军队部署在叙利亚和约旦，另一方面则是因为库尔德人在伊拉克北部地区掀起了叛乱；但从另一层面而言，伊拉克仍然希望用谈判的方式政治解决阿拉伯河流域的边界争端。然而，伊朗方面宣布决心使用军事手段来强制执行对阿拉伯河的权利恶化了两伊关系，并且进一步激起了复兴党执政当局的对立情绪。

第二节 各取所需的妥协：《阿尔及尔协议》

一、双方冲突的升级

1971年，随着英国的撤军，伊拉克声称对阿布穆萨岛及大小通布岛群岛拥有主权，随后宣布与伊朗断绝外交关系。为报复伊拉克声称占有胡泽斯坦省，自19世纪70年代早期，伊朗开始资助伊拉克库尔德叛军，向在伊朗的伊拉克库尔德人提供基地并武装库尔德团体。除此之外，伊

[①]Christin Marschall, Iran's Persian Gulf Policy, London: Routledge Curzon Press, 2003, pp. 74—75.

拉克也煽动伊朗的胡泽斯坦省和俾路支省的分离主义者发动叛乱，鼓励其他国家的库尔德民族主义分子的分裂活动。

随着1975年1月伊斯坦布尔谈判的破裂，以及两伊边境军事对抗的升级，两国关系极度紧张。伊朗对库尔德叛军的支持更加剧了边界上的冲突，进而使库尔德问题与两伊边界纠纷不可分割地纠缠到了一起。当伊朗将其装备有重型武器的正规部队投入伊拉克境内帮助库尔德的叛乱时，局势进一步恶化。在1974年底至1975年初，伊朗在库尔德问题上军事干涉的加码使伊拉克决心更加无情地粉碎叛乱。

二、协议的签订

在伊拉克和伊朗可能爆发大规模的战争之前，1975年3月6日，阿尔及利亚在外交上的斡旋努力取得了重大突破，从而暂时平息了两伊的边界争端。①在石油输出国组织于阿尔及尔举行会晤期间，阿尔及利亚总统布迈丁对伊朗国王和伊拉克副总统萨达姆·侯赛因进行调解并实现巨大突破，双方签订《阿尔及尔协议》从而解决了两伊的边界争端。

伊朗与伊拉克签订的《阿尔及尔协议》规定：

（1）双方应该根据1913年的《君士坦丁堡协定》以及1914年的划界委员会的会谈纪要来划分边界。

（2）双方同意以深泓线，即主航道中心线来划分河道边界。

（3）双方在共同边界上建立安全和互信，并且"承诺实行一种严格和有效的管控，以期最终结束所有的颠覆和渗透"。

（4）双方一致认为这些规定是"全面解决问题的必不可少的要素"，而且任何违反这些规定的行为都将被视为对该协议精神的背离。②

《阿尔及尔协议》确立了伊朗与伊拉克一种互相补偿的安排。伊拉克为了实现两伊关系的正常化，割让了近一半的阿拉伯河主权给伊朗，

---

①Christin Marschall, Iran's Persian Gulf Policy, Routledge Curzon Press, 2003, p. 7—9.
②Jasim M. Abdulghani, Iraq and Iran: The Years of Crisis, London: Routledge Press, 2011, pp.242—243.

做出了具有实质性的领土让步。这就意味着两伊在阿拉伯河上的边界从东岸向深水线发生了偏离。这也正好符合了伊朗自1969年单方废除《1937年两伊边界条约》以来一直追求的目标。为了回报伊拉克承认沿着整个深水线作为水路边境,伊朗国王表示不再干涉伊拉克内政,同时停止支持伊拉克库尔德游击队。为了执行《阿尔及尔协议》,伊朗与伊拉克都派出高级别的代表团进行互访,双方也都对为执行《阿尔及尔协议》采取的方法步骤深表满意,并在此表达了对遵守《阿尔及尔协议》的承诺。伊朗总理霍维达把《阿尔及尔协议》描述成开始伊朗与伊拉克关系的新篇章。

1975年4月19日,伊拉克和伊朗的外长在巴格达举行会晤,就落实该协定进行了进一步的对话。为了处理边界划分和采取安全措施以阻止跨境颠覆集团的渗透,双方还签署了四个文件。1975年6月13日,《伊拉克和伊朗国际边界和睦邻关系条约》在巴格达签订标志着两国的和解。该条约以《阿尔及尔协议》为基础,表达了双方"最终和永久解决两国所有悬而未决的问题"的意愿。在实际效果上,该条约重申了《阿尔及尔协议》;以深水线原则划定了河界;确立了一些措施和机制阻止了边界上"任何带有颠覆性质的渗透";再次强调了该条约的不可分割性。实际上,该条约的第四条提及了该条约不可分割的特性,强调了政治让步和领土让步之间的联系必须被视为支撑整个条约的关键。而且条约还明文规定对该条约的任何组成部分的违反都将被视为对整个条约的违反。

伊拉克外交部长萨都恩·哈马迪将该协议称为具有历史意义的里程碑,以一系列强有力的纽带终结两个邻邦之间的紧张而异常关系。同样,签订该条约的伊朗代表团也将这个条约描述为"这两个邻国之间关系发展的伟大一步"。然而,《阿尔及尔协议》的意外签订,也使国际社会对条约的可行性和两国是否执行这一协议表示怀疑。伊朗在签订《阿尔及尔协议》时答应归还扎因高斯等4个地区约300平方公里的原属伊拉克的领土,并承诺不再支持伊拉克库尔德族的反政府武装斗争。[1]然而直到协议的单边废除,伊朗也未履行其交割领土的诺言。巴列维国王

---

[1] 施瓦·巴拉吉:《萨达姆传》,国际文化出版公司2007年版,第106页。

利用协议开启了两伊关系的新时代，实现了他的波斯湾战略。伊朗自然希望其主导下的波斯湾秩序能够得以维持，并且制定了长远的军事发展计划。

1979年伊斯兰革命爆发，巴列维政权彻底崩塌。伊斯兰革命的成功，在国内引发了巨大的争议和分歧。在1979年及随后的两年中，伊朗国内的不同选区由于政见上的矛盾引发的武装斗争司空见惯。在这种情况下，伊朗人赞成霍梅尼将大部分精力投在建立覆盖全国的稳定的政治秩序上，而在这一时期，镇压、大清洗成为常态，伊朗政坛变得狠辣无情。国内民众对于政治制度的分歧冲击了霍梅尼长远的目标，作为革命家，霍梅尼敏锐地发觉到外部矛盾的尖锐有利于巩固自身政权和激发内部民众宗教的信仰。因此，霍梅尼排斥在《阿尔及尔协议》之下与伊拉克的媾和状态。霍梅尼利用狂热的追随者以国家安全的名义一方面打击国内的反对势力，另一方面向伊拉克输出伊斯兰革命，意图将世俗化的腐败制度彻底消灭。于是，伊朗开始煽动伊拉克的什叶派群体掀起反抗复兴党政权的叛乱，并且鼓动伊拉克人民推翻压迫者的政权，进而仿效伊朗建立革命的伊斯兰共和国。为了将其施加的压力加码，霍梅尼开始支持从事地下活动的什叶派达瓦党以及巴尔扎尼领导的库尔德叛乱。复兴党当局也支持伊朗的库尔德人、胡泽斯坦的阿拉伯人以及反霍梅尼的势力对抗德黑兰的中央政府来加以报复。1979年末，伊朗恢复了它对伊拉克境内库尔德人的支持，逐步推动反伊拉克复兴党的运动；伊朗政府发动恐怖袭击刺杀伊拉克政府高层官员，1980年4月1日伊拉克副总理险遭刺杀。随后，霍梅尼号召伊拉克境内的什叶派发动政变，推翻萨达姆政府。

1978年，在伊拉克的伊朗间谍发现了企图颠覆伊拉克政府的亲苏军事政变计划并告知了伊拉克政府，因此两伊政府的关系得以短暂改善。当被告知这一阴谋后，萨达姆下令处决了军队中的几十名军官作为和解的象征，驱逐因反对巴列维国王而流亡的宗教领袖霍梅尼。尽管如此，萨达姆仍然只是将《阿尔及尔协议》看成两国的停火协议，而不是解决边界问题的最终解决方案并等待时机废除协议。萨达姆签订协议的潜在目的就是希望协议能够敦促伊朗停止对库尔德叛乱提供军事援助，因为库尔德人叛乱消耗了伊拉克大量的军事资源。同时，伊朗之所以支持库尔德叛乱，最终目的就是分裂伊拉克。伊拉克为了消除对主权完整性的威胁，在阿拉伯河主权问题上做出了让步，以此来与伊朗达成协议。

1979年以后，由于伊朗伊斯兰革命及与阿拉伯民族主义形成鲜明对比的泛伊斯兰主义力量的出现，使两伊紧张局势升级。尽管伊拉克政府的目的是要重新夺取阿拉伯河主权，但起初伊拉克政府似乎欢迎伊朗推翻伊朗国王的革命，因为伊朗国王被视作共同的敌人。很难准确指出紧张局势是什么时候开始的，不过主要是在伊朗的鼓动下双方开始频繁的跨边境冲突。伊斯兰革命之后，霍梅尼呼吁伊拉克人民推翻复兴党政府统治，这激起了伊拉克政府的强烈愤怒。萨达姆对于霍梅尼的激进言论故意不作理会，并发表了一次赞扬伊朗伊斯兰革命的演讲，呼吁双方建立互不干涉内政为基础的友谊。霍梅尼拒绝萨达姆的提议并呼吁在伊拉克进行伊斯兰革命，萨达姆这才真正意识到了霍梅尼及其追随者的上台使两伊关系发生了质的变化。1980年春末，萨达姆认为霍梅尼的存在是对伊拉克政权最大的威胁，伊朗伊斯兰新政府被伊拉克视作威胁国家安全的敌对势力。

自1975年边界冲突以来，萨达姆向军队投入大量军费，从苏联和法国购买了高水平的先进武器。而强大的巴列维王朝在伊斯兰革命的冲击下逐渐瓦解，萨达姆有意抓住伊朗伊斯兰革命这个时机，以伊斯兰革命的威胁为借口对伊朗发动进攻。

三、协议的废除

伊朗伊斯兰革命的爆发，使巴列维国王与伊拉克复兴党政府共同构建的地区现状受到了新的挑战。伊朗的伊斯兰革命产生新的思想因素的同时，伊拉克政坛也发生了剧烈的变动。1979年7月，巴克尔辞职，掌握实权的萨达姆·侯赛因接任了伊拉克总统的职务。

随着石油收入的增长、军费支出扩大，伊拉克国家实力大幅度提升，萨达姆认为《阿尔及尔协议》的签署有失公平。伊朗鼓吹向伊斯兰世界输出"伊斯兰革命"引起了波斯湾地区国家的不安和警惕。①于是，萨达姆决心通过战争方式收复领土并惩罚伊朗当局的背信。在签订《阿尔及尔协议》之前，由于伊拉克政府在政治立场上的保守，国家经济、军事实力较伊朗相对孱弱，伊拉克面对着阿拉伯河主权问题长期处于被动状态，大多希望通过法律和外交途径并寻求其他阿拉伯国家支持来解决争端，但结果都没有达到伊拉克政府所期待的效果。

1975年签订《阿尔及尔协议》正是由于伊拉克当局长期与库尔德反政府武装对抗导致伊拉克国内政局的动荡，无法和伊朗相抗衡。在伊拉克领导者和民众看来，签订《阿尔及尔协议》和出让主权是耻辱的，但是对伊朗出让阿拉伯河一半的主权换取伊朗暂停对库尔德反政府武装的支持，用暂时的妥协换取对伊拉克境内库尔德人的绞杀稳定国内政局，这种"相对代价"是值得的。在当时伊拉克有着极浓厚的民族主义精神，在签订《阿尔及尔协议》之后的几年，伊拉克利用"屈辱"协议带来的暂时稳定，大力增强经济建设和军费开支，为在合适的时机依靠战争而重新获得阿拉伯河的全部主权。

虽然《阿尔及尔协议》的签署暂时缓解了中东地区的紧张局势，但是伊朗与伊拉克就海湾安全体系的具体形式上却仍然存有相当大的分歧。伊拉克认为在海湾和霍尔木兹海峡的自由航行对其安全至关重要，对地区安全至关重要，因此反对在海湾对航行作任何限制，然而伊朗对海湾三岛拥有实际控制权，这成为伊拉克在波斯湾航道运输安全上的一大障碍。伊拉克希望能够在波斯湾尤其是霍尔木兹海峡实行自由通航，然而伊朗却明确主张"有序通行"和"无害通过"原则，在这个立场上伊朗与伊拉克的对立是国家利益层面上的竞争关系。②就伊拉克国内而言，在经济上，伊拉克进一步加大对石油资源的勘探与开采力度，探明的石油储量进一步提升。石油的稳定开发使伊拉克得以大力发展国民经济，实现了以石油工业为中心国民经济的快速全面发展。在军事上，伊

---

① Rob Johnson, The Iran-Iraq War, New York: Palgrave Macmillan, 2011, pp.34—35.
② Christin Marschall, Iran's Persian Gulf Policy, Routledge Curzon Press, 2003, pp. 53—54.

拉克与美苏、欧洲国家改善关系，以石油美元来大量采购先进武器扩充军备。经济和军事实力赋予了伊拉克空前的政治能量，继而强化了伊拉克对阿拉伯河主权的立场，伊拉克开始寻求另一种更为直接有效的方式加快实现对国家利益的诉求。

《阿尔及尔协议》从诞生就伴随着伊朗与伊拉克共同利益与不同利益交织，从对协议的实践直到最后协议的破裂，以及在合作问题上分道扬镳，证明了伊朗与伊拉克之间意识形态分歧、主权分歧之深。1980年9月，伊朗与伊拉克在领土主权、民族宗教等各方面矛盾集中爆发，伊拉克彻底撕毁《阿尔及尔协议》，向伊朗发动进攻，两伊战争由此正式开始。

虽然伊朗与伊拉克对《阿尔及尔协议》的实际履行表现乏善可陈。但是客观上讲，1975年签订的《阿尔及尔协议》意味着两伊关系开始稳定地改善。[1]首先，两伊关系的改善让"帝国主义和敌对势力"见缝插针、破坏海湾国家间合作的可能性大大降低；其次，两国希望海湾地区达到"摆脱超级大国的竞争并且将外国军事基地从该地区排挤出去"的目标；另外，海湾地区也相应地减少了受域外国家干预的影响，排除了地区军事化的威胁。然而，《阿尔及尔协议》的废除则直接意味着伊朗与伊拉克进入了战争敌对的状态。

---

[1] Williamson Murray and Kevin M.Woods,The Iran-Iraq War:A Military and Strategic History,Clays:Cambridge University Press,2014,pp.22—25.

第三节 两伊战争的导火索

一、伊朗伊斯兰革命前后两国的综合国力变化

伊朗、伊拉克两国在二战以后都迎来了发展的契机。资源优势使两伊在战后国际贸易体系中占据有利的地位。伊朗在巴列维执政时期，不失时机地发展石油经济、改善民生，引进西方先进的武器装备，成为波斯湾地区的经济和军事强国。伊拉克历经多次政变和动荡的国内局势，在复兴社会党重新执政之后，发展石油工业，开展国内基础设施建设，改变了伊拉克落后贫困的面貌，迎来了经济发展的黄金十年。在两伊战争前，两国都是极具发展潜力的中东大国。

国家间经济发展的基础、性质并不相同。在发展的历史进程当中，社会都会发生深刻的、历史性的变化；与此同时，在各种因素的相互作用下，每个国家都塑造出了独具特色的发展模式。这是广大发展中国家在战后工业化过程中特定的历史现象。在经济转型与升级的过程中，国家经济的结构、各部门行业的劳动力分布、城市化的进程都会发生显著的转变和调整。

两河流域地区相较于中东其他地区水源充足，地理条件极其优越，适宜于农业开垦和经济开发。伊拉克拥有相当广阔的、肥沃的未开垦耕地和灌溉水源，石油工业的发展又为农业提供了廉价的肥料，农业发展潜力巨大。两伊战争前，伊拉克人口结构相对年轻化，人口数量居于海湾地区前列。更为重要的是，伊拉克还拥有丰富的石油和天然气储藏，这为伊拉克经济迅速发展提供了重要基础。另外，伊拉克矿藏资源也十分丰富。《阿尔及尔协议》中伊拉克的让步促使伊朗停止了对伊拉克库尔德武装的援助，也让海湾地区暂时避免了超级大国之间的军事竞争，并且将外国军事基地从该地区排挤出去。外部环境的安定让伊拉克能

够集中更多的精力发展本国经济。在这一时期，复兴党贯彻了发展至上的指导思想，寻求以快速的经济发展来改变伊拉克社会和经济的落后局面。20世纪70年中期，伊拉克率先实现了石油国有化，并借助国际石油价格暴涨的机遇发展本国的石油工业，促进石油出口。在两伊战争爆发前夕，伊拉克石油收入达到234亿美元。伊拉克在电力、交通运输、冶炼及采矿业进行投资和建设，建立了独立的民族工业体系，实施初级产品出口，增加外汇收入和资本积累，为大规模经济建设和发展提供了必要的条件。1970年至1980年的十年间，伊拉克国内生产总值的年平均增长率达到12%。[1]1980年伊拉克的国内生产总值达到358亿美元，依靠雄厚的石油美元，伊拉克已经从一个经济基础长期十分薄弱的国家一跃成为资金充足且经济实力较为雄厚的国家，跻身为阿拉伯世界强国之列。

二战以后尤其是社会复兴党执政时期，伊拉克综合国力的提升不仅体现在石油收入和国内生产总值上，更为重要的是，伊拉克从传统的农业国逐步向初步现代化的工业国转型。具体而言，伊拉克从1960年到1980年20年间，农业、制造业和服务业占国内生产总值的比重显著下降；而工业总产值占国内生产总值的比重则明显上升，从52%上升到了73%。[2]一方面，工业化的加速带动了城市化的发展；但另一方面，农业和服务业比重的下降也反映了伊拉克经济飞速发展的同时产业结构的失衡。工业的发展并没有带动劳动力的就业，历经数十年的工业化，伊拉克主要的劳动力依然主要集中于农业和服务业。这说明伊拉克的工业部门主要资金密集型产业，而农业依旧非常落后，机械化程度偏低。石油产业的国有化虽然强化了政府控制资源和分配资源的权力，但是抑制了民间资本的投资能力，这就导致工业化的成果集中流向了既得利益阶层，并且缺乏有效分配方式来让多数人分享，从而使贫富差距逐渐扩大、隐性失业问题长期存在，也为伊拉克日后发展埋下了隐患。伊拉克随着其石油工业的发展而逐渐形成了出口导向型经济体的格局。出口以

---

[1] Charles Tripp. A History of Iraq. New York: Cambridge University Press, 2000, pp.23—26.
[2] 世界银行：《世界银行发展报告1982》，（华盛顿DC，1982）pp.115.

石油贸易为主导，进口则主要以机械设备为主，这也反映了伊拉克政府推进国内经济建设的进程。在两伊战争前，伊拉克在一些制造业部门已经具备了自给自足的生产能力，从而降低了对进口的倚赖，但是基础仍非常薄弱。

受伊斯兰革命冲击的影响，从1978年9月开始，伊朗的石油产量逐月下降。直到1980年战争爆发前，伊朗的石油日产量都没有恢复至革命前正常的水平。石油产业是伊朗国民经济的支柱性产业，国内局势的动荡再加上石油出口的锐减使伊朗在国际贸易格局中处于较为不利的境地。1979年新政府上台后，为了巩固革命政权开始对巴列维王朝时期的军队进行了大清洗，处决、监禁和流放了大批军官和政府官员。1979年，霍梅尼在新年讲话中宣布，为了保证军队和政府的纯洁性，清洗工作将会继续进行。[1]2月至9月，伊朗政府处死了85位上将，并迫使所有少将和大多数准将提前退休，许多技术兵种和飞行员遭到流放、监禁。到1980年9月，伊朗共清洗了约12,000名军官，军队逃亡率达到了60%，[2]整个军队指挥和作战体系遭到毁灭性的破坏，直接导致伊朗军队的作战能力迅速下降。然而，新一批忠诚且具有战斗力的军队尚未培养出来，这场清洗运动使伊朗的武装力量处于瘫痪状态。伊斯兰革命期间，一般储户从银行恐慌性挤兑现金，而经商的企业家纷纷携款逃离伊朗，所欠贷款无法偿还，使银行系统坏账率升高，社会陷入了前所未有的失序状态。工厂开工率极低，生产能力下降的同时大量劳动力人口失业。1979年，伊朗全国工业的产能严重不足，工业生产能力仅达到之前58%的水平，失业人口则达到300万人左右，占到劳动力的三成以上。[3]与此同时，伊斯兰革命成功后临时政府减少并限制石油出口并在重要的经济部门实行国有化。虽然这些举措使处于停滞状态的生产得到恢复，但是伊朗的经济发展状况相比之前未有大的起色，伊朗的综合国力相比革命爆发前表现出显著弱化的趋势。

---

[1]吴成：《走向共和》，线装书局2008年版，第48页。
[2]Jaeed Shirazi, A Concise History of Iran, New York:Publish America, 2004, p.8.
[3]冀开运：《伊朗现代化历程》，人民出版社2015年版，第154—155页。

二、1980年前后两国国际处境的变化

由于阿以战争的影响，1967年伊拉克断绝了同美国的外交关系。1968年，社会复兴党再次上台执政，库尔德问题暴露了其在国际政治格局中备受孤立的处境。为了缓解孤立的处境，伊拉克当局积极地采取措施寻求与阿拉伯国家的和解。受到泛阿拉伯主义理想的影响，伊拉克社会复兴党政府上台后积极致力于阿拉伯地区的事务，呼吁中东地区乃至整个阿拉伯世界能够加强团结与合作，改善伊拉克与阿拉伯国家的紧张关系。社会复兴党执政以后，伊拉克的综合国力和国际地位显著改善，在中东地区的影响力也随之提高。伊拉克复兴党政府提出了建立强大伊拉克的战略远景。伊拉克的相对崛起在当时有利于牵制伊朗和以色列，并且制衡域外国家的势力，符合伊拉克和阿拉伯国家的根本利益。伊拉克和萨达姆个人的威望也在阿拉伯世界乃至国际社会中迅速提升。另一方面，伊斯兰革命胜利之后，伊朗对外宣传伊斯兰革命的普适性，霍梅尼甚至对外宣布输出伊斯兰革命，呼吁伊斯兰世界广大的穆斯林推翻世俗政权的压迫，迎来一个全新的社会秩序和政治秩序。这种文化宣传被视为对世俗的阿拉伯世界的革命威胁，从而引发了众多阿拉伯国家统治者的恐慌。越来越多海湾地区国家的统治者意识到有必要团结起来抵御伊朗对外输出革命的宣传威胁，并且将萨达姆治下的伊拉克视为世俗阿拉伯主义的捍卫者，从而默许伊拉克的侵略主张并为其提供资金支持。

在伊斯兰革命的影响之下，伊朗与波斯湾地区的君主国和社会主义国家关系出现了微妙的变化。因为意识形态之争导致了伊朗与非伊斯兰世界的对立，而又因教派之争导致了伊朗与逊尼派伊斯兰世界的对立。新的政权中激进的宗教人士一再攻击曾经支持巴列维国王的国家，抨击沙特阿拉伯等世俗国家的政治体制。在伊朗伊斯兰革命获得成功以后，伊朗国内的一些激进组织试图向包括伊拉克在内的阿拉伯国家输出伊斯兰革命，甚至挑战国际秩序。这招致了众多阿拉伯国家的恐惧与敌视，伊朗在波斯湾地区陷入了空前的地区孤立。

1979年2月,霍梅尼在接受美国媒体访问时表示,伊朗不允许外国干涉内政,美国支持巴列维政权的行径招致了伊朗人民的仇恨。[1]10月29日,霍梅尼要求,伊朗应当肃清亲美和崇拜西方的腐朽观念;[2]要想取得真正的国家独立,伊朗必须认清美国对伊朗造成的伤害和麻烦;西方化的伊朗人要么离开伊朗,要么就要自我改造。一场震撼世界、扭转地缘局势的政治风暴由此掀起。11月4日,伊朗大学生冲击并占据了美国驻伊朗大使馆,扣押了66名美国外交人员作为人质。作为释放人质的条件,绑架者要求引渡巴列维国王回国接受审判,将国王转移到美国的财产没收转交给伊朗人民,伊朗还要求美国总统卡特为美国对伊朗人民犯下的一系列罪行道歉。这次伊朗人质危机使得伊朗临时政府陷入了政治分裂,也使美国白宫方面一筹莫展,无论公开呼吁还是私下沟通都遭遇到伊朗方面的强硬拒绝。卡特提议:美国愿意保持与伊朗相互平等、彼此尊重的友好关系,愿意促请联合国成立调查组调查美国对伊朗是否有不轨的举动。但是,这些提议遭到了霍梅尼的拒绝。霍梅尼声称,伊朗人民用革命挫败了美国在这个地区的政治、经济以及战略霸权。[3]由于双方无法有效管控彼此的歧见,人质危机对卡特政府造成了严重的政治危机,这也直接导致美国政府对伊朗伊斯兰新政府的外交策略发生实质性的转变。卡特总统下令断绝与伊朗的一切联系,冻结伊朗在美国的所有资金,禁止伊朗出产的石油产品进入美国。

人质危机宣告美国与伊朗在波斯湾地区的长期战略合作正式终结。人质危机之后,伊朗继续将美国视为伊斯兰世界的敌人,而美国国内舆论和民意对伊朗伊斯兰政府的敌视有增无减。卡特之后的历任美国总统既没有将伊朗问题诉诸大规模的战争行动,也没有有效改善美伊双边关系。几十年来,两国在僵持与对立中逐渐寻求到自身在波斯湾地区利益的平衡点,但是美国强势的中东战略使伊朗的国际处境困难重重。美国之所以没有因为人质问题而对伊朗动武,原因有以下几点。首先,动用军

---

[1] 吴成:《走向共和》,线装书局2008年版,第34页。
[2] 吴成:《走向共和》,线装书局2008年版,第59页。
[3] 迈克尔·奥伦:《美国在中东》,冀开运译,重庆大学出版社2014年版,第464页。

事手段的成本及风险相对较大，军事入侵也会承受较大的国际压力，而且美国国内的反战情绪也是军事手段解决人质问题的阻力。其次，美国的中东战略服务于全球战略，1979年苏联入侵阿富汗，伊朗新政府对苏联的入侵持反对态度。在冷战的背景之下，遏制苏联的扩张是美国全球战略布局的重要环节，防止伊朗倒向苏联，以外交斡旋和动用制裁等手段来解决人质问题符合美国的全球战略利益。再次，以色列是美国中东战略的重要支点，伊朗新的政权上台后，两伊关系急剧紧张，其互相敌对为以色列创造了相对有利的地区发展环境。总的来说，人质危机谈判的破裂使美国放弃了改善与伊朗关系的主观意愿，客观上的政治环境也使美伊关系彻底走向对立。伊朗也因此面临着美国及其盟国的封锁和孤立，这也为伊拉克发动两伊战争提供了有利的客观环境。

为了孤立伊朗，伊拉克当局意图将其与伊朗新政府之间的复杂矛盾概括为阿拉伯民族主义者与波斯民族主义者之间的对抗，为阿拉伯世界抵抗伊朗原教旨主义者的革命威胁。因而将1980年爆发的两伊战争称之为"第二次卡迪西亚战争"。而革命后的伊朗将这场战争比喻为"伊斯兰的捍卫者与亵渎神灵者"的对决，故将这场战争称为"邪恶势力的入侵战争"。[1]这场战争激起了伊朗人民的爱国主义，强化了霍梅尼及其追随者对伊朗的控制，但与此同时，伊朗逐渐采取孤立主义与革命激进主义的对外战略，与波斯湾地区国家的关系进一步恶化。

第四节 八年厮杀长期伤痛

1980年9月16日，伊拉克军队占领了双方有争议的324平方公里的土

---

[1] Jasim M. Abdulghani. Iraq and Iran: The Years of Crisis. Routledge Press, 2011, pp.207—208.

地，9月17日，萨达姆宣布废除《阿尔及尔协议》。9月20日。伊朗军队用重炮向航行在阿拉伯河上悬挂着伊拉克国旗的船只开火，2小时后伊拉克出动空军轰炸伊朗10个空军基地。两伊战争正式爆发。

一、伊拉克进攻阶段

1980年9月23日，伊拉克出动45,000人，1000余辆坦克，在450英里宽的范围内，向席林堡地区、迈赫兰地区、南胡泽斯坦省、霍拉姆沙赫尔以及阿巴丹地区发动进攻。战斗非常惨烈。伊拉克军队监听了伊朗无线电，记录下了来自伊朗前线部队的上诉：伊朗人告诉他们的指挥官，由于炮火重压，他们甚至无法让救护车辆进入战区带走伤亡的士兵。在阿拉伯河另一端，伊朗轰炸并摧毁了伊拉克法奥地区的冶炼厂，萨达姆不得不下令撤离了7万城市居民。10月24日，伊拉克军队以伤亡6000人的代价，夺取霍拉姆沙赫尔，并渡过卡仑河，包围了阿巴丹市。战争洗礼后，霍拉姆沙赫尔残破不堪。双方有大约7000名死亡和重伤人员，伊拉克失去了超过100辆坦克。伊拉克特种部队在霍拉姆沙赫尔一战后，鲜有士兵幸存。在战争爆发后的10天，伊拉克军队在席林堡地区和迈赫兰地区大获全胜。几乎在占领霍拉姆沙赫尔之后，伊拉克立刻开始围攻阿巴丹并占领了石油冶炼厂。但他们在阿巴丹地区遇到了更激烈的抵抗，地面部队的攻击和飞机的轰炸让城市充满了烟尘废墟，伊拉克已无力为前线军队继续投入力量来继续进攻阿巴丹。萨达姆企图以闪电战速决速胜的战略构想宣告失败。1980年10月7日，萨达姆宣布伊拉克不再展开进一步进攻。月底，伊拉克在战场上进行了有限的埋伏、巡逻和突袭。萨达姆设置了所谓成功的标准，即以一名伊拉克人伤亡为代价换取五个伊朗人的伤亡。

1980年10月13日，霍梅尼下令组建七人最高国防委员会，任命巴尼萨德尔总统为军队总司令，并主持该委员会的工作，通过联合司令部协调指挥正规军、革命卫队和志愿者。到11月时，伊朗约有20万毫无作战经验的的新兵到达前线，他们中许多人都是信仰虔诚的志愿者。尽管最终防线被突破，但延缓了伊拉克军队的推进，为伊朗进行部署提供了时机。

二、僵持阶段

开战三个月，除了最开始占领的地带，伊拉克鲜少再有重要斩获。几个月内，萨达姆计划中的短期战争变成了烫手的山芋。伊拉克军队面临着严重的困境。1980年11月，持续的大雨使前线的战斗减弱。伊拉克方面希望这样的状况能够持续到第二年的3月份，等到气候转好时，地面足够干燥才有条件恢复军事行动。但在1月份，伊朗就从北往南展开了一系列进攻，对南部的进攻引起了伊拉克高度警惕。1981年5月，伊朗的大量地面装甲力量开始攻击伊拉克附近的迪兹富勒和苏桑吉尔德地区。面对战争久拖不决的可能性，伊拉克决定动员更多的军队，同时购进更多的外国武器，尤其是弹药，消耗速度超出伊拉克军队的预想。由于战争的损耗，在动员和组建新的师团里，中层军官显得尤为短缺。伊拉克获取弹药、零备件和新装备的主要障碍在于苏联的骑墙态度。开战之后，苏联就拒绝向伊拉克提供任何武器弹药。原因在于苏联领导人对萨达姆在没有请示他们的情况下擅自对伊朗开战极为不满。根据1972年伊苏友好合作协议，塔里克·阿齐兹在1980年9月和11月两度赴莫斯科寻求武器援助，但两次均被苏联以两伊战争让帝国主义阵营获益的理由拒绝。在苏联看来，两伊互相残杀会削弱他们抵抗西方的力量。另一个原因是苏联认为伊朗共产党有机会上台执政，一个亲苏联的伊朗政府比伊拉克复兴党政府更能扩大苏联在中东的利益，因为伊拉克复兴党政权不值得信任。尽管对武器的需求持续增加，但是萨达姆却对伊拉克和最大的武器供应国苏联之间的矛盾表现得非常轻松。他仍然在强调伊拉克人民和复兴党的精神力量胜过对于武器装备的需求。

购买来的武器耗费了伊拉克多年来积攒的外汇储备。到1982年春末，在伊拉克入侵伊朗的第十八个月的时候，伊拉克资金就已经基本耗尽。石油价格也开始下跌，萨达姆奉行的"军事与经济并重"的政策也加剧了伊拉克的财政困难。因此，在1981年5月，该政权就不得不从科威特寻求了20亿美元的贷款，以修复在战争中受到损毁的基础设施。

1981年1月，伊斯兰会议组织召开会议，邀请冲突双方来协商立即停火的事宜。这次会议并没有指出伊拉克是侵略者，也没有考虑当时战场上的实际情况。伊拉克表示愿意接受伊斯兰会议组织发布的停战条款。然而，在纪念伊斯兰革命胜利两周年的集会上，霍梅尼指出了伊朗在这场战争中的地位，他表示直到伊拉克撤退到自己边界线以内，伊朗才会停火。

然而，祸不单行的是，以色列发动了对伊拉克的精准打击。1981年6月7日，以色列出动8架F-16和6架F-15战斗机，在法国人为伊拉克提供充足燃料之前摧毁了伊拉克的核反应堆。这场袭击打了伊拉克一个措手不及。当导弹来袭时，反应堆附近的防空人员正处于晚饭休息间隙。与此同时，伊拉克空中巡逻队正降落下来补充燃料。以色列对于伊拉克空中防卫的漏洞和最佳攻击的时机判断得非常精准，一举击碎了萨达姆的拥核美梦。萨达姆也将以色列对奥西拉克的攻击视作以色列对他的当众侮辱。

1981年11月29日到12月7日，伊朗以三个正规军旅和七个革命卫队旅的兵力发起了"耶路撒冷之路行动"。在这次攻势中，伊朗第一次使用大规模的人海战术，出其不意地包围了伊拉克防守军队并且将其擒获。为了出其不意地进攻，伊朗建设了一段从伊拉克沙丘穿过的看似不能通行的公路，这条公路把大量的军队运送到伊拉克北部侧翼来发动进攻。伊朗从常备军77师中抽调出的一个步兵旅，从92师和16师中抽调的四个装甲旅以及革命卫队都参与了这次行动。1981年11月29日，伊朗又一次对伊拉克军队的北翼进行袭击，伊拉克军队溃退。到了中午，伊朗成功收复博斯坦。伊朗宣称他们总计俘获了两个炮兵营的装备、90辆坦克和运输车以及大批轻型武器，共摧毁了三个装甲师和步兵师。这场胜利拉开了1982年春季伊朗大举反攻的序幕。霍梅尼称这场首胜为"胜利中的胜利"。革命卫队经过这一阶段的战斗，逐渐成为伊朗作战力量中的主力部队。随后，伊朗以3万兵力突破伊拉克对阿巴丹的包围，迫使伊拉克军队撤至卡伦河西岸，重新打通阿瓦士到阿巴丹的战略公路，恢复对阿巴丹的兵力及军火运输，收复了博斯坦地区。

三、伊朗大举进攻阶段

在与杰出军队将士座谈时,萨达姆称撤回部队并不意味着失败。这个安排只是为了收回拳头,打得敌人更疼。但是,面临伊朗即将到来的攻势,伊拉克形势十分严峻,萨达姆甚至声明愿意在签订最终和平协议之前放弃占领的所有伊朗领土。伊朗领导层则以沉默回应萨达姆的提议。

1982年3月,伊朗军队开始第一次大反攻,代号"非斯·莫宾行动"(必胜)。开战前,伊朗进行了认真谨慎的准备,并且总结了之前战斗的经验。一份伊拉克军情局的分析表明,在1981年1月之后,伊朗高层意识到即使没有装甲部队也有可能获得胜利。因此,伊朗会在战争中使用密集的炮兵和步兵进行攻击。也就是所谓的人海战术,指的是伊朗将正规军、革命卫队以及巴斯基步兵部队以压倒性人数向伊拉克军队发起攻击。在战斗刚开始的时候,伊朗军队伤亡惨重,但是在狂轰滥炸之后,伊拉克的防线也会因为猛烈的炮火而崩溃。这份报告推断,尽管伊朗会承受大量的人员伤亡,但是在尝到胜利的甜头后,伊朗仍会继续使用人海战术。当行动结束之后,霍梅尼手下的指挥官们声称他们已经摧毁了两个装甲师以及一个机械师。他们还宣称这次行动击毁了200辆坦克,俘虏了足够用来给革命卫队组建一个装甲部队的坦克和运兵车。1982年4月29日至5月12日,7万名伊斯兰革命卫队和民兵组织的成员从几条战线挺进,基本驱逐了苏桑盖尔德地区的伊拉克军队。1982年5月23日凌晨,伊朗再次发动攻势。伊朗军队在赛义德·设拉子将军的领导下,以10万人的兵力夺回2000平方公里的国土,其中正规军3万,革命卫队4万,志愿兵3万。5月24日,伊朗军队收复霍拉姆沙赫尔,又抓获1.9万名伊拉克战俘,收复3500平方公里国土。经过数个月的战略反攻,伊朗收复了1980年开战以来所丢失的大部分领土,战线重新拉回到了两伊边境。据美国卫星情报资料估计,1982年上半年有3万名伊拉克士兵、9万名伊朗士兵阵亡。

1982年6月,以色列占领了黎巴嫩南部。萨达姆宣布从伊朗撤军以便同以色列作战。霍梅尼拒绝伊拉克的停火建议。为了击败"渎神者"萨达姆，他命令伊朗军队攻入伊拉克。伊朗军队收复国土后越境作战，在1982年7月占领伊拉克80平方公里的国土。根据伊朗方面披露的资料，伊朗伤亡1万人，伊拉克为7000人。到10月，伊朗又占领150平方公里伊拉克领土，伊朗军队距巴士拉仅有30公里，距巴格达仅有80公里。

1982年10月27日，萨达姆宣布接受1975年，《阿尔及尔协议》并单方面停火，并要求建立一支维和部队。伊朗拒绝停火建议，发誓要夺取全面胜利。

四、再度僵持阶段

1982年10月27日，伊拉克用地对地导弹攻击迪兹富勒，摧毁100家住宅和商店，死21人，伤100余人。1983年，伊拉克继续以导弹进攻伊朗城市，企图以战促和。伊朗发动"曙光行动"攻势，伊朗的人海战术在伊拉克火力优势和防守严密的打击下收效不大，伊拉克并未完全失败。伊朗国内高喊"征服卡尔巴拉，到前线去"的志愿者奔赴前线。据称伊朗共动员了50万—75万兵力，分布730英里的战线上，1984年2月24日，伊朗队攻占了伊拉克盛产石油的马季农岛，有2万名伊朗士兵7000名伊拉克士兵死于此役。伊朗向联合国安理会控告伊拉克，在1981年5月到1984年3月前后49次使用化学武器，杀死1200名伊朗人，伤5000人。联合国派去的专家组调查后，认为伊拉克使用芥子气，但并未指出伊拉克是在犯罪。

1984年1—3月，伊拉克袭击伊朗经济目标，尤其是石油出口能力，以迫使伊朗回到谈判桌上。伊朗也针锋相对地轰炸伊拉克出口石油油轮。双方互相袭击对方城市，造成平民死亡及财产损失。1985年3月伊朗以53,000—100,000兵力企图切断巴士拉到巴格达之间的战略公路。此役伊朗损失15,000—20,000人，伊拉克损失8,000—12,000人。1986年3月，伊朗占领法奥半岛160平方英里的伊拉克国土，伊拉克失去法奥的防空导弹基地及雷达监控中心。以后，伊朗又发动9次卡尔巴拉攻势，但战绩一般。交战双方的均势并未打破。

霍梅尼继续号召将战争进行到底，直至最后胜利。他声称对伊拉克的战争是神圣的事业，因此值得全民族竭尽全力、尽其所有。宗教领袖们也响应霍梅尼的号召，要求把更多的物力和人力资源用于战争。然而，伊朗人的从军热情已今非昔比，穆罕默德动员团原打算征招50万士兵，实际仅征到20万。士兵中开小差的人增多，服役期从2年延长到28个月。伊朗民间出现普遍的厌战情绪，军队开始征召12—16岁的士兵，霍梅尼宣布孩子们不必征得父母同意就可以开赴前线。

伊朗自由运动一直呼吁实现体面的和平，批评宗教领袖对战争事务独断专行。巴扎尔甘认为，一旦伊拉克被驱逐出伊朗国土，伊朗不应侵略伊拉克，他认为两个超级大国和以色列是这场漫长战争的唯一受益者，伊斯兰和两伊人民是最大的受害者。这个观点也得到一批忠于伊斯兰共和国的人赞同，战争的无用及战时艰苦紧张的生活也激起公众的不满，国内的其他大阿亚图拉给霍梅尼写信，要求结束战争，霍梅尼却说："如果你希望实现和平，那么你应该祈祷让我早点死。"

五、伊拉克克收复失地阶段

1988年3月和4月，伊拉克军队主动进攻，收复法奥半岛和巴士拉东南的萨拉姆杰地区，收复国土120平方公里，伊朗军队被迫后撤。

1988年6月2日，霍梅尼任命拉夫桑贾尼为军队总司令。6月19日晚，人民圣战者民族解放军攻击迈赫兰市，旋即撤走。6月27日，伊拉克收复马季农岛，7月伊朗军队从哈拉比贾撤走。

1988年7月3日，一架伊朗空中客车从阿拔斯港飞往迪拜，途中被美国军舰击落，机上290人死亡。蒙塔泽里要求在全世界反对美国人，但霍梅尼劝他沉着冷静。7月20日，伊朗正式宣布接受安理会598号决议，立即停火，此前伊拉克早已接受598号决议。1988年8月20日，停火协定生效，两伊战争结束。

六、两伊战争对伊朗的影响

首先,两伊战争的爆发为伊斯兰共和国神权政治的巩固提供了良机。两伊战争爆发时,巴尼萨德尔以总统身份兼任军队总司令,他把大部分时间花在前线,他从开始就认为要更多地依靠正规军打仗,把加强军事训练看成是头等大事。他与正规军接触日多,霍梅尼认为总统在讨好正规军,图谋不轨。巴尼萨德尔致信霍梅尼控告内阁干扰了他对军队的指挥,要求内阁辞职,霍梅尼利用伊斯兰共和党控制的电台电视台批评总统独揽战争领导权,巴尼萨德尔在公开讲话中加以反击。巴尼萨德尔代表的自由派与激进教士的斗争日趋激烈。1981年6月21日,议会宣布巴尼萨德尔下台。两伊战争加速了巴尼萨德尔的垮台、促使激进派教士全面掌握了国家的立法权、司法权及行政权,促进伊朗社会的非世俗兰化。[1]

激进派教士把两伊战争看成伊斯兰历史斗争的一部分,霍梅尼把这次战争看成是光荣的《古兰经》和异教徒之间的战斗。哈梅内伊说这是一切伊斯兰和"渎神者"之间的战争,复兴党的领导是伊斯兰和《古兰经》的敌人,对伊拉克的战争是圣战,是在捍卫自由、边界、荣誉、伊斯兰和《古兰经》。霍梅尼把两伊战争伊斯兰化,把民族战争宗教化,利用殉教的烈士精神动员伊朗人民奔赴前线、勇于捐躯。同时,战争伊斯兰化有助于维持革命热情,动员更多的民众反对革命的敌人。

霍梅尼以两伊战争为借口实行紧急状态、封住对手的言论,让反对派靠边站,谁在战时反对伊斯兰共和国,谁就是通敌叛国。在这种背景下,当局镇压了人民圣战者组织和人民党。

两伊战争加强了伊斯兰革命组织,让教士彻底控制了国家机器。对正规军的猜疑及对外战争的需要,让霍梅尼下决心扩大革命卫队的实力,并组建革命卫队部主管工作,实现革命卫队的正规化和制度化。对

---

[1] W.Thom Workman: the Social Origins of the Iran-Iraq War, Lynne Rienner Publishers, Inc, 1994, p.117。

伊拉克的战争也加速了正规军的伊斯兰化。1980年秋成立军队政治思想指导委员会以肃清军中非伊斯兰势力，其分支机构遍布国防部、陆军、海军、空军，最终将把这支军队改造成伊斯兰及被剥夺者的卫士。两伊战争促进伊朗成立"重建运动"组织，以团结农村的一切力量支持政府，还促进伊朗建立"住房基金会"和"战时难民事务基金会"。

两伊战争牵制了伊朗的精力和国力，国内的少数民族乘机提出自治要求，在伊朗后院放火。其中伊朗库尔德民主党一度在库尔德斯坦行使政府职能，但最后还是被革命卫队镇压。两伊战争压抑了工人运动。在革命初期，工厂的职员纷纷接管了企业主逃亡的工厂和公司。不久，霍梅尼派伊斯兰干部接管企业，实现工厂伊斯兰化。在两伊战争期间提出："工作本身就是为了真主的圣战，真主必将酬劳在工厂军营完成的劳动圣战。"战争不允许停工、更不允许工人罢工，战争迫使工人接受艰苦的劳动环境和低工资，抑制了工会的成长壮大和工人运动的发展。

两伊战争转移了国内人民的视线，为伊朗人民树起一个共同的民族敌人，促进伊朗停止同室操戈，有利于伊朗人民团结在宗教领袖周围，让社会整合依照宗教领袖的意志为转移，巩固了宗教领袖的权威性。

其次，两伊战争极大地破坏了伊朗的经济建设。两伊战争迫使伊朗对外贸内贸实行控制。伊拉克炸毁了伊朗65%的炼油能力，导致伊朗外汇收入减少，迫使伊朗对燃油实行配给制。伊朗成立经济动员基金会主管配给工作，让清真寺分发定量供应卡。外汇短缺也迫使伊朗与土耳其、巴基斯坦、东欧国家进行易货贸易。对外战争大大强化了伊斯兰政府的国家干预作用及国有化程度，以便于集中国力打赢战争。

两伊战争使伊朗死亡30万人，伤残170万，这不仅使伊朗经济发展失去劳动人口，也迫使更多的劳动力从民用领域转入军事部门。战争也造成了200万难民。战争严重破坏了伊朗的城市和基础设施，导致通货膨胀、投资锐减、经济停滞。

1984年3月，伊朗计划和预算部部长首次估算战争造成的损失达1900亿美元。1984年石油部门的损失超过650亿美元，占总损失的35%。1968—1978年，军事开支占同期国民生产总值的11%—16%。1980年则为8.5%，1981年上涨到9.5%，1982年又升到10%。1982年军用进口占进口总值的13.4%，政府每年花费的30%用于战争。1983年，每百人之中有11人从军，这不包括动员团、革命卫队和其他准军事组织。1985年战争损失达4162亿美元，比1919以来两国的石油总收入还多520亿美元，伊朗每年的战争花掉国民生产总值的54%。[1]八年两伊战争伊朗直接损失6000亿美元，全部损失为1万亿美元。美国学者Shireen T.Hunter认为两伊战争使伊朗的经济后退了20年。[2]

再次，两伊战争对伊朗的外交也产生了重大影响。

两伊战争爆发后，叙利亚公开支持伊朗。1982年4月，叙利亚关闭叙利亚—伊拉克边界和伊拉克经叙利亚的输油管，使伊拉克的石油出口减少到每天65万桶。伊朗因此与叙利亚保持友好的外交关系，埃及、沙特、约旦、科威特因支持伊拉克，伊朗就与它们断交。法国向伊拉克出口先进武器，提供贷款，伊朗遂与之交恶。伊朗还指责苏联向伊拉克出售武器。

伊朗在战争中急需武器补给，开始时被迫通过伊朗国家石油公司驻伦敦的办事处在欧洲黑市上购买价高质劣的武器及零件。从1981起，伊朗就一直秘密从以色列进口武器，以色列此举是得到美国允许的。霍梅尼认为伊朗与穆斯林的敌人打交道是为了伊斯兰事业的长远利益，并声称为了维护和扩大伊斯兰世界，可以不择手段。事实上，这是两伊战争迫使伊朗作出的外交行动。

1985年6月，伊朗施加影响，让两名黎巴嫩劫机犯释放了美国人质，美国通过以色列向伊朗出售"陶式"导弹，伊朗军队在前线作战能力大增。1986年，伊朗严惩了阿亚图拉蒙塔泽里女婿的兄弟迈赫迪·哈什米，因为他向一家黎巴嫩周刊揭露了伊朗以人质换武器的伊美秘密谈论内容。伊朗为了战胜伊拉克不得不委曲求全，与虎谋皮。由此可见两伊战争对伊朗外交的制约。

---

[1] Ali Rahnema and Farhad Nomani: The Secular Miracle.Zed Book Ltd.London and New Jersey.1990，pp.290—291。

[2] Shireen T. Hunter: Iran after Khomeini,The Center for Strategic and International Studies ,Washington D.C. New York,1992,pp.72—73。

第十三章 变革中的伊朗

霍梅尼去世后，伊朗在维护伊斯兰体制基本稳定的前提下，开始了极为艰辛曲折的探索过程。拉夫桑贾尼总统任期内的经济重建，哈塔米总统任期内的"文明对话"，内贾德总统任期内的"公平施政"，都反映了伊朗改革的复杂性和必要性。伊朗在国际制裁的缝隙中与俄罗斯、中国积极发展各种关系，并在大中东地区积极施加自身的影响力。随着伊核问题相关协议签订，伊朗内外环境一度稳中向好，经济呈现复苏的态势。

第一节 拉夫桑贾尼的稳健与改革

一、伊朗政治秩序的调整与宪法的修正

两伊战争结束后，伊朗高层权力架构发生了重大的调整。阿亚图拉·蒙塔泽里是著名的伊斯兰革命理论家。霍梅尼在国外流亡时，他成为国内反巴列维统治的主要领导人。1974年被捕入狱，在监狱里备受折磨，1978年11月获释。1983年7月专家会议宣布他为霍梅尼的继承者。但在随后，蒙塔泽里开始呼吁政治透明和公民权利，并在政治犯集体处决和其他人权问题上同霍梅尼产生了矛盾。

1989年2月11日，身为副领袖的蒙塔泽里在纪念伊朗革命十周年接见各界群众时指出：由于极端主义、宗派主义和政府官员管理水平低下，伊朗未能实现其革命目标，广大群众对现政权感到失望；伊朗在战争问题上的僵化立场和空洞口号，使世界感到畏惧，导致伊朗国际处境十分孤立。2月22日，霍梅尼指责上述讲话意在讨好国内的"自由派"分子，声称只要他活着，就决不允许自由派掌权，对外也决不放弃"不要东方，不要西方"的原则。蒙塔泽里因此被霍梅尼解除了副领袖职务。1989年3月28日，他被迫辞职。此后，他继续领导民主改革运动，捍卫民众个人权利，倡导新闻和言论自由。他公开反对哈梅内伊接任霍梅尼成为最高领袖。因公开批评哈梅内伊而被软禁在家。软禁结束后定居在伊朗北部圣城库姆，在改革派中非常有影响，是伊朗改革派的精神领袖。2009年12月，蒙塔泽里去世，终年87岁。

1988年2月，霍梅尼下令由总统、议长、总理、最高法院院长、总检察长、霍梅尼办公室主任、宪法监护委员会的6名成员及政府有关部长共13人组成"伊斯兰共和国国家利益确定委员会"。该委员会负责确定伊斯兰政权的利益，对议会和监护委员会之间存在分歧的法案进行最后审定，按多数意见付诸实施。该委员会有通过临时法律的立法权。国家利

益确定委员会的设立是对原来互相制衡的两个立法机构的调整,是立法系统的完善,它具有两个意义:第一,使那些富有政治阅历和统治经验的具体处理政务的人拥有更大的主动权和决策权,相对冷落了忠于职守墨守成规的监护委员会;第二,该机构的成立增加了政府处理紧急事务的应变能力,加快了立法和行政过程,提高了政府效率,昭示着伊斯兰共和国开始了自我调整、自我完善和自我改造。

1989年4月24日,霍梅尼致信哈梅内伊承认有必要修改宪法,并任命20人研究宪法,在两个月内对宪法作必要的修改。他还说,作为应承担的宗教和国家义务,他对修宪之事早已考虑,但因为战争和其他事件使他无暇顾及。4月25日,霍梅尼正式命令哈梅内伊总统组成25人宪法修订委员会讨论修宪问题。7月11日,宪法修改完毕,7月28日修改后的宪法通过全民公决。7月30日新总统诞生。

与1979年宪法相比,1989年宪法有以下五个重大变化:第一,最高宗教领袖不必是"效法的源泉"。这既为哈梅内伊当选为最高领袖找到了宪法上合法性,又为最高领袖完全政治化铺平了通路;第二,取消总理职位,行政权直接由总统及各部部长行使,总统仅次于最高领袖,是国家最高行政首脑,负责实施宪法并领导除直接由领袖负责的那部分事务之外的行政权。议会监督总统,有权质询总统;如果议会发现总统的解释不充分,它可以请求领袖为了国家利益解除总统之职,即使这个总统是由大多数人选举所产生的。取消总理职位,有利于行政权的集中统一,避免政出多门及多权力中心的弊端。第三,司法总监是司法方面的最高首脑,由领袖任命,任期5年。最高法院院长和总检察长由司法总监任命,任期5年,司法部长由司法总监推荐,总统任命,负责协调与行政权和立法权的关系。在司法总监领导下,还设有行政公正法庭和国家监察总局,分别审理民众对政府机关的诉讼和监督国家机关的工作。第四,设立利益确定委员会,裁决议会和监护委员会在立法问题上的分歧,其成员由13人扩大到20人,该委员会由总统主持,其成员由领袖任命,体现了领袖—总统政治联盟的原则。第五,设立最高国家安全委员会,取代战时最高国防委员会,委员会由总统主持。该委员会在领袖确定的大政方针范围内制定国防和国家安全政策,协调相关的国家事项、收集情报、开展与国防和安全政策相关的社会、文化和经济活动；利用伊朗的物质和智力资源对付外来的威胁。

二、哈梅内伊—拉夫桑贾尼权力架构的形成

1989年6月3日霍梅尼病逝，6月4日专家会议以2/3的多数票推举总统哈梅内伊为领袖。哈梅内伊不是伊朗什叶派的大阿亚图拉，也就不是最高宗教领袖，他的当选完全是政治行为。哈梅内伊身上所表现的言行首先是政治家的言行，其次才是宗教学家。哈梅内伊作为国家最高政治领袖，伊朗同时还存在其他大阿亚图拉，如"效法的源泉"戈尔裴叶戈尼，阿里·阿拉克。这意味着国家最高政治领袖不是国家最高宗教领袖，其逻辑结论必然是政教分离。

1989年7月30日，拉夫桑贾尼击败另一个总统候选人阿拔斯·沙巴尼，当上伊斯兰共和国第五任总统。1989年8月16日，卡鲁比当选为第三届伊斯兰议会（1988年5月产生）议长。1989年8月，拉夫桑贾尼总统任命的22个部长获得议会的信任票，新政府正式组成。在22个部长中，有12位是新来者，有7位是博士，9位是工程师，4位是霍贾特斯兰，2位没有头衔。这说明拉夫桑贾尼的内阁是技术官僚型，行政机构的"非意识形态化"使他的内阁具有"建设内阁"之称，西方学者称之为"从伊斯兰极权主义过渡到实用伊斯兰主义"，"伊斯兰极端主义者边缘化"。[①]

哈梅内伊—拉夫桑贾尼时期的政治特点是有限民主制，议会选举、总统选举标志着伊朗人民政治参与的范围已相当大。在议会内部和报刊上，不同政见的发表也体现了言论自由。然而这种民主制是有限的，第一，在于领袖的终身制与最高裁决权；第二，民主权利局限于教士内部；第三，民主决策不得违背伊斯兰政权的根本制度。这种有限民主制是有序民主制，是权威下的民主制，是伊朗伊斯兰传统的政治文化和政治制度向现代政治文化和政治制度的过渡，是传统性和现代性的有机统

---

① Anoushiravan Ehteshami: After Khomeini, the Iranian Second Republic, London and New York, 1995, p.55.

一，是集权制与民主制的有机统一。

1989年哈梅内伊—拉夫桑贾尼秉政之初，伊朗经济仍然不容乐观。1977/78年度伊朗人均收入为107,042里亚尔（根据1975年里亚尔价格），1989/90年度为58,560里亚尔，下降了40%；同期进口小麦从120万吨上升到530万吨，而小麦消费量从590万吨上升到1060万吨，1989/90年度国内小麦产量仅为550万吨。[1]

三、拉夫桑贾尼的经济改革

拉夫桑贾尼政府顺应时代潮流和国际趋势，提出了经济自由化方针，参加世界经济体系，利用国际分工和外国资本发展民族经济，恢复国内私人资本的投资信心，调动私人投资的积极性。具体包括以下几点。

（一）振兴德黑兰股票交易所

开办德黑兰股票交易所旨在增加资本投资，鼓励私人资本参加国家重建。经济委员会指示公有部门在股票交易所出售股票，财经部允许100股以上的企业在股票交易所登记。1988年股票交易额为100亿里亚尔，1989/90年度为111.3亿里亚尔。1988年出售股份的公司有39家，1991年底达121家。到1990年11月，属于伊朗国家工业组织的工业的49%的股份以证券和公债形式出售。13家企业价值11,280亿里亚尔的36.5万股股票实现了非国有化。1991年5月，伊朗国家工业组织把国有公司价值1000亿里亚尔的股票出售给私有部门。1992/93年度工业矿业银行计划把属于自己的35家工厂通过股票交易所出售。

这些做法加速了非国有化进程，增加了股票交易所的交易额。1991年3月底，77家工厂出售给私人，政府收回370亿里亚尔资金。[2]

---

[1] Anoushiravan Ehteshami: After Khomeini, the Iranian Second Republic, London and New York, 1995, p.100.

[2] Anoushiravan Ehteshami: After Khomeini, the Iranian Second Republic, London and New York, 1995, pp.106—107.

（二）矿业及重工业私有化

伊朗矿业最高委员会宣布把私人采矿的时间由6年延长到15年。伊朗国家钢铁公司愿意随时帮助私有部门开采矿山。到1991年1月，有150多座矿山转归私有部门。到1992年7月，有1400处矿山转归私人之手，还有700处矿山正处于私有化之中。

1989年12月伊朗副总统宣布政府只能控制大型战略性企业，暗示其他企业可以私有化。1992年1月30日内阁决定对伊朗主要的汽车厂实行私有化，这些企业持股者将从政府那里得到补偿。随之10家汽车厂、阿瓦士轧钢厂、阿腊克铝厂、阿腊克钢铁公司、伊朗海运业私有化。1993年4月属于伊朗国家工业组织的2家大型企业出售给私人投资者，其价值达190亿里亚尔。1990年私人在重工业中投资已达3000亿里亚尔。

（三）货币政策改革和自由贸易区的建立

拉夫桑贾尼政府为提高伊朗的国际竞争力，减少进口、增加出口、吸引外资，实行货币改革。（1）实行三种汇率，即官方汇率为1美元约合70里亚尔，竞争性汇率1美元约合600里亚尔，浮动汇率1美元=1600里亚尔。（2）里亚尔贬值，1993年3月21日，官方宣布里亚尔贬值95.6%，同时实行单一浮动汇率。1993年4月13日国家货币完全可兑换。当然货币贬值可能增加失业率，加剧了固定收入和低收入者的生活艰难，加速了通货膨胀。

伊朗政府鼓励外商在伊朗投资办厂，外资最多拥有的股份可达49%；通过浮动汇率外商可以把资产和利润以硬通货的形式转移到国外。1993年9月议会同意设立自由贸易区。基什岛自由贸易区是伊朗第一个自由经济实验区，旨在吸引伊朗国内外投资商来此从事工业、非工业活动。基什姆自由贸易区的前任主任在1992年会见60名德国企业家时说自由贸易区将提供低价能源，免缴收入所得税和进出口关税，企业增值税减少30%；国际企业家和商人通过基什姆自由贸易区能在最短的时间内，以最少的代价进入伊朗、巴基斯坦、阿富汗、原苏联的中亚共和国的市场，也能进入波斯湾阿拉伯国家市场。1993年另外5个自由贸易区建立。1994年上半年霍拉姆沙赫尔这座石油城也榜上有名。

伊朗把自己在国际货币组织的配额增加到8.5亿美元，以扩大自己在该组织内的影响力。1993年伊朗还申请加入关贸总协定。这一切说明了伊朗工业及经济国际化进程，说明伊朗已加入国际经济市场，那种闭关自守、自给自足、万事不求人的设想实际上已不复存在。

（四）税制及金融改革

伊朗强调税收在政府收入中的重要性，加强了税收征管。根据官方数字，1988/89年度税收为9862亿里亚尔。1993/94年度则上升为31,800亿里亚尔；1989/90年，税收占政府支出的28.8%。1991/92年度税收占政府支出的40%。增加税收惹恼了主张伊斯兰自由市场经济的保守派，也加重了企业和个人纳税负担，政府却最大限度地利用于国内资源以实现重建的目标。与此同时政府提高了个人所得税的纳税上限，降低遗产继承税。

伊朗政府不愿意对银行、保险公司及其他金融机构实行非国有化改革，因为政府通过金融机构控制和调节私有经济，实现宏观经济调控。但对银行放松管制的改革还是在慢慢启动。从1991年10月23日银行有权在其国内外的分支机构开办外汇业务，并为储户付利息。利率由中央银行确定，储户不用事先同意，就可以自由开设里亚尔账户和外汇账户。

为了吸引私人资本，伊朗允诺逃亡在外的资本家回国参加经济重建，政府将归还以前没收的资产。经济上自由化与放松管制在本质上使国家成为新兴工业资产阶级诞生的接生婆，经过十年国家对经济的干预，私有化和自由化经济将孕育资产阶级和中产阶级技术精英，政府的经济决策会越来越不利于"被剥削者"。取消对食品等基本商品及服务的物价管制说明，政府的注意力从社会公平转向经济增长和发展。对伊斯兰社会公正的忽视激起了议会中以议长努里为代表的激进派的强烈反对，引发统治集团内部激烈的争论。

四、两个五年计划的执行

1990年1月议会通过拉夫桑贾尼政府的五年计划（1989年3月—1994年3月），该计划投资总额达27.6万亿里亚尔，按官方汇率相当于3940亿美元。计划优先发展石油、天然气工业、石化工业；优先发展能源工业（电力工业）、钢铁工业、汽车工业；优先发展交通运输业（建机场、公路、铁路等）；优先增加粮食产量，实现农田灌溉机械化，大力加强国际上合作和交流；强调初级工业和中间工业，而不是消费工业。这是一个务实灵活开放的进口替代型发展战略，体现了拉夫桑贾尼政府的经济自由化、私有化、国际化的改革思想。

在计划执行的过程中，伊朗遇到很多自然的或人为的困难：其一，"沙漠风暴"结束后，油价下滑，导致伊朗石油收入下降，建设资金出现短缺。1989年3月—1993年8月，伊朗石油收入为617亿美元。政府在每桶油价30美元的估价基础上计划石油收入，安排政府支出和进口。而从1992年起油价一路下滑到每桶14美元左右，政府预计的石油收入急剧减少，而预先安排的支出十分庞大，资金减少使政府措手不及。其二，货币贬值、关税下降危害了伊朗国内工业，导致企业家纷纷抗议。货币的快速贬值抑制了进口，对国内生产和群众消费产生不利影响。工厂因为缺乏现金和原材料而破产关闭，工人因之失业。1993年11月到12月中旬，兑换1美元从1730里亚尔急速贬值到了2190里亚尔。政府被迫限制硬通货出售以稳定里亚尔币值，同时暂停一批发展项目。货币贬值使1993年的通货膨胀率高达35%。其三，自由贸易区未发挥应有的作用。伊朗设立自由贸易区意在吸引外商投资生产活动，鼓励技术转让，通过出口增加收入，而自由贸易区利用优惠政策进口非基本消费品，危害了民族工业。其四，1992年年中伊朗接受的世界银行贷款和外国借款面临着还债的高峰期。1993年底，伊朗的外债总额达300亿美元，每年必须还本付息40亿美元。这使伊朗经济雪上加霜。1994/95年度政府的税收和外汇收入未完成计划，拉夫桑贾尼政府忧心忡忡，无计可施。其五，自然灾害给国家和人民造成巨大损失，尤其1990年的地震造成70亿美元的损失。其六，1992年伊朗接纳邻国415万难民。其七，伊朗官僚机构膨胀，政府官员从1977/78年度的80万人增加到1992/93年度的200万人。

伊朗尽管面临着很多的困难，但还是取得了相当大的成就。1989/90年度增长为3%，1990/91年度为12.1%，1991/92年度为9.9%。1992年国内生产总值为678,110亿里亚尔，人均国内生总值为110万里亚尔。① 总体而言，到1994年3月，这项发展计划未能完成，统一汇率失败。原定于1994年开始的"二五"计划被迫推迟一年执行。

1995年3月21日，拉夫桑贾尼政府实施了第二个五年计划。在这五年内，伊朗政府尽可能采用统一浮动汇率，维持里亚尔的可兑换性，实现海关程序的合理化，制定合适的关税以保护国内的生产者和消费者，并保持伊朗商品在国际市场的比较优势；鼓励储蓄，以合理的利息回报储户，发行长期投资证券，为专业化发展银行提供与政府的发展目标相适应的资金，鼓励私有部门通过非银行的金融媒介参与经济，以非通货膨胀的水平保持货币的增长量；增加税收在政府总收入的份额，增加直接税（工资除外）在税收的份额，取消一些免税项目；用增值税代替其他间接税；在商品价值的基础上建立间接税率；开辟合适的途径，让石油收入投向发展消费；对基础设施的投资进行免税、减税；投资于战略性商品的生产，投资于能赚取外汇的活动，投资于被剥夺地区的发展及创造就业岗位的活动。改革税收制度，优化管理，减少补贴总额，同时增加对弱势群体的补贴，并在预算中列出这些补贴总额。

以上目标和政策说明拉夫桑贾尼政府决心推进私有化、继续进行经济结构调整，推行银行的私有化、商业化、国际化改革。伊朗越来越多地借鉴国际上市场经济条件下的制度和经验，采用合理的符合经济规律的做法，积极参与国际分工和国际市场，实现产业多元化、出口多元化，这说明伊朗的经济现代化在改革和开放中越来越具有理性，越来越具有活力和国际性。

---

① Anoushiravan Ehteshami: After Khomeini, the Iranian Second Republic, London and New York, 1995, pp.85—86.

到了1995年，伊朗国内生产总值为18,411,860亿里亚尔（按官方汇率为614亿美元），人均国内生产总值为301.4万里亚尔（按官方汇率相当于1005美元），国内生产总值年均增长率为2%，通货膨胀率估计为60%—70%，城市家庭年开支为624.5万里亚尔（相当于2086美元），农村家庭年开支为389万里亚尔（相当于1263美元）。1997/98年度，伊朗国内生产总值增长了3%，国内生产总值达941亿美元，人均国内生产总值为1470美元。

第二节　哈塔米的民主实验

一、哈塔米的内政改革

霍贾特伊斯兰（二级教士）赛义德·穆罕默德·哈塔米出身于亚兹德省一个宗教世家，父亲是霍梅尼的支持者。他从小接受伊斯兰教育，1961—1968年先在库姆神学院学习，后入伊斯法罕大学攻读伊斯兰哲学，获得哲学学士学位。1969年进入德黑兰大学深造，获得哲学博士学位。他精通阿拉伯语、德语和英语，深刻了解西方社会。由此可见，哈塔米是一位了解传统文化和现代文化的高级知识分子，他身上体现着伊朗伊斯兰文化与西方文化的有机结合，学者的博学与思考让他形成一种开放开明的文化观。他曾被霍梅尼任命为德国汉堡伊斯兰文化中心主任。1979年伊斯兰革命后，他返回伊朗，当选为议会议员兼任《世界报》社长。1982—1992年担任伊斯兰文化指导部部长。1992年辞职后，任拉夫桑贾尼总统的文化事务顾问兼国家图书馆馆长。哈塔米的从政生涯为他积累了丰富的政治经验，也使他深知伊斯兰共和国的弊病。

1997年5月23日，哈塔米以69%的选票当选为伊朗伊斯兰共和国第七届总统。超过2000万支持者中多是青年、妇女、知识分子、公务员。到1997年6月伊朗人口达到6380万，其中75%的人口在30岁以下，这些青年追求改革开放，希望民主自由，他们自然支持温和、开明、务实的哈塔米。在伊朗伊斯兰革命中，妇女的社会地位、政治地位和经济地位下降，妇女解放运动停滞不前。哈塔米提出提高妇女政治地位和经济地位的主张，肯定会赢得妇女的选票。知识分子、公务员、专业技术人员都是具有变革求新意识的阶层，支持哈塔米也在情理之中。

1997年8月4日，哈塔米正式宣誓就任总统。8月27日正式组阁。22名内阁成员平均年龄46岁，全部受过高等教育。其中有7位博士、2位硕士和8位工程师，实现了内阁的年轻化和专家化。他任命了伊朗历史上第一位女副总统，还任命了几位女副部长，兑现了他提高妇女地位的诺言。哈塔米总统上台后就宣布禁止在公共场合悬挂其肖像。他到各地视察和出访时不组织迎送活动。他要求官员勤政廉洁、深入基层，倾听民众呼声，了解民间疾苦。他要求军队中立，不干预派系斗争，治安部队要严格依法办事。支持公民在合法的范围有言论自由和结社自由，废除不许收看卫星电视的法令。

1997年国际油价从每桶18美元跌到10美元左右，伊朗的财政收入因此减少50亿美元。而同时政府支出十分庞大，经济建设的摊子铺得太大，各种社会补贴高达100亿美元，政府被迫实行赤字财政，但却引发通货膨胀。哈塔米总统为此采取下列措施：

（1）修改政府年度预算，压缩基本建设规模，争取财政收支平衡。

（2）厉行增产节约。鼓励向生产部门投资和非石油产品出口，重视发展石化深加工，多出口石化产品。禁止乱发现金和实物补贴，限制专机、专车的使用，减少出国团组，节约外汇。

（3）加速私有化和国有企业改革。

（4）调整外汇和汇率政策。伊朗银行开始允许外国人开设外汇存款账户并可自由汇出国外。所有出口创汇由出口商自己掌握，并可进入市场进行交易。让自由汇市的汇率随行就市，官方汇率也应及时调整。1997年伊朗的官方汇率1美元兑换1753里亚尔，出口汇率为1美元兑换3000里亚尔，吸引外资达50亿美元。

哈塔米总统继承了拉夫桑贾尼总统的内政政策，加大了改革力度和范围，更加务实开明。1999年伊朗的实际通货膨胀率仍达40%，失业率20%，外债200多亿美元，经济体制改革徘徊不前，工厂开工率严重不足。①但人民从改革中看到希望,认识到改革的必要性和紧迫性,坚信通过改革才能克服因难。因此也就赞同哈塔米总统的"文明对话论""依法治国论""务实开明论"。

2000年2月伊朗举行第六届议会选举,有2500万人选民参加,在20万个地方议会议席中,支持哈塔米的改革派夺得70%以上的议席,这说明改革是民心所向,哈塔米深得民心。2001年哈塔米顺利当选为伊朗第八届总统。总统选举和议会选举是伊朗宪法规定的一项基本制度,是伊朗人民最广泛地参与政治的基本形式,是最能体现人民意志的政治途径。伊朗人民通过选举总统和议员选择了改革,抛弃了保守,相信改革派控制的议会会配合支持哈塔米总统的改革。伊朗议会和政府会联手推动改革大业,但改革会在伊朗宪法和基本制度的框架内进行,会在最高领袖哈梅内伊及保守强硬派教士可容忍的范围内进行,会在政局基本稳定的前提下进行。因此改革是渐进的、温和的、局部的,然而也是坚定不移的。

二、哈塔米的"文明对话论"

哈塔米在政治上主张遵守伊斯兰宪法和法律,以法治国,在宪法和法律的范围内实行政治多元化。允许政党自由活动,不同政治观点可以争论,反对唯我独尊。主张发展伊斯兰文化和吸收外国文化的精华,放宽对民主、自由的限制,营造一个宽松的社会环境,保障人民在思想、文化和社会生活方面的基本权利。切实提高妇女的政治和经济地位,关心青少年成长,充分发挥他们的聪明才智,报效国家。经济上,坚持宪法规定的国营、合作和私营三位一体的经济体制,对非战略性的经济部门实行私有化,调整经济结构,实现出口多元化。②

在外交上,哈塔米提出不同文明应该相互对话,取长补短,共同发展。1997年6月8日,哈塔米在会见阿拉伯国家学者时首次公开提出文

---

① 吴强:《伊朗:改革不可逆转》,《南方周末》2000年3月3日。
② 伍书湖:《哈塔米改革的成就与障碍》,《1998—1999年中东非洲发展报告》,社会科学文献出版社1999年版。

明间应进行的对话。他说,不同文明间的对抗是错误的,各国知识分子相互理解和对话将大大促进伊斯兰及阿拉伯世界各国人民之间的友谊。1997年8月4日,哈塔米在议会宣誓就职总统的仪式上强调,伊朗将与其他国家进行"文明间的对话"。12月9日,哈塔米在德黑兰举行的伊斯兰会议组织首脑会议上发表演讲时说:"有必要了解西方,西方世界取得了许多非西方世界可以学习的积极成果,两个文明之间有必要进行对话,我们应该吸取其他观点。"12月14日,哈塔米在有西方记者出席的记者招待会上说,文明之间基于理性的对话是各国文化发展的必要条件,他希望在不远的将来对美国人民发表讲话,与美国人民进行富有哲理的、历史性的对话。1998年9月21日,哈塔米在联合国大会上发表讲话时强调,人类的历史是自由的历史,不同文明之间应进行对话而不是冲突。如果人类在跨入新世纪之际全力以对话代替对抗,增进不同文明之间的了解,那将为后代留下宝贵的精神财富。他建议联合国将2001年作为文明对话年,以实现普遍的正义和自由。[1]

哈塔米的"对话、谅解和宽容"思想与伊斯兰革命的理论家、伊斯兰共和国临时政府总理巴扎尔甘的缓和、对话、慈爱和谅解"思想基本相同,这反映了伊斯兰共和国的统治者之中一直有一股开放、开明、务实的改革潮流。

"文明对话论"体现了历史交往中的实践性、开放性、多样性和文化性。历史交往是人类存在和发展的方式,是人类主体之间的互相发现、互相沟通、互相理解、互相扬弃和互相融合的交互作用的复杂历史过程。历史交往发展到今天,人类已进入全球化时代,与世隔绝、闭关锁国根本不可能,任何国家都不能单枪匹马地实现和平、自由、安全和富裕。全球化要求人们比以往任何时候都要善于交往和开放,对话合作,平等互利已成为国际交往的基本原则,由此可见"文明对话论"适应了全球化时代的要求,是伊斯兰共和国历史上的一次思想解放。这体现了哈塔米的远见卓识和深谋远虑。

---

[1] 郭宪纲:《伊朗总统哈塔米开创外交新局面》,《国际问题研究》1999年第4期。

第三节 平民总统内贾德的民粹疾风

一、内贾德的早年经历

1956年，艾哈迈迪·内贾德出生于伊朗塞姆南省的加姆萨尔。父母有七个儿女，内贾德排行第四，当时的名字叫马哈茂德·萨博赫简，萨博赫简的意思是染线匠。1957年，内贾德一家搬到了德黑兰。他的名字也改为"艾哈迈迪·内贾德"。艾哈迈迪是先知穆罕默德曾经使用过的名字，意为道德高尚；而内贾德在波斯语中是部族的意思。

上高中时，青年内贾德家里生活艰难，他开始打工补贴生活。1975年，内贾德参加了伊朗"高考"，成绩优异的他被伊朗科技大学土木工程系录取。70年代末，正值伊朗社会处于动荡期。青年时期的内贾德热衷于政治运动。在大学时代，他参加过一个秘密社团，该社团期望第十二伊玛目马赫迪的回归，伊斯兰革命后该社团被解散。

1979年，在伊朗伊斯兰革命胜利之后，内贾德凭借在运动中的出色表现担任了大学生伊斯兰协会中央委员会委员。1980年，两伊战争爆发。内贾德先是在伊朗中央机构中任职，而后参加了伊朗革命卫队，从事军队的后勤工作。1986年，30岁的内贾德从前线回到学校，考取了硕士研究生，此后又获得了交通运输工程博士学位。

1989年开始，内贾德开始从政生涯。他先后担任西阿塞拜疆省马库市副市长、霍伊市市长、伊朗库尔德斯坦省省长助理。1993年，伊朗新成立了阿尔达比勒省。该省是伊朗的边远地区，经济基础较差，气候恶劣。在阿亚图拉·贝赫什提的推荐下，内贾德出任阿尔达比勒省省长，由于任内政绩突出被评为"模范省长"。1997年，伊朗在三个多月内，连续发生了三场里氏六级以上的大地震，造成了上万人伤亡。该省被地震毁坏的7500余套房屋在震后7个月内全部得以重建。由于在灾后重建中的优异表现，内贾德开始崭露头角，受到了时任总统哈塔米的表彰。

1997年，他卸任后又返回了伊朗科技大学任教。2003年，内贾德被德黑兰市议会选为市长，任期内他一反前任市长的改革举措，一方面强调伊斯兰文化，一方面增加穷人的福利。

2005年，内贾德参加了伊朗总统大选。他主张社会正义和经济正义，承诺反对腐败，保证人民分享伊朗石油财富。他说，伊朗决不向外来压力屈服，绝不会放弃发展核能的权力，与美国改善关系是多此一举。在第一轮总统大选中，他击败了众多强硬派候选人，在第二轮大选中，他以61.69%的得票率击败前总统拉夫桑贾尼，当选了伊朗第九届总统。

2009年6月13日，艾哈迈迪·内贾德以62.63%的得票率在总统选举中获胜。此后，其他三名候选人均表示选举存在诸多违规之处，其中穆萨维[1]和卡鲁比[2]要求宪监会取消选举结果并重新安排选举，而另一名候选人雷扎伊[3]则撤销了选举违规投诉。6月29日，伊朗宪法监护委员会宣布，经随机抽取10%的投票箱进行重新计票，该机构没有发现违规情况，从而确认内政部此前公布的第十届总统选举结果。这场选举风波引发了伊朗全国性的"绿色运动"，造成了数十人死亡，数千人被捕。

---

[1] 穆萨维在1980－1988年两伊战争期间担任伊朗总理，后因伊朗废弃总理制而去职。在淡出政坛20多年后，2009年3月10日，穆萨维发表声明正式宣布参加伊朗第十届总统选举，随后一周，改革派人物哈塔米宣布退出竞选，转而公开为穆萨维辅选。此后穆萨维开始高调到伊朗各省开展竞选活动，会见各界人士，频频发表演讲，伊朗主要的改革派政党，如伊斯兰参与阵线党和建设公仆党也相继宣布穆萨维为本党候选人。
[2] 卡鲁比是伊朗政坛改革派重要代表人物之一。他主张在维护民族利益和相互尊重的基础上与除以色列以外的所有国家发展关系，并承诺如果当选总统，将改变政府的行政方式。卡鲁比曾于1989年至1992年、2000年至2004年两次担任议长。
[3] 雷扎伊是温和保守派的重要代表之一。他主张建立"有效率的"多党联合政府，在维护国家利益的前提下回应现任美国政府。他还表示愿同美国就地区安全问题开展合作。雷扎伊于2005年曾作为保守派的一名候选人申请参加伊朗第9届总统选举，但在选举正式举行前两天突然宣布退出竞选。雷扎伊目前是伊朗确定国家利益委员会的秘书。该委员会负责对议会和宪法监护委员会的分歧进行裁决，同时充当伊朗最高领袖的顾问机构。雷扎伊在1981年至1997年间曾担任伊朗伊斯兰革命卫队总司令。

2009年8月3日,伊朗最高领袖哈梅内伊正式批准了艾哈迈迪·内贾德就任伊朗第十届总统。内贾德当天在仪式上表示,伊朗新一届政府将以更加强大的形象出现在国际舞台。

二、平民形象与民粹政策

2006年8月,内贾德就任总统。内贾德过去一直在军界、地方任职,缺乏外交经验。2005年10月,内贾德曾声称:占领耶路撒冷的这个政权必须从历史的长河中消失。此话被西方媒体翻译为"必须把以色列从地图上抹掉",进而被解读为伊朗当局企图用军事手段摧毁以色列。内贾德在就任总统时公开声明,伊朗绝不会放弃和平发展核能的权力。甚至有人担忧,内贾德政府可能会秘密发展核武器来对付以色列或美国。内贾德公开质疑犹太人大屠杀的历史真实性,并且声称:既然大屠杀发生在欧洲,新生的以色列国应该在欧洲建立,不应该驱赶巴勒斯坦人,占领他们的家园建国。[①]内贾德的一系列言论被解读为反对以色列、反对犹太人,因此招致国际社会的广泛批评。德国召见伊朗大使,表示对内贾德的言论感到"震惊和无法接受"。欧盟首脑会议通过决议,"毫无保留"地谴责内贾德,联合国秘书长安南对内贾德上述言论表示"震惊"。国际社会把内贾德的言论看成伊朗的政府行为,而其对西方的强硬立场得到了哈梅内伊的默许或认可。上任伊始,内贾德立即免去了伊朗核问题最高谈判代表、最高国家安全委员会秘书鲁哈尼的职务,换上极端保守派人物拉里贾尼。内贾德还撤换了伊朗多国驻外大使,其中驻德法英三国大使首先被撤换。内贾德声称,这些前总统哈塔米任命的驻外大使执行国家外交政策不得力。

内贾德在内政上作风强硬,敢于和反对派硬碰硬。他曾说,他不属于任何派别,国家利益至上。言外之意,他不买任何派别与个人的账。面对保守派和改革派的批评,内贾德回击说,对总统的这类批评属犯罪

---

① Thomas R. Mattair: Global Security Watch:Iran, Praeger Securuty International, 2008, p.163。

行为。反对派纷纷指责内贾德压制批评、压制民主。内贾德在上任之初,大刀阔斧撤换了内阁各部的副部长、政府及国有企事业单位的管理层。面对外界的指责,内贾德依旧是我行我素。

内贾德生活朴素,以此树立起了平民总统形象。他当市长时拒绝搬进市长官邸,仍住在不足200平米的独院老屋之中。当上总统以后有过之而无不及,甚至赴外地视察时选择乘坐民航飞机前往。而伊朗政府为他定购的总统专机,也被内贾德拨给了民航公司。[①]他很少穿西装,丝毫没有官员架子,经常深入到市井来体察民情。伊朗男性一般穿西装但不扎领带,因为系领带被视为西方文化的标志。内贾德当上总统后,最常穿的是一件米黄色短外套,穿西装但很少系衬衣领扣。即使是在出席外事活动的场合,内贾德依旧是以此形象示人。

按伊朗有关法律,内贾德向司法总监递交了其个人财产一览表并对外公布。实际上,伊朗此前的领导人很少对社会公布其个人财产,内贾德公开其经得起调查的个人微薄财产,以巩固其平民总统的形象,得到社会底层民众的拥戴。内贾德在会议时甚至要求各部部长:穷人日子不好过,内阁成员的薪水应当降下来。总统带头降薪,部长们自然有苦难言。一次内阁会议上,内贾德责成情报部长对一名内阁部长家住2000平米豪华别墅的传言进行调查。内贾德还要求一名内阁成员换掉其乘坐的高级轿车,改乘国产汽车。内贾德还要求省长及其家属必须居住在其任职的省份,与当地居民同甘共苦。

经济政策上,内贾德为了讨好底层民众,大开空头支票。伊朗经济问题的显著特点为"三高一低",即通胀率、失业率、政府财政补贴过高,民众抱怨生活水平降低,伊朗经济问题已经关系到社会稳定。虽然内贾德深知经济形势严峻性与迫切性,但他能做的可能并不是要解决问题。内贾德在任期间夸下海口,要将通胀率降至个位数,每年创造100万个就业机会。2005年,伊朗石油出口创汇达到了400多亿美元,石油收入的增长为内贾德改善不振的伊朗经济状况提供了财政支持。

内贾德执政时期并没有致力于把"蛋糕"做得更大,但是却在如何

[①]刘振堂:《伊朗零距离》,上海辞书出版社2009年版,第279页。

分配蛋糕的问题上迎合了多数尤其是经济弱势选民的胃口，在任内给民众施之以各种小恩小惠。即使是在国际原油价格急剧下跌、原油出口额大幅下挫的情况下也不例外。2007年，涉及民生的补贴金额占了伊朗国内生产总值的27%。内贾德时期，伊朗国内长期为民众提供超低价汽油，为此国家财政支付了大量补贴。由于财政负担过于沉重，伊朗政府不得不对超低价汽油实施配给制。此举却引起伊朗各个城市的暴乱，一些暴徒焚烧加油站。到了其执政末期，伊朗的高通胀和高失业率未降反升，经济在西方的制裁下趋于衰退和崩溃的边缘。

内贾德在总统任期内，以其个人的平民草根的形象与民粹化的经济政策，确保了国内的威望与支持。由于他坚持发展伊朗的核工业，主张伊朗有和平利用核能的权利，其强硬的外交政策导致了伊朗外交上的困局，以美国为首的西方国家也谋划联手对其实施经济制裁和外交孤立。2009年4月20日，在日内瓦的联合国反种族主义大会上，他把以色列称作"最残暴的种族主义政权"，又将美国及其欧洲盟友描述为"罪犯帮凶"。这使20多个国家的代表团当即退场。内贾德的外交政策也受到了很多伊朗人的抨击，伊朗国内媒体认为这些做法导致伊朗与西方国家关系紧张，损害了伊朗的利益。

第四节　鲁哈尼的突围与改革

一、鲁哈尼任期内的政治与经济发展

鲁哈尼于2013年8月4日出任总统，当选总统后其各项政策初见成效。在鲁哈尼的第一个任期，伊朗的政治发展呈现出承前启后、波澜不惊的特点。伊朗政治、文化和社会平稳运行，经济形势整体趋于好转，外交破除困境、收获丰硕。特别是2015年7月14日，伊核问题协议的达成，对伊朗的内政、外交都产生了深远的影响，甚至对中东地区和全球政经形势也产生了很大影响。鲁哈尼与前任内贾德的执政风格有很大的

差异性。从政治阅历上来看，鲁哈尼本身出身于乌莱玛阶层，他的教育背景和政治经历说明他是一个善于与西方沟通交流的人，是一个以务实温和方式推进改革的人；而内贾德出身于世俗阶层，接受的是伊朗完整的世俗教育，他的言论带有激进主义和民粹主义色彩，在内政外交上表现出保守和强烈的理想主义特点。两位总统在内在和外在表现形成了很大的反差，一位穿着保守宗教服装，但在内在思想上温和务实、善于与西方交流与沟通；另一位穿着不打领带的西装，但是在思想上激进保守。2013年以来，伊朗的政治体制在稳定的前提下呈现出一定的活力和弹性，鲁哈尼推行温和务实的内外政策，具体表现在：

首先，鲁哈尼总统是伊朗体制培养出来的政治家，也是伊朗政治体制的参与者和拥护者。他对现行的伊朗政治体制和各项制度既很忠诚，也能娴熟地利用、操作、执行。其次，鲁哈尼本人属于什叶派乌莱玛，他的宗教头衔是霍加特伊斯兰，在霍加特伊斯兰之上有阿亚图拉和大阿亚图拉，在霍加特伊斯兰之下是普通的毛拉和阿訇。这种宗教地位说明了鲁哈尼虽然不能在什叶派的教阶制度中发挥主导权，但至少表明他对教阶制度和宗教文化十分娴熟。这个身份特别有利于鲁哈尼与伊朗的保守派和强硬派沟通与合作，因为鲁哈尼熟悉他们的话语体系，了解他们的价值取向，这也打造了鲁哈尼在伊朗政府中的人缘和威信。再次，鲁哈尼同时又是一个在西方接受了完整高等教育的学者。他精通多门外语，这种经历使他洞悉西方文明和西方制度，所以鲁哈尼不仅忠诚伊朗现行体制，也能够以全球化的视野审视伊朗现行体制的弊端，从而坚定了他温和改革和适度开放的决心和勇气。正因为如此，鲁哈尼当选总统后提出了与西方进行良性互动和建设性对话。第四，鲁哈尼长期参加伊核问题的对外谈判，他熟悉伊核问题相关的谈判流程和伊朗的国家利益所在，也熟悉伊核问题相关六国的红线和底线所在。这些经历促成了在本届总统任期内伊核协议的达成。第五。鲁哈尼内阁是一个专家型内阁。这届政府具有向心力和凝聚力，他们能够通过内部协商达成一致，而且善于处理对内和对外关系，伊朗民众普遍认为鲁哈尼内阁的执政能力略强于前任内阁。第六，伊朗的民众和伊朗的学者及官员基本达成了一种共识，即坚决反对颠覆性革命，主张在现行的体制之下通过循序渐进地务实改革来完善现行体制，激发现行体制的活力和生命力。第七，到2018年，伊朗的宗教民主制经过了将近40年的运行，已经趋于完善，得到了多数伊朗民众的认同。这种宗教民主制基本能够实现稳定、改革与发展之间的平衡，避免了社会的急剧动荡。伊朗的政治体制基本上容纳了各种政治派别的内部博弈和利益诉求，体现出一定的包容性和开放性。

2016年，伊朗顺利完成专家会议和议会选举。伊朗政治体制中的伊斯兰性和共和性，现代性和传统性在博弈中达到了一定程度的新平衡。专家会议的选举基本格局是保守派掌控大局，但容忍了一些温和派和务实派，这是由于伊朗政治体制中政教合一和宗教民主制的基本原则所决定的。在议会选举中，保守派势力相对减弱，务实派和涣散的改革派联手结盟，势力相对增强，极端保守派和强硬保守派被挤出议会。因为议会要面对的是伊朗的现实问题和人民的利益诉求，而且议员选举是全体伊朗公民直接投票产生，虽然宪法监护委员会对议员候选人的资格进行严格筛选，但伊朗严峻的国内外形势迫使伊朗保守派不再拘泥于空想和理想。他们需要用人民获得的幸福生活和现实利益来论证伊斯兰体制的优越性和合法性，因此伊朗保守派被迫向现实妥协退让，而改革派和务实派也深刻认识到只有在伊斯兰体制内才能有所作为，才能在维护体制稳定的前提下温和务实地推进改革。由此可见，伊朗的务实派、改革派和保守派出现了某种程度的相互转化和相互融合，政治光谱的界限在一定程度和某些场合下模糊化，三者之间的界限并非壁垒分明、水火不容。

经过三十多年的实践，伊朗民主选举制度趋于成熟和完善。民主制度的运行得到了整个社会的高度认可。选举常态化、规范化已经成为伊朗政治生活中习以为常的惯例。伊朗政治体制的合法性和有效性仍然是毋庸置疑的，但在伊朗的政治制度中，从社会底层、中层到上层，改革的意愿越来越强烈，改革的能量不断在积累。但在目前的状态下，依然局限在政治体制的框架之内。2016年伊朗专家会议的正常选举也反映了伊朗伊斯兰共和国体制具备新陈代谢、自我更新的活力和生命力，但伊朗政治制度的保守性依然清晰可见，保守派依然掌握国家的最高权力。

也许正是这种保守性维持了伊朗国内政局的稳定性,在局势剧烈动荡的中东地区,伊朗是一个相对稳定的国家。伊朗政治制度当中的民主性也恰到好处地释放了国内社会的压力和不满情绪,极大缓解了伊朗政局的紧张局面,这也是伊朗成为中东稳定国家的主要原因之一。

经济上,伊朗谨慎融入全球化的过程。具体表现在修改国内的银行货币政策、财务税收政策以应对严重的通货膨胀,取得了一定的成效。伊朗的经济形势仍不容乐观,其根本原因在于僵化的经济体制,首先是伊朗政府的国有企业和伊斯兰革命卫队掌握的基金会下属企业挤压了民营企业的成长空间,伊朗持续的通货膨胀使民营资本融资困难重重。其次在于伊朗仅仅是在理论和舆论上鼓励外商投资,但是在政府的政策法令和实际操作层面对外国投资设置了重重障碍,使外商投资的风险和成本急剧扩大。第三,对伊朗的制裁不仅是伊朗历年出口的石油所换取的石油美元不能回归国内,造成了伊朗虽然账面拥有大量外汇,但是在实际经济运行中外汇匮乏。第四,更为可怕和不幸的外部条件是2014—2015年世界原油出口价格下跌,再加上伊朗出口的原油数量减少,价格也长期处于低价,所以造成伊朗外汇收入雪上加霜。

在第一任期内,鲁哈尼政府全面贯彻和落实哈梅内伊的抵抗型经济战略,具体来说就是化压力为动力,化危机为机遇,知难而进,逆势而为,鼓足勇气,充满信心,加强对西方制裁的"免疫力";直面伊朗经济发展的困难和问题,积极动员全国的专家出谋划策、集思广益;政府与企业和银行之间良性互动,互相配合,鲁哈尼政府要求伊朗中央银行积极配合抵抗型经济政策;中央银行通过扩大货币流动性以支持政府的赤字财政,伊朗银行监管部门允许外资银行直接进入经济开发区和自由贸易区设立分支机构;政府强化了税收征管,以税收的增长来弥补政府石油收入的减少,降低对石油出口和石油美元的依赖;在出口层面,伊朗鼓励非石油产品的出口,这其中包括伊朗传统的商品,比如藏红花、开心果、鱼子酱、波斯地毯;政府采取切实行动鼓励高附加值的商品出口;在国内的产业结构层面,大力鼓励非石油天然气行业的发展,其目的是让伊朗经济不受制于国际石油市场价格波动的影响,确保伊朗在国际制裁的险恶环境下经济能够正常运行,这也是抵抗型经济的主要目的之一。鲁哈尼政府细化和深化了抵抗型经济的开放战略，通过国际上各种场合表明伊朗招商引资的紧迫性和诚意，推动立法机构有效地修改限制外资进入和扩大投资的一些法律条款，并且减少伊朗各级行政机构对外商投资的审批环节，提高行政效率。经过一系列系统、全面、综合的经济调整，2015年全年伊朗经济增长率3%，通货膨胀率降至15.6%，[①]扭转了内贾德执政末期伊朗经济负增长同时伴随严重通货膨胀的局面。

2016年是伊朗经济逐渐好转、稍有起色的一年。在伊核协议签署、国际制裁逐步解除以后，伊朗国内经济增长逐渐回升，总体呈现出四大亮色。首先是得益于稳健的货币政策，伊朗经济的顽疾——国内通货膨胀率得以遏制，通货膨胀率较2015年有所下降，伊朗里亚尔（IRR）汇率在大幅走贬之后也趋向稳定。通货膨胀率的降低增强了伊朗民众对经济前景的信心，也为伊朗货币制度的改革提供了某些有利的条件。伊朗经济的第二个亮点，财政收入之中，税收略超过石油天然气收入，可见伊朗对石油天然气的依赖有所减弱，非石油产品的出口有所强化。产业多元化取得一定进展，但在国民经济体系中，对石油天然气产业的依赖依然很严重；在出口收入中，油气出口依然占相当大的比例。虽然伊朗提高了石油天然气的生产量和出口量，但2016年能源市场供大于求，造成国际原油价格一直处于低位，因此石油天然气增产的优势被价格低迷的市场环境所抵消。第三个亮色体现在，随着伊核问题相关协议的达成，西方国家对于伊朗的制裁措施逐渐放松，伊朗招商引资的力度逐渐增增强，各级政府官员特别是伊朗外交官在各种场合声称，伊朗是外资大展宏图的理想国家。伊朗民众和官员也对经济发展充满了更多的期待。世界多国政要和企业家纷纷来到伊朗，进行实地投资考察。伊朗政府也在酝酿和出台一些吸引外资的政策法令。伊核问题协议签署一年多，伊朗相关部门批准总计114亿美元。[②]但是，因为伊朗经济制度中固有的保守性和强调经济的独立自主，对于外商外资控制民族产业和国

[①] CBI, Annual Review 1393, p.1.
[②] 数据引自Tinn网站：《伊朗吸引超过110亿美元外资》，http://www.tinn.ir/fa/doc/news/117154/，上网时间2017年6月13日。

内市场存在一定的忧虑和担心。招商引资在操作和落实层面困难重重。由此导致伊朗就业相对困难，经济增长的动力相对不足。第四个亮色是伊朗旅游业在2016年的发展引人注目。由于伊朗悠久的历史文化和独特的自然景观，伊朗人民的文明礼貌和热情好客，以及伊朗国内发达的交通体系和相对廉价的运输成本，吸引了国外相当多的游客前来观光。在未来，其旅游业增长潜力巨大，对第三产业的增长与就业具有极大的助益。但伊朗的旅游服务质量和旅游基础设施亟待改善。

当前，其经济制度中依然存在着三大缺陷。首先，伊朗政府和相关基金会掌控了大量的产业和企业，民间资本生存空间相对狭隘。其次，为了政局的稳定和赢得底层人民的拥护，伊朗在国内经济中存在大量的补贴制度和一定的配给制。大量的补贴扭曲了市场化的价格机制。再次，由于伊朗特有的文化传统和人民对石油天然气收入的过高期待，导致普通民众创业动力缺乏，整个国家、企业和个人创新动力不足。鲁哈尼总统任期内相关政策取得了一定的成效，在2016—2017财年的上半年，伊朗实际经济增长7.4%。2016年伊朗的GDP增长率约为6.5%左右。[1]亮眼的经济数字并没有实质性使伊朗在短期内走出制裁所带来的长期经济衰退和财政困难。

目前，伊朗国内经济所面临的困局仍然没有根本性改观。石油产量的增长虽然带动经济景气的复苏，但是成效有限。从长期来看，伊朗经济依然具有潜在增长动力，但是改革缓慢导致经济增长乏力。尽管鲁哈尼政府在改善伊朗经济发展条件上有了些许进展，但是经济体制机制的发展阻碍依然强大，国内基础设施较为落后，民间投资缺乏活力，外来投资的风险总体偏高。从国际环境来看，未来伊朗经济改善的外因喜忧参半。总的来说，伊朗经济发展的基础性条件较为坚实，人口结构依然年轻化，人口红利依然为伊朗经济增长提供了充足的劳动力。从1986年到2016年的30年间，全国人口增加了约3000万，总人口为79,926,270

---

[1] 数据引自国际货币基金组织，http://www.imf.org/external/datamapper/datasets，上网时间2017年3月20日。

人。①但伊朗整体产业政策没有激发市场活力，国内失业率仍然居高难下，2016年全国失业率达到了12.4%，失业人口达到了320万（10周岁及以上），其中男性219万，女性101万。农村失业率13.7%，城市失业率8.9%。城市人口和男性失业率明显低于农村人口及女性。15—29周岁的青年失业率高达25.9%，比上年提高2.6%。②

社会生活领域，信息化和城市化进一步深入发展，已经深入影响到伊朗民众生活的方方面面，伊朗的青年人尤其是大学生就业困难、失业率偏高，所以导致了伊朗年轻人恋爱婚姻成本极高，结婚成家也困难重重。全球化时代国际交往的频繁使伊朗青年人更加渴望变革。这为2016年议会选举中温和改革派占据优势提供了强大的社会基础。

二、外交上的突围

外交上，2015年伊朗与六国达成了伊核问题的解决方案，为伊朗获得了国际赞誉和外交空间，也获得了国内媒体的一致赞美。伊朗的官员和企业家高估了伊核协议达成以后伊朗经济形势的好转，事实上伊朗经济形势恶化的根源在于内因，在于其僵化的体制，外部制裁只是一个重要原因。解除制裁只会为伊朗经济形势的改善提供有利的外部环境。

经过漫长的多边谈判，伊核问题得以暂时尘埃落定。2015年7月14日是伊朗外交史上值得纪念的日子，是伊朗外交智慧与斗争勇气结出的硕果。第一层面的意义在于，伊朗在坚持捍卫国家利益的原则下，体现出高度的灵活性和务实性，这种恰到好处的合理妥协也是为了捍卫伊朗的国家利益。伊朗既保留了和平利用核能的权力，也让国际社会逐步解除对伊朗全面的经济制裁，伊朗的新闻媒体认为，伊核协议的达成终于迫使世界六大强国在伊朗人民面前屈服，鲁哈尼政府因此获得国内民众的

---

① 《伊朗30年来增加3000万人口 全境四分之三人口系城市人口》http://news.163.com/17/0327/08/CGH6MJHO00018AOQ.html
② 《本伊历年伊朗全国失业率达12.4%》http://www.mofcom.gov.cn/article/i/jyjl/j/201703/20170302536711.shtml.

高度认可和拥戴。第二层面的意义，伊朗因为伊核问题备受国际社会的孤立、封锁与制裁，伊核协议的达成让伊朗重新回归国际社会，让伊朗重新融入经济全球化过程，让伊朗能够利用经济全球化的机遇来发展自己。第三个层面，伊核协议的达成，极大改善了伊朗与英法德美等世界大国的关系。从整个国际大环境而言，随着美伊关系的改善，伊朗的处境比以前要更好一些。但就伊朗在中东的环境而言，伊朗与海湾逊尼派占主导地位的阿拉伯国家关系恶化，伊朗与以色列的关系也更加紧张。当然，伊朗外交战略的实施，与俄罗斯、欧盟、美国的全球战略有着密切的互动关系。美国出于实施"亚太再平衡"战略，不想在中东投入过多的外交和战略资源，有意让伊朗摆脱困境、发展壮大，成为抵制伊斯兰国等恐怖主义的前线国家和动荡中东的稳定国家。欧盟出于反恐的需要，也出于限制中东难民涌入欧洲的需要，也出于与伊朗发展经贸关系、摆脱自身经济困境的需要，也愿意与伊朗实现某种程度的妥协，实现与伊朗国家关系的正常化。总而言之，伊核协议的达成是全球国际政治各种因素互动、联动的结果。国际之间通过多边对话与妥协，最终实现了当事方最大程度的合作共赢。

近年来，伊朗的外交具有两个层次。第一个层次是"全球外交"和"全面外交"。第二个层次是"两个重点"，第一个重点是高度重视大国关系，特别是与俄罗斯、中国、日本、欧盟国家的关系。第二个重点是在西亚北非地区发挥间接的影响。伊朗积极拓展对外交往的空间，积极参与"一带一路"建设，积极争取亚投行、金砖银行的基础设施建设项目投资；修复与西方国家的关系并在双边经贸领域取得了突破，但与波斯湾逊尼派国家间的地缘政治博弈和对立导致地区紧张，加之特朗普政府对伊政策日趋强硬，为未来海湾地区局势平添了不确定性。2016年以来，伊朗油气产能的不断释放使波斯湾国家间的石油美元竞争日趋激烈，伊朗与波斯湾国家间的双边关系也呈现出了阴晴不定的特点。伊核协议达成后，伊朗石油产能的扩张加剧了产油国之间的矛盾，间接引发了2016年波斯湾地区国家间的外交危机。2015年，新国王萨勒曼登基之后，沙特在地区政策上与伊朗展开了针锋相对的竞争和博弈。由于两国经济互补性不强，双边贸易额占各自进出口总额的比例较低。2016年，伊朗与沙特的关系持续对立。1月,沙特处决包括什叶派教士奈米尔在内47名囚犯,这一事件导致伊朗与波斯湾多国相继断交,使海湾局势再度紧张。10月,沙特举行代号为"波斯湾盾牌1号"的军事演习,引发了伊朗革命卫队海军的不满与抗议。[①]2016年,伊朗积极介入中东多国事务,捍卫其地区安全利益并且增强了政治影响力,但与波斯湾逊尼派阿拉伯国家间的对立和政治分歧更加凸显。在叙利亚问题上,伊朗的军事支持对阿萨德政府的存续产生了重要的支撑作用。在俄罗斯和伊朗的支持和援助之下,叙利亚政府收复了多座具有战略意义的城市。在打击ISIS恐怖组织的问题上,伊朗为伊拉克政府收复北方领土提供了有力的支持,巩固了自身的地区安全利益。这一系列的对外战略反映了伊朗为核心的什叶派国家和政党组织与沙特为核心的逊尼派阿拉伯国家之间的安全博弈,是双方波斯湾战略博弈的延伸。伊朗是波斯湾地区具有话语权和掌握霍尔木兹海峡主导权的大国,其地区影响力和战略地位都是相对重要的,与沙特则因宗教、政治体制等问题存在政治分歧。自20世纪80年代以来,沙特与伊朗围绕朝觐等问题摩擦和冲突不断,除了政治分歧和教派因素以外,实质上是伊斯兰世界话语权的持续竞争。在地区教派平衡被打破之后,两国的对立气氛有所升高。而在特朗普政府执政之后,沙特与美国达成了千亿美元的军事合同,这也说明沙特等阿拉伯国家在美国中东战略调整之后,对伊朗在波斯湾地区的相对崛起存在隐忧。

而就美伊关系和地区格局而言,第一,美国与伊朗在波斯湾形成"冷和平,软对抗"的局面。2016年,美国海军和伊朗革命卫队在波斯湾地区的军事对峙一直持续。在伊核协议签署后,美伊双方的敌对关系有所缓和。2016年伊核协议进入了具体落实的阶段,伊美两国之间的缓和趋势显得"虎头蛇尾"。美国时任总统奥巴马致辞祝贺伊朗诺鲁兹新年时称,新年将开启伊美关系新篇章,"美国将基于相互利益和相互尊重原则发展与伊朗的关系。美国认可伊朗在其承诺范围内和平发展核能

---

① 《伊朗警告沙特在波斯湾举行军事演习若侵犯伊领海必将反击》,网易新闻http://news.163.com/16/1006/11/C2MLM1NL00014JB5.html

的权利"。[1]从地区战略上而言，奥巴马政府意图利用伊核问题协议达成的历史契机来逐步缓和与伊朗的关系，从而在打击地区恐怖主义等问题上争取伊朗的配合。然而，两国关系并未发生实质性的改善。2016年，伊朗革命卫队针对美军在波斯湾的军事挑衅和安全压力实施了高强度的军事演习和新型武器试射加以反制。这归因于两国之间长期缺乏互信，意识形态的长期敌对和安全对峙局面的僵持将是美伊关系改善的严重障碍。第二，波斯湾地区形成了两强对立格局。随着美国与沙特双边关系由冷回暖，伊朗的国际压力逐渐增大。随着两国选举结果的柳暗花明，美伊关系在未来增添了较大的变数。特朗普在竞选时对伊核协议表示了明确的反对，获胜之后与沙特进行了密切沟通，希望在反恐、军售等议题上进行合作。2017年1月，特朗普签署了"阻止外国恐怖分子进入美国的国家保护计划"的行政命令，规定在政令生效后90天内禁止伊朗等七个穆斯林国家的公民入境美国。该"禁穆令"一出，就引起了这些当事国政府的强烈抗议。伊朗政府认为，该政令是"对穆斯林世界，尤其是对伟大伊朗的公然侮辱"。[2]值得注意的是，伊朗的周边环境将会随着特朗普政府的中东政策的调整而发生微妙的转变。

特朗普政府上台以后，就被贴上了"亲军工复合体""亲以色列"的标签。2017年，为了阻止伊朗在波斯湾发展弹道导弹技术，特朗普总统也针对伊核协议频频表态，威胁将退出伊核协议，其联合中东地区国家围堵伊朗的态势日益清晰。美国所构筑的围堵伊朗的地缘战略同盟必然会使伊朗进一步采取反制行动，在当前各国迫切需要团结协作以谋求发展的历史时期，这一战略无疑与历史潮流背道而驰。

---

[1]《美国总统奥巴马致辞祝贺伊朗诺鲁兹新年 称新年将开启伊美关系新篇章》驻伊朗经商参处http://ir.mofcom.gov.cn/article/jmxw/201603/20160301278660.shtml
[2]《特朗普"禁穆令"遭全球批评》新华网 http://news.xinhuanet.com/world/2017-01/30/c_129463097.htm.

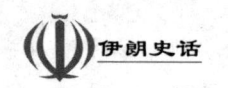

三、改革与挑战

纵观当代世界，国际格局和地区格局都发生了剧烈的变动和深刻的调整。伊朗无论是从政治、经济还是国际地位和影响力上都有了全面提升，经济社会发展有了实质性进步。但显然，这与民众的普遍预期还有相当的距离。2017年，鲁哈尼总统顺利连任，继续他的第二个总统任期。在未来的任期内，鲁哈尼总统领导的新政府必然会面临着改革与发展的多重挑战。

2017年年末，伊朗爆发多次游行示威。伊朗的抗议活动具有三个特点。首先，抗议从经济民生领域延伸到政治领域。第二，从伊朗的保守城市马什哈德延伸到德黑兰这样的现代化大工业城市。第三，既有保守派也有中产阶级和下层阶级的参与。政府中的保守派主要出于给改革派、温和派找麻烦的动机，而普通的中产阶级和下层阶级则是出于经济困难和对国家前途的忧虑参与此次抗议活动。

这次抗议活动的原因主要有以下几点。首先，伊朗伊斯兰共和国本身存在结构性矛盾，比如，伊朗如何平衡所担当的国内责任与国际责任，如何平衡引进外资与发展民族工业之间的矛盾，等等。第二，伊朗特殊的经济结构。伊朗作为石油天然气出口大国，对经济全球化有高度依赖性，但由于受美国等西方国家的制裁，在融入全球化过程中出现了融资困难等问题。第三，伊朗在国际上承担着与自身实力和地位不相符或者说负担过重的责任和担当。例如，伊朗直接或间接介入伊拉克、也门、叙利亚、黎巴嫩和巴勒斯坦事务，同时积极从事反恐活动。伊朗本身就经济艰难运行，经济实力不是很强，又在国际活动中投入了过多的资源和精力，明显力不从心，影响伊朗国内经济的发展和在民生上的投入。第四，在引进外资和招商引资方面，伊朗保守阶层总是出于捍卫国家经济主权和民族工业，使招商引资在现实层面耽搁了很多时间成本。要知道，如果不能吸引外资，伊朗就没有那么多的项目和企业开工，自然就会导致就业困难、商品供应不足、依赖进口、通货膨胀和物价飞涨等问题。最后，此次抗议一定程度上可以促进伊朗的改革派、保守派、务实派进一步思考和改革，伊朗政府会一方面处理抗议中的犯罪分子，另一方面理性回应民众的呼声，根据民众的呼声做一些力所能及的改革与调整。这些抗议并不意味着伊朗现政权陷入危机，更不意味着伊朗现政权有灭亡的危险，伊朗民众绝大部分更愿意改革，而不愿意革命，只不过他们选择了更加激进的方式来推动改革。值得指出的是，伊朗的此次抗议活动不排除在全球化时代有国际因素的影响，但是主要动因还是在于伊朗的国内因素和民生。

这次动乱只会成为改革的动力，短期内不会导致伊朗政局动荡，甚至颠覆政权。此次抗议活动的动力源虽然是国内因素，但美国官方，特别是总统特朗普的表态多少带有幸灾乐祸、火上浇油的味道，他们支持抗议者把抗议变成骚乱、动荡甚至革命。美国的这种刺激性表态反而会对伊朗国内改革动力起到反作用，不利于伊朗的政局稳定。这也是当前美伊关系的一个缩影。

2018年2月18日，最高领袖哈梅内伊发表了讲话。在总结近十年来伊朗的发展成就时，他将伊斯兰革命胜利后第四个十年称为"进步与公正"的十年。他认为，虽然伊朗在各方面都取得了进步，但是公正仍做得不够。

哈梅内伊接替霍梅尼担任最高领袖以后，中间历经拉夫桑贾尼总统、哈塔米总统和内贾德总统以及鲁哈尼总统。伊朗一直推行务实而谨慎的改革，一面维护伊斯兰原则，捍卫伊朗的民族尊严和国家利益，协调保守派、务实派和改革派之间的政治诉求，尽量协调议会与政府之间的关系，以维护统治集团的内部团结和政局稳定，另一方面，伊朗也积极探索全球化时代伊朗的发展模式。

伊朗改革的动力来自国内人民越来越不满足于伊斯兰化时期的物质和文化生活，也来自经济全球化时代的国际压力。不改革，将失去民心，将无法维持政治合法性。不改革伊朗也无法生存于当代国际社会。总统选举和议会选举显示了人民渴望改革的心理。青年、妇女、知识分子是坚定地推进改革的主力军。

伊朗将在国家政治稳定的前提下，增强政府的灵活性和适应性，发展综合国力，继续推进现代化建设，顺应经济全球化的世界潮流。

主要参考书目

彭树智：《我的文明观》，西北大学出版社2013年版。

《剑桥伊朗史》第2、4、6卷，剑桥大学出版社1975年版、1986年版

［苏联］米·谢·伊凡诺夫：《伊朗史纲》，生活·读书·新知三联书店1973年版。

［伊朗］阿宝斯·艾克巴儿·奥希梯扬尼：《伊朗通史》，叶奕良译，经济日报出版社1997年版。

［古希腊］希罗多德：《历史》，徐松岩注，上海三联书店2008年版。

［伊朗］扎比胡拉·萨法：《伊朗文化及其对世界的影响》，张鸿年译，商务印书馆2011年版。

［美］A.T.奥姆斯特德：《波斯帝国史》，李铁匠、顾国梅译，上海三联书店2010年版。

［美］米夏埃尔比尔冈：《古代波斯诸帝国》，李铁匠译，商务印书馆2014年版。

［美］希提：《阿拉伯通史》，马坚译，商务印书馆1990年版。

［伊朗］阿布杜尔礼萨·胡尚格·马赫德维：《伊朗外交四百五十年》，元文琪译，商务印书馆1982年版。

［伊朗］穆罕默德·礼萨·巴列维：《对历史的回答》，刘津坤、黄晓健译，中国对外翻译出版公司1986年版。

［伊朗］穆罕默德·礼萨·巴列维：《白色革命》，郭伊译，商务印书馆1986年版。

王兴运：《古代伊朗文明探源》，商务印书馆2008年版。

李铁匠：《伊朗古代历史与文化》，江西人民出版社1993年版。

李铁匠：《古代伊朗史料选辑》，商务印书馆1992年版。

于卫青：《波斯帝国》，中国国际广播出版社2014年版。

孙培良：《萨珊朝伊朗》，西南师范大学出版社1995年版。

徐良利：《伊儿汗国史研究》，人民出版社2009年版。
彭树智：《现代民族主义运动史》，西北大学出版社1987年版。
赵伟明：《近代伊朗》，上海外语教育出版社2000年版。
冀开运：《20世纪伊朗史》，甘肃人民出版社2002年版。
张振国主编：《未成功的现代化》，北京大学出版社1993年版。
王宇洁：《伊朗伊斯兰教史》，宁夏人民出版社2006年版。
杨兴礼、冀开运：《伊朗与美国关系研究》，时事出版社2006年版。
杨兴礼、冀开运、陈俊华：《新时期中国伊朗关系研究》，时事出版社2012年版。
冀开运：《伊朗与伊斯兰世界关系研究》，时事出版社2013年版。
冀开运：《伊朗现代化历程》，人民出版社2015年版。
杨涛、张立明：《伊朗概论》，世界图书出版公司2015年版。
蒋真：《后霍梅尼时代伊朗政治发展研究》，人民出版社2014年版。
赵广成：《霍梅尼外交思想的渊源和理论体系》，世界知识出版社2016年版。
金良祥：《伊朗外交的国内根源研究》，世界知识出版社2015年版。
范鸿达：《伊朗与美国：从朋友到仇敌》，新华出版社2012年版。
冀开运主编：《伊朗发展报告（2015—2016）》，社会科学文献出版社2016年版。
冀开运主编：《伊朗发展报告（2016—2017）》，社会科学文献出版社2017年版。
冀开运：《中东国家语言政策与实践研究》，时事出版社2018年版。
杨兴礼：《九十年代伊朗的对外战略》，《西亚非洲》1996年第4期。
钱乘旦：《论伊朗现代化的失误及其原因》，《世界历史》1998年第3期。
李春放：《苏联决定从伊朗北部撤军的原因》，《世界历史》1998年第4期。
徐松岩：《试论阿拔斯改革及其历史地位》，《齐鲁学刊》1992年第3期。
冀开运：《论伊朗伊斯兰化和现代化》，《西北大学学报》2000年第1期。

冀开运：《论伊朗现代化过程的特点》，《西南师范大学学报》2002年第1期。

冀开运：《论"伊朗"与"波斯"的区别和联系》，《世界民族》2007年第5期。

冀开运：《伊朗毒品问题透视》，《西亚非洲》2007年第12期。

冀开运：《伊朗民族关系格局的形成》，《世界民族》2008年第1期。

冀开运：《伊朗学在中国》，《光明日报》2012年5月17日。

陈天社：《伊朗与哈马斯关系研究》，《西亚非洲》2013年第3期。

邢文海、冀开运：《两伊战争中的石油因素》，《大庆师范学院学报》2016年第1期。

邢文海、冀开运：《霍梅尼的美国观管窥》，《内蒙古民族大学学报》2016年第1期。

冀开运、邢文海：《巴列维王朝时期伊朗波斯湾战略及其地区影响》，《阿拉伯世界研究》2017年第4期。

邢文海：《油气工业对伊朗硬实力的影响》，《内蒙古民族大学学报》2018年第1期。

冀开运、邢文海：《伊朗波斯湾战略多位解读》，《西南大学学报》2018年第2期。

Michael Axworthy.A History of Iran.Basic Books，2016.

Green，Peter.The Greco-Persian Wars.University of California Press，1996.

D.T.Potts.Nomadismin Iran.Oxford University Press，2014.

Ali Rahnema and Farhad Nomani.The Secular Miracle.Zed Book Ltd.London and New Jersey，1990.

ShaulBakhash.TheReignoftheAyatollah.B.JausistCoLtd，1985.

Christin Marschall.Iran's Persian Gulf Policy.London：Routledge Curzon Press，2003.

Geoffrey Kemp，Forever Enemies.American Policy and the Islamic Republic of Iran.Carnegie Endowment for International Peace，1994.

后　记

伊朗历史波澜壮阔，具有无穷的魅力。伊朗文化博大精深，具有深远的影响。我们在撰写伊朗历史过程中，既有深深的敬畏之心，也怀有感激之情。首先感谢西北大学历史学院雷钰教授向中国书籍出版社安玉霞女士的推荐，得以将我们的研究心得奉献给读者。其次，感谢杨群章先生和彭树智先生的谆谆教诲，感谢历史文化学院黄贤全教授、张文教授、邹芙都教授、徐松岩教授的支持和帮助，也感谢前中国驻伊朗大使华黎明先生和刘振堂先生的指点。此外，还要感谢王铁铮教授、黄民兴教授、张倩红教授、韩志斌教授、陈天社教授、蒋真教授、范鸿达教授、李福泉教授和赵广成副教授的学术指导。感谢伊朗中资企业商会秘书长唐岳震先生对我们研究团队的大力协助。

当然，更要感谢文明礼貌、热情好客的伊朗人民。2017年8月，冀开运教授、陈俊华副教授、于桂丽副教授、杜林泽博士、邢文海博士等一行7人前往伊朗进行了为期15天的田野考察。我们先后前往德黑兰、亚兹德、伊斯法罕、设拉子、卡尚、哈马丹、加兹温、大不里士等8座城市，参观了米底王国的首都遗址、波斯帝国的故都波斯波利斯遗址、萨法维王朝的觐见大厅、赞德王朝的故宫、恺加王朝的古莱斯坦宫以及巴列维王朝的白宫。绵延数千年的历史风貌在这块土地上至今犹存。大不里士巴扎的规模令人震撼，在城郊的休闲公园里饮茶赏景，别有一番滋味。亚兹德沙漠古城的风貌引人入胜，卡尚门阀世族的豪宅庭院让人赞叹与折服，哈马丹地下溶洞里的大千世界也让人流连忘返。我们感受到了伊朗文明的浩瀚博大，伊朗高原的广阔壮丽，但最为感动、最令人难忘的是热情好客、优雅高贵的伊朗人民。他们对伊朗的诗歌信手拈来，对本国的历史怀有敬畏与热爱之情。他们身上所体现出的文化自觉和文化自信让我们肃然起敬。我们深深感觉到，伊朗最美的风景是伊朗人民。

全书试图以中国人的视角探索伊朗文明的发展历程，以文明交往的角度、全球史的角度来梳理伊朗的历史线索。冀开运教授与邢文海博士共同拟定了写作大纲，在写作过程中反复讨论和修改，这是一部我们师生精诚合作的成果，恳请读者批评指正！张玉惠同学为本书整理了历史年代记，母仕洪、罗炯杰、侯瑞峰、杜全齐同学参与了书稿校对工作，伊朗研究中心外籍专家艾森先生为书稿的修改提出了宝贵建议。最后，由衷地感谢中外伊朗学研究的学者们，正是学习和借鉴他们的学术成果，我们才得以撰写一部通俗的具有学术品位的伊朗通史！

著　者
2019年3月
于西南大学伊朗研究中心